高等院校经济与管理核心课经典系列教材·金融

信托投资学

XINTUO TOUZIXUE

施慧洪　编著

首都经济贸易大学出版社
Capital University of Economics and Business Press
·北京·

图书在版编目（CIP）数据

信托投资学／施慧洪编著. -- 北京：首都经济贸易
大学出版社，2024.1

ISBN 978-7-5638-3553-9

Ⅰ. ①信… Ⅱ. ①施… Ⅲ. ①信托投资—高等学
校—教材 Ⅳ. ①F830.59

中国国家版本馆 CIP 数据核字（2023）第 130396 号

信托投资学

施慧洪 编著

XINTUO TOUZIXUE

责任编辑	薛晓红	
封面设计	风得信·阿东 FondesyDesign	
出版发行	首都经济贸易大学出版社	
地　　址	北京市朝阳区红庙（邮编 100026）	
电　　话	（010）65976483　65065761　65071505（传真）	
网　　址	http://www.sjmcb.com	
E-mail	publish@cueb.edu.cn	
经　　销	全国新华书店	
照　　排	北京砚祥志远激光照排技术有限公司	
印　　刷	唐山玺诚印务有限公司	
成品尺寸	185 毫米×260 毫米　1/16	
字　　数	325 千字	
印　　张	18.25	
版　　次	2024 年 1 月第 1 版　2024 年 1 月第 1 次印刷	
书　　号	ISBN 978-7-5638-3553-9	
定　　价	48.00 元	

前　言

进入 21 世纪,我国信托投资行业发展迅速,新的内容不断涌现,信托行业资产数量呈爆炸式增长。随着时间的推移,我国信托行业的实践对信托投资这门学科不断提出挑战,迫切需要补充新的理论、新的思想。2001 年,《中华人民共和国信托法》出台,之后,银保监会陆续出台了一些新的规定,以适应变化的形势。

我国信托业从改革开放时起,起先承担着融资特别是从国外融资的任务。随着中国信托业总资产规模的不断壮大(2022 年末,21 万亿元人民币),以及中国逐渐走向国际舞台的中心,一些重要的信托理论问题和矛盾凸显出来。我国改革开放的模式是边干边学,总结经验教训,摸着石头过河。有鉴于此,本书不是局限于狭义的信托(信托业务),而是从广义上来考察信托的概念、原则和业务的演变,并对英国的衡平信托、美国的信托业有较大篇幅的介绍。

相对于目前已有的信托方面的教材,本教材具有如下新内容:

(1)第二章衡平与信托,凸显了衡平在信托制度形成中的根本作用。

(2)第三章信托法,从世界和时间演变两个维度来充分认识我国信托法产生的历史背景。

(3)第六章介绍了我国的分级基金概念与监管、定价模型与风险度量,以及英国的分割资本信托,并介绍了英国的分割资本信托危机。

(4)第七章养老信托与养老基金,内容涉及养老金信托的类型、企业年金管理机构及养老信托产品运营、日本养老制度的演变、我国养老制度的改革,尤其该章第三节养老基金投资的管理包含了大量该领域最新的理论及实践内容。

(5)第八章专利信托,服务于我国的科技兴国战略。

(6)第九章表决权信托,介绍了表决权信托的前身托拉斯(TRUST)和当今起积极作用的表决权信托。

(7)第十章房地产投资实务与房地产信托投资基金(REITs),介绍了我国 REITs 发展的成就和改革的方向,同时也详细介绍了美国成熟的 REITs 的一些结论与概念。

(8)第十一章介绍了信托避税、避税港与国际资本流动控制。

我们查阅了大量的国内外文献,确立了问题导向的章节组织结构。本教材分四大部分:

(1)第一部分即第一章,介绍了最重要的六个内容——信托的基本概念、我国信托业的发展、信托登记、信托与税收、信托风险管理、国外信托,使读者一翻开书就对信托投资学有一个概括性的认识,提高其接受知识的效率。

(2)第二部分由第二章衡平与信托和第三章信托法组成,介绍了信托法发展渊源,由古及今,由外及中,包括我国信托法颁布的理论渊源、时代背景、原则与条款。第二章第一节介绍英国衡平法与衡平救济。信托法产生于英美法系背景下,前身是对英美普通法的衡平救济,原则是衡平禁止反言,后期在美国得到了大力发展,成为重要的商法。衡平信托的类别如秘密信托、推定信托、回归信托,显然对于中国处理具有信托实质的业务具有启发意义。第三章第一节介绍了信托法的成文化、现代化与国际化发展,以及信托法的中国实践。第三章第二节介绍了英国信托的设立与变更,如英国信托委托人的资格、英国信托受益人原则、英国设立信托的三个确定性要求和英国信托中对法院变更信托的规定,以及无效信托、可撤销信托的概念。

(3)第三部分是基本概念,包括第四章至第十章。第四章介绍了4个基本概念,即个人信托、家族信托、公益信托、资金信托。第五章介绍了3个概念,即矿产能源信托、艺术品投资基金和动产信托。第六章至第十章分别介绍了我国的分级基金与英国的分割资本信托、养老信托与养老基金、专利信托、表决权信托、房地产投资实务与房地产信托基金,对这些快速发展的重要信托业务,进行了深入解析。

(4)第四部分为第十一章,即信托避税、避税港与国际资本流动控制。避税港或离岸中心是信托避税的空间维度和现实维度,避税港或离岸中心的业务很大程度上也离不开信托。在西方,信托承担了容纳金融创新的使命,美国2008年次贷危机中的次级贷款证券化后的结构化增信手段,都与信托分不开。

在本书编写过程中,我们遵循三个逻辑:历史的逻辑,把信托法的来龙去脉交代清楚;业务创新逻辑,对较新颖的概念予以详细分析;风险逻辑,重视分组基金等信托产品蕴含的风险。总之,我们通过历史、创新与风险三个维度,来展现信托投资行业的演变过程。

在我国信托业的发展过程中,监管和业务创新总会遇到各种各样的难题。信托投资学既有历史、法律、金融等专业交叉的理论背景,又有着信托投资业务发展迅速创新多样的实践背景,所以,课程本身的内容必须不断创新、不断深化,要让读者知其然,更要让读者知其所以然。本教材最终是想让读者用站在山顶的视野看待信托投资学的发展演变,而不是站在山脚下,被细节埋没,一叶障目,没有纵深感。

与同类教材比较,本教材定位于培养有一定专业思考和拓展能力的人才,并强调以下被人们忽略的几点:

其一,中国的信托概念与国外有区别。在国外,投资公司、基金公司都属于信托法管辖的范围,而在中国,信托法管辖的范围是狭义的,主要指信托公司或者信托业务。

所以,国外一般意义上的信托行业在国内需要区分产品归属于银行、证券、保险还是信托,并有不同的监管机构,这使得国内外的信托业对照起来颇为不易,也使得信托法的修改在措辞上变得更加复杂。

其二,基于大陆法系与英美法系的区别,我国信托法对于信托财产的产权、委托人的权利与义务、受托人的权利与义务、受益人的权利与义务的表述都与国外法律有明显的不同,这牵涉到税收、财产控制权等诸多重大问题。

其三,国外的信托与避税有着天然的联系,且受托人有保密的义务。

其四,我国关于慈善信托、公益信托、家族信托等新的规定尚有待完善,一些理论与实践层面的问题仍然需要系统性思考与研究。

不回避问题是为了认识问题,进而更好地解决问题,从而使得学科充满生命力,不断发展。

当然,本书难免会存在一些问题和错误,真诚地欢迎大家批评指正。联系邮箱:shihuihong@ vip.sina.com。

施慧洪

2023 年 10 月

目　录

目　录

第一章

信托基础知识

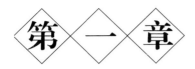 学习要点

　　本章先介绍信托的定义，之后分别对我国信托的发展、信托登记、信托与税收、信托风险管理与监管、国外信托等重要内容予以介绍。本章是后面各章的铺垫，开篇明义。第一节信托的基础概念，第二节我国信托业的发展，第三节信托登记，第四节信托的避税功能，第五节信托风险管理与监管，第六节国外信托简介。其中，本章第三、第四、第五、第六节向我们展现了信托投资学四个方面的重要维度：登记、税收、风险和国际传承。此外，本章第二节与第二章、第三章，第四节与第十一章，第五节与第六章、第十一章均是补充关系，在逻辑上贯通。

第一节 信托的基础概念

一、信托的定义

从社会学、经济学、法学和财产管理学等不同角度给信托下定义，会有不同的答案。社会学认为信托是以信任为基础的社会委托行为，经济学认为信托是代管财产或代办经济事务的经济行为，法学认为信托是当事人之间权利与义务授受的特殊法律关系，财产管理学则认为信托是一种为特定的人或群体谋利，接受财产所有人的托付为其管理处置财产的制度。这些定义丰富了我们对信托的认识。

《中华人民共和国信托法》（以下简称《信托法》）规定，"本法所称信托，是指委托人基于对受托人的信任，将其财产权委托给受托人，由受托人按委托人的意愿，以自己的名义，为收益人的利益或者特定目的，进行管理或者处分的行为。"

这个定义表明，设定信托的构成要素包括：①信托行为；②信托主体；③信托财产；④信托目的。

（一）信托行为

信托行为是合法设定信托关系而发生的法律行为，指财产所有人就其财产规定特定的信托意图，并将其交付受托人管理，以设立信托关系的民事法律行为。信托行为的约定形式包括信托合同（信托契约）、个人遗嘱、法院命令等。

信托行为是大陆法系国家信托法所创制的概念，相当于英美法系信托法中的"明示信托的设立"。早期德国信托法主要将信托视为财产所有人与受托管理人之间的合同关系，但20世纪以后，德国以法典化形式从英美引入了信托制度，强调信托行为的概念和性质。许多英美法学者认为：德国信托法中将信托行为视同合同行为的规定，关于信托财产可供强制执行的规定均在本质上违反了英美信托制度的内在要求。

1. 信托的设立

设立信托，其书面文件应当载明下列事项：

（1）信托目的；

（2）委托人、受托人的姓名或者名称、住所；

（3）受益人或者受益人范围；

（4）信托财产的范围、种类及状况；

（5）受益人取得信托利益的形式、方法；

（6）其他，如信托期限、信托财产的管理方法、受托人的报酬、新受托人的选任方式、信托终止事由等事项。

2. 信托行为有效的条件

（1）信托目的合法。《信托法》第六条明确规定："设立信托，必须有合法的信托目的。"

（2）确定、合法的信托财产。《信托法》第七条规定："设立信托，必须有确定的信托财产，并且该信托财产必须是委托人合法所有的财产。本法所称财产包括合法的财产权利。"

（3）信托设立的要件性。《信托法》第八条规定："设立信托，应当采取书面形式。书面形式包括信托合同、遗嘱或者法律、行政法规规定的其他书面文件等。采取信托合同形式设立信托的，信托合同签订时，信托成立。采取其他书面形式设立信托的，受托人承诺信托时，信托成立。"

3. 信托无效的情形

（1）信托目的违反法律、行政法规或者损害社会公共利益；

（2）信托财产不能确定；

（3）委托人以非法财产或者本法规定不得设立信托的财产设立信托；

（4）专以诉讼或者讨债为目的设立信托；

（5）受益人或者受益人范围不能确定；

（6）法律、行政法规规定的其他情形。

4. 信托的撤销

信托的撤销是指通过一定程序取消已建立的信托关系的法律行为。

（1）《信托法》第十二条规定：委托人设立信托损害其债权人利益的，债权人有权向人民法院申请撤销该信托。撤销申请权，自债权人知道或者应当知道撤销原因之日起一年内不行使的，归于消灭。

（2）受托人违反信托目的处分信托财产，或者因违背管理职责、处理信托事务不当致使信托财产受到损失的，委托人有权向人民法院申请撤销该处分行为，并有权要求受托人恢复信托财产的原状或者予以赔偿；该信托财产的受让人明知是违反信托目的而接受该财产的，应当予以返还或者予以赔偿。

5. 信托的结束

信托结束是指信托行为的终止。信托关系不因委托人或者受托人的死亡、丧失民事行为能力、依法解散、被依法撤销或者被宣告破产而终止，也不因受托人的辞任而终止。但有下列情形之一的，信托终止：

（1）信托文件规定的终止事由发生；

（2）信托的存续违反信托目的；

（3）信托目的已经实现或者不能实现；

（4）信托当事人协商同意；

（5）信托被撤销；

（6）信托被解除。

（二）信托主体

信托关系中的当事人有三个，即委托人、受托人、受益人。

（1）委托人（creator of trust），指基于对受托人的信任，将自己特定的财产委托给受托人，由受托人按照其意愿为受益人的利益或特定目的进行管理或者处分，使信托得以设立的人。委托人是合同的委托主体，即具有完全民事行为能力的自然人、法人及依法成立的其他组织。根据所认购的信托受益权类别不同，信托的委托人区分为优先委托人和次级委托人。

（2）受托人（trustee），指接受委托人的委托，按照委托人的意愿，为受益人的利益或特定目的，对信托财产进行管理或者处分的人。

（3）受益人（beneficiary），指在信托中享有信托受益权的自然人、法人或依法成立的其他组织；信托计划成立后，受益人为依法享有信托受益权的合格投资者，信托生效后信托受益权份额发生转让。

（三）信托财产

信托财产有广义与狭义之分。狭义的信托财产是委托人委托给受托人管理或处分的财产。广义的信托财产包括狭义的信托财产，加上信托成立后经受托人管理或处分而获得的新增财产，如利息、红利和租金等。

《信托法》第十四条规定："受托人因承诺信托而取得的财产是信托财产。受托人因信托财产的管理运用、处分或者其他情形而取得的财产，也归入信托财产。"所以，我国的信托财产采用的是广义的定义。

1. 信托财产的形态

一般来说，只要具备财产的价值，都可以作为信托财产，包括有形财产与无形财产。有形财产包括资金、有价证券（实物证券，如提单等；货币证券，如票据、存单等；资本证券，如股票、债券等）、动产（交通工具、机器设备等）、不动产（土地、房屋等）等；无形财产指不具有实物形态，但通过运用仍可给财产所有者带来一定收益的财产，包括专利权、著作权、林权、渔业权等。

我国法律、行政法规禁止流通的财产，如矿藏、毒品、珍稀动植物等，不得设立信托。

限制流通的财产经有关主管部门批准可以作为信托财产，如贵金属、文物等。

2. 信托财产的特点

（1）有价值。

（2）可转让性。

（3）所有权特征：独立性，即信托财产独立于受托人财产，独立于委托人的财产；物上代位性，即信托财产的形态在信托关系存续期间可以发生改变。

3. 信托财产的归属

（1）信托终止的，信托财产归属于信托文件规定的人；信托文件未规定的，按受益人或者其继承人、委托人或者其继承人的顺序确定归属。

（2）信托终止时，受托人应当做出处理信托事务的清算报告。受益人或者信托财产的权利归属人对清算报告无异议的，受托人就清算报告所列事项解除责任。

（四）信托目的

信托目的是指委托人通过信托行为要达到的目标。它是委托人设定信托的出发点，也是检验受托人是否完成信托事务的标志。

（1）合法性。《信托法》规定，信托目的不合法，则信托无效：一是信托目的违反法律、行政法规或者损害社会公共利益；二是专以诉讼或者讨债为目的设立信托。

（2）可能达到或实现。

（3）为受益人所接受。

（五）其他（如信托报酬）

信托报酬是受托人管理和处分信托财产所取得的报酬。信托报酬通常在信托文件中加以约定，可以是固定（固定金额）的，也可以是按照信托财产或信托收益的一定比率（固定比率或浮动比率）来计算的。信托文件中未事先约定的，经信托当事人协商同意，可以做出补充约定；未做事先约定和补充约定的，受托人不得收取报酬。约定的报酬经信托当事人协商同意，可以增减其数额。

二、信托当事人的权利和义务

（一）委托人的权利与义务

委托人是提出委托要求并对受托人进行授权以达到信托目的的主体。

委托人的资格：①委托人必须是信托财产的合法所有者；②委托人可以是一个人，也可以是数人；③《信托法》第十九条规定，委托人是具有完全民事行为能力的自然人、法人或者依法成立的其他组织。

1. 委托人的权利

（1）选择受托人与受益人。

（2）监督受托人，有知情监督权。委托人有权了解其信托财产的管理运用、处分及收支情况，并有权要求受托人做出说明；委托人有权查阅、抄录或者复制与其信托财产有关的信托账目以及处理信托事务的其他文件[1]。

（3）有权变更信托财产管理方法。因设立信托时未能预见的特别事由，致使信托财产的管理方法不利于实现信托目的，或者不符合受益人的利益时，委托人有权要求受托人调整该信托财产的管理方法[2]。

（4）依法解任受托人、准许受托人辞任及选任新受托人的权利。受托人违反信托目的处分信托财产，或者管理运用、处分信托财产有重大过失的，委托人有权依照

---

① 《信托法》第二十条规定。
② 《信托法》二十一条规定。

信托文件的规定解任受托人，或者申请人民法院解任受托人①。

设立信托后，经委托人和受益人同意，受托人可以辞任；法律对公益信托的受托人辞任另有规定的，从其规定；受托人辞任的，在新受托人选出前仍应履行管理信托事务的职责②。

受托人职责终止的，依照信托文件规定选任新受托人；信托文件未规定的，由委托人选任；委托人不指定或者无能力指定的，由受益人选任；受益人为无民事行为能力人或者限制民事行为能力人的，依法由其监护人代行选任，原受托人处理信托事务的权利和义务由新受托人承继③。

（5）解除信托的权利，受益人或收益权变更的权利。有下列情形之一的，委托人可以变更受益人或者处分受益人的信托受益权：①受益人对委托人有重大侵权行为；②受益人对其他共同受益人有重大侵权行为；③经受益人同意；④信托文件规定的其他情形。有前款①③④项所列情形之一的，委托人可以解除信托。④

（6）撤销处分并要求补偿权。受托人违反信托目的处分信托财产或者因违背管理职责、处理信托事务不当致使信托财产受到损失的，委托人有权申请人民法院撤销该处分行为，并有权要求受托人恢复信托财产的原状或者予以赔偿；该信托财产的受让人明知是违反信托目的而接受该财产的，应当予以返还或者予以赔偿；前款规定的申请权，自委托人知道或者应当知道撤销原因之日起一年内不行使的，归于消灭⑤。

（7）收回信托财产的权利。

2. 委托人的义务

（1）提供信托财产，让渡一定的财产权。

（2）签订相应的契约或合同。

（3）承担信托费用。

（4）支付信托报酬。

（5）承担信托财产风险损失。

---

① 《信托法》第二十三条规定。
② 《信托法》第三十八条对委托人准许受托人辞任的规定。
③ 《信托法》第四十条对委托人选任新受托人权利的规定。
④ 《信托法》第五十一条规定。
⑤ 《信托法》第二十二条规定。

（二）受托人的权利和义务

受托人是指接受委托人的委托，并按其指示对信托财产进行管理与处分的主体。

1. 受托人的资格

（1）具有完全民事行为能力的自然人、法人或其他组织，无民事行为能力、限制民事行为能力、破产人等不得作为受托人。

（2）必须具有办理信托业务的能力和专业技能条件。

（3）受托人具有足够的诚信度。

（4）受托人可以为多人，这被称为共同受托。共同受托人应当共同处理信托事务，但信托文件规定某些具体事务由受托人分别处理的，按合同规定进行。

2. 受托人的权利

（1）信托财产的经营、管理、使用和处分的权利。

（2）按信托文件约定取得报酬的权利。

（3）优先受赔偿权，因正常处理信托事务所支出的费用、对第三人所负债务，要求以信托财产承担的权利，但因受托人自身过错造成的除外。

（4）请求辞任的权利。

（5）有限责任权。

3. 受托人的义务

（1）尽职的义务。受托人要严格按照合同或法院命令的条款处理有关事宜，要以受益人利益最大化的基本原则，诚实、信用、谨慎、有效地管理信托财产。

（2）分别管理的义务。信托财产与受托人自身固有财产，不同委托人的信托财产须分别管理。

（3）妥善管理的义务。

（4）亲自执行的义务。

（5）负责赔偿的义务，如按信托财产价值赔偿、恢复信托财产原状。

（6）分配收益的义务。

（7）报告与保密的义务。

4. 受托人的辞任

设立信托后，经委托人和受益人同意，受托人可以辞任（但信托并不会因受托人的辞任而终止）。公益信托的受托人未经公益事业管理机构批准，不得辞任。

5. 受托人的职责终止

受托人有下列情形之一的，其职责终止：

（1）死亡或者被依法宣告死亡。

（2）被依法宣告为无民事行为能力人或者限制民事行为能力人。

（3）被依法撤销或者被宣告破产。

（4）依法解散或者法定资格丧失。

（5）辞任或者被解任。

（6）法律、行政法规规定的其他情形。对于后四种情形。

受托人应当做出处理信托事务的报告，并向新受托人办理信托财产和信托事务的移交手续①。受托人依法职责终止的，应当做出处理信托事务的报告，并向新受托人办理信托财产和信托事务的移交手续②。

6. 新受托人的选任

受托人职责终止的，依据信托文件规定选任新受托人；信托文件未规定的，由委托人选任；委托人不指定或无能力指定的，由受益人选任；受益人为无民事行为能力人或限制民事行为能力人的，依法由其监护人代行选任。

（三）受益人的权利和义务

受益人是在信托关系中享受信托财产利益的人。受益人分为三种：本金受益人、收益受益人、本金收益受益人。若受益人与委托人是同一人，则是自益信托；若受益人与受托人是同一人，则受托人只能是共同受益人之一。

1. 受益人的权利

（1）承享委托人所享有的各种权利；

（2）申请裁定权，即当受益人在享有信托管理方法调整权、信托撤销、解任权和信托非正常损失赔偿权时，若与委托人不一致，可以申请由法院做出裁定；

（3）收益权或受益权，即享受信托财产所产生的利益的权利，信托受益权还可依法转让、赠送和继承；

（4）有将信托受益权用于抵押或清偿到期不能偿还债务的权利；

---

① 参见《信托法》第三十九条规定。
② 参见《信托法》第四十一条规定。

（5）被指定为受益人后拒绝受益的权利；

（6）向法院要求解除信托的权利（受益人享受全部信托利益）；

（7）当信托结束时，有承认最终决算的权利；

（8）信托终止时，信托文件未规定信托财产归属的，受益人有最先取得信托财产的权利。

2. 受益人的义务

当受托人在处理信托事务中由于不是自己的过失而蒙受损失时，受益人有义务在自身享有的信托利益范围内接受受托人提出的费用或者损失补偿要求。若受益人放弃受益权利，可以不履行该义务。

三、信托的种类

（一）以信托事项为依据的信托分类

1. 按信托关系发生的基础，分为法定信托、自由信托

（1）法定信托，是指直接根据成文法规定而成立的信托。法定信托的成立不依赖于财产所有人的明示或默示意图，也不取决于法律推定意图，而只要发生了符合法定条件的法律事实，即在特定当事人之间形成信托关系。如根据英美财产法的规定，在未成年人与某成年人合法地共同受让某项不动产财产权时，即以该成年人为受托人，以全体受让人为受益人而成立法定信托。如英国1925年《遗产管理法》规定，在财产所有人未留遗嘱而死亡时，即以其遗产管理人为财产受托人，以其特定范围的亲属为受益人成立遗产分配信托。

（2）自由信托，也称任意信托。根据现代信托法的"酌定信托原则"，受托人的信托财产权内容以信托意图为主要依据，具有为实现信托意图所必需的，或适合于当时需要的基本财产权；在明示信托条款有悖于信托意图或明显限制信托意图实现时，受托人有权只依据信托意图而不受此类条款的约束；在发生了信托成立时不能预见的特别事情时，受托人有权依推定信托规则诉请司法判决变更信托条款。基于上述原则，委托人在设立信托时往往通过信托意图和信托条款对受托人财产权范围做原则性限制，使受托人在财产管理和信托利益分配上具有自由斟酌权，由此形成任意信托。从目前英美法国家的法制实践看，大多数信托采取任意信托的形式。

2. 按信托目的，分为担保信托、管理信托、处分信托

（1）担保信托。附担保公司债信托就是一项担保信托。发行债券是企业筹措资金的一种方式，企业在发行债券时首先要解决一个问题，就是担保品的保管问题。从举债的角度看，债务人举债必须要向债权人提供担保，如果从银行借款，企业可以直接把担保品交给银行，由银行在借贷期间持有担保品，即债权人持有。但在发行公司债券时，举债企业面临的是为数众多并且不确定的债权人，举债企业不可能让每一个债权人都能直接持有企业提供的担保品，企业就必须为众多债权人确定一个担保品的持有人，在债券还本以前，由这个持有人为众多债权人持有担保品，以保护债权人的利益。为此企业可以向信托机构申请附担保公司债信托，由信托机构作为受托人，在受托期间妥善保管担保品，待企业偿还债券本息以后，再把担保品交还给发债的企业。

（2）管理信托。管理信托适用的范围极其广泛，既可用于对未成年人和禁治产人财产（禁治产人是无民事行为能力人的一种，被禁止管理和处分财产，但可以拥有财产）的管理和对遗产的管理与分配，也可用于信托投资。在管理信托下，受托人承担为受益人的利益管理信托财产的义务。这里所谓的信托财产的管理，是指不改变目的物或者权利的性质而进行保存、利用或者改良的行为。

（3）处分信托。在处分信托下，受托人承担为受益人的利益处分信托财产的义务。这里的信托财产的处分是指改变目的物或者权利的性质并进行转移或者设定担保权等行为。处分信托的受托人必须以受益人获取信托利益的最大化为原则，在不违反法律法规的规定的前提下，尽职尽责地履行受托人的义务。

广义的管理信托包括以单纯的财产管理为目的的狭义财产管理信托和以财产的运用和处分为目的而设立的处分信托。

3. 按信托财产，分为资金信托、实物信托

资金信托将在第四章第四节详细介绍。

实物信托是信托机构接受供货单位委托，将其准备出售或出租的财产提供给用货单位的信托业务。实物信托的财产有机器设备、仓库厂房以及材料物资等各种动产和不动产。一般由供求双方订立购销合同或租赁合同，信托部门发挥媒介作用。

实物信托具体有两种方式：①一般实物信托，即由供货单位按合同规定直接向用货单位转移信托财产，同时由用货单位办妥付款或承租手续，然后由信托部门向供货

单位一次垫付全部贷款或租金，以后按期从用货单位收回。②特定实物信托，即由供货单位按照合同规定，办理信托财产的转移和折价手续，并将折价款作为委托贷款基金，存入信托机构，再由信托机构以贷款方式贷给用货方，由用货方分期偿还。实物信托对供需双方都有益处，对供方而言，能获得较多的筹款，变死物为活钱；对需方来说，可以得到延期付款的优待。这就有利于挖掘物资潜力，疏通物资渠道，发挥物资效能。

4. 按信托行为的本质，分为民事信托、商事信托

民事信托是指信托事项所涉及的法律依据在民事法律范围之内的信托，如民法、劳动法等法律。例如，涉及个人财产的管理、抵押、变卖，遗产的继承和管理等事项的信托皆为民事信托。由于民事信托不以营利为目的，又称为"非营业信托"。

凡涉及商法的信托事项，称为"商事信托"，如涉及公司法、票据法、保险法和海商法等。例如，股份公司的设立、改组、合并、解散与清算的信托，公司债（企业债）债券的发行、还本付息的信托，商务管理的信托，商业人寿保险的信托，等等，均为商事信托。

（二）以信托业务为依据的信托分类

按业务对象，可以分为个人信托、法人信托、通用信托。

个人信托在第四章第一节有详细介绍。

法人信托是指由公司、社团等法人委托信托机构办理的各种信托业务，又称"机构信托""公司信托""团体信托"。如针对公司债的信托、公司并购重组的信托、法人资金信托、法人实物信托、表决权信托等。

通用信托（general trust）是指那些既可以由个人作委托人，也可以由法人作委托人的信托业务。

此外，按信托公司经营的信托业务，还可分为资金信托、动产和不动产信托、其他财产和财产权信托（有价证券、表决权、公司债、财产权）。

此部分在第四章第四节、第九章和第十章会有相应介绍，此处略。

（三）以信托关系为依据的信托分类

从受托人角度，分为商事信托与民事信托、自由信托与法定信托。从受益人角度，分为公益信托、私益信托（自益与他益）。私益信托是指出于私益目的，即为信

托人所指定的特定的某人的利益而设立的信托。商业信托，以及采用英美法系的国家中常见的民事信托，都属于私益信托。公益信托将在本书第四章第三节介绍。

从委托人角度，分为个人信托、法人信托、通用信托、单一信托与集合信托。根据同一信托委托人的人数，可以将信托分为单一信托与集合信托。此处主要介绍单一信托和集合信托。

单一信托，指信托公司接受单个委托人的资金委托，依据委托人确定的管理方式，或由信托公司代为确定的管理方式，单独管理和运用货币资金的信托。

集合信托，指信托投资公司办理资金信托业务时为了共同的信托目的，将不同委托人的资金集合在一起管理的信托。

四、信托的优势

信托具有自身特有的优势，它与银行、证券、保险业务之间的关系既是合作关系，也是竞争关系。银行往往是信托资金的来源，如银行理财业务是信托。信托资金投资于证券市场，或者说股市泡沫往往与信托资金有关。

鉴于信托关系本身的法律特点，它有以下优势：

（1）所有权与受益权相分离。受托人享有信托财产的所有权，而受益人享有受托人经营信托财产所产生的利益。

（2）信托财产具有独立性。信托一经有效成立，信托财产即从委托人、受托人和受益人的自有财产中分离出来，成为独立运作的财产。委托人一旦将财产交付信托，便丧失对该财产的所有权；受托人虽取得信托财产的所有权，但这仅是形式上、名义上的所有权，因为其不能享有信托利益；受益人固然享有受益权，但这主要是一种信托利益的请求权，在信托存续期间，其不得行使对信托财产的所有权。即便信托终止后，信托人也可通过信托条款将信托财产本金归属于自己或第三人。

（3）承担有限责任。一是受托人以信托财产为限对受益人负有限清偿责任，也就是说，信托财产有损失的，在信托终止时，只将剩余财产交给受益人即可。但是，受托人违反信托目的或者因违背管理职责、管理信托事务不当致使信托财产受到损失的，受托人应当予以补偿、赔偿或恢复原状。二是受托人因信托事务处理而对外发生的债务只以信托财产为限承担有限清偿责任，即债务人无权追溯受托人的其他财产。但受托人违背管理职责或者管理信托事务不当所负债务及所受到的损害，要以受托人的自有财产承担。

（4）信托管理的连续性。信托一经设立，信托人除事先保留撤销权外不得废止、撤销信托；受托人接受信托后，不得随意辞任；信托的存续不因受托人一方的更迭而中断。

第二节　我国信托业的发展

一、我国信托业的八项业务

"八项业务"是对中国本土信托业务的高度概括。业界试图统一会计核算体系、信托术语，因而要在全国建立统一的八大业务分类，便于统一核算。八大信托业务包括债权信托、股权信托、标品信托、同业信托、财产信托、资产证券化信托、公益信托与慈善信托、事务信托。

（一）债权信托

债权信托主要是指依据信托计划，把资金借给别人使用，约定了期限和收益，到期连本金加债权收益一起收回的信托，也是最常见的融资类信托。为了控制风险，此类业务要求从项目选择开始就落实好尽职调查、项目评审、风险评估、投后管理等风险控制措施。从监管角度来看，未来对这类业务将主要监管损失准备、净资本比例等，即风险监管工具将主要针对风险进行具体细致的监督和管理。

（二）股权信托

股权信托是指将信托产品投资于非上市的各类企业法人和经济主体的股权。股权信托的盈利来源是股权的增值，业务风险主要是公司的成长性风险。监管重点侧重于名股实债、假股真债、期限错配等问题。

（三）标品信托

标品信托是标准化产品，可分割，可随时变卖，如国债、期货、股票和金融衍生产品等。标品信托包括单一标品、复合标品、单层标品与多层标品，其中，多层标品是指结构化产品。信托产品监管机构建议信托公司内部应当建立标品信托部，进行标品信托产品设计。标品信托的风险主要是市场风险。监管重点一是销售过程中的产品说明书和信息披露，二是单一标品的集中度，比如单只股票、金融衍生产品的投资份额。

（四）同业信托

同业信托是监管层出于监管的需要提出来的具有中国特色的概念，涵盖了一系列具体业务。

1. 同业信托的概念

同业信托如银信合作、信证合作、信保合作等渠道与业务，其实就是信托与其他金融业务的融合。这种市场上的业务创新，无时无刻不在进行着。

根据银保监会的相关资料，"同业信托就是资金来源和运用都在同业里，主要包括通道、过桥、出表等"。经济上行时，信托公司可以帮银行做通道；经济下行时，信托公司可以帮银行出表。同业非标产品，包括拆借、短融、理财、资管计划等。同业信托的主要风险是流动性风险，风险监控的重点是交易对手的流动性状况和资本充足性等。

2. 银信合作模式

银信合作的业务框架可大致划分为三个层面：首先是传统的银信理财合作业务，其次是项目媒介或资金渠道合作，最后是交易结算合作。除此之外，银信合作还包括资源共享及创新联动合作等。

（1）就资产端而言，银信合作包括以下两类：一是银行间接贷款模式。银行委托信托公司就某一融资项目发起集合或单一资金信托计划，再由银行自有资金或理财资金出面认购。银行也会借助"票据转让"来达到上述目的，即银行委托信托公司以某企业持有的商票为投资标的发行信托计划，再以自有资金认购。二是盘活存量模式。信托公司设立信托计划，并受让相关金融资产受益权，最终由银行出资金，以实现某些金融机构的资产转出资产负债表，美化其财务报表。

（2）就资金端来说，银信合作主要有两种模式：一是代销与代付模式，即信托公司通过银行渠道为其发行的信托计划募集资金；二是理财资金配置模式，即银行在理财资金运用组合中配置信托产品。2015年，银行理财资金积极进入股市的一个重要路径，就是借助信托通道对接股市的投资标的。阳光私募伞形信托配资、打新基金配资、券商两融收益权、量化对冲基金、定向增发等，都是通过认购结构化信托计划或者资管计划中的优先级资产来实现的。银行理财资金由此获得8%左右的年化收益率，但是理财产品的购买者往往只能得到4%左右的回报。

3. 同业信托的主要业务

自2016年以来，信托公司在通道贷款、信贷资产证券化等传统通道业务的基础上，还与银行开展了银登中心①信贷资产转让、不良资产证券化、企业债转股、产业基金等同业合作。

对于信贷资产收益权的转让，银保监会比较认可的交易结构是：①信托公司设立资金信托计划，受让商业银行的信贷资产收益权；②如果转让不良资产收益权并采取分层结构化安排，优先级份额将出售给合格投资者，而出让方银行必须自持一部分或全部持有劣后级。

银登中心有三种业务模式：模式一，A银行将信贷资产直接通过平台转让给B银行；模式二，A银行将信贷资产转让给信托计划，并通过平台将受益权直接转让给B银行理财；模式三，A银行将收益权出售给信托计划，投资者购买信托计划份额。

4. 同业信托的监管

从监管的角度来说，同业信托非常重要。我国的金融监管总体格局是分业监管，同业信托出现在各个监管机构之间的交叉区域，是规避监管型金融创新非常活跃的领域。当这些同业交叉区域在分业监管范围之外，或者监管层难以判断其有害性质时，蕴藏于同业信托的潜在金融风险会不断积累。美国于1929年与2008年爆发的两次波及全球的金融危机都与此有关。由此可见，同业信托对于稳定金融秩序的潜在破坏力不容轻视。

（五）财产信托

财产信托主要是指以财产或财产权作为信托财产的业务。委托人将非资金形态的财产委托给信托公司，信托公司帮助委托人去管理、运用和处分，实现财产的保值增值。这类业务是信托的本源业务，其风险主要是法律风险、信用风险和市场风险。

---

① 银行业信贷资产登记流转中心（简称"银登中心"），是在积极响应国务院"盘活货币信贷存量，支持实体经济转型升级"工作要求的背景下，于2014年成立的。

（六）资产证券化信托

目前，信托公司在这类业务中扮演了多重角色，既是产品设计者，又是发行者，同时自己也可以是购买者。

在资产证券化过程中，特设机构 SPV（special purpose vehicle）接受发起人的资产组合，并发行以此为支持的证券。SPV 通常也称为"特殊目的机构/公司"，是整个资产证券化过程的核心。SPV 是一种信托机制、一种信托记账实体。资金需求方的资产被装入 SPV，发行资产证券化产品，资金供给方购买该金融产品。资产证券化产品被购买完毕后，购买资金被转移到资产提供方。SPV 有特殊目的公司（special purpose company，SPC）和特殊目的信托（special purpose trust，SPT）两种主要表现形式。一般来说，SPV 没有注册资本的要求，一般也没有固定的员工或者办公场所，SPV 的所有职能都预先外包给其他专业机构。SPV 必须保证独立和破产隔离。SPV 的工作原理如图 1-1 所示。

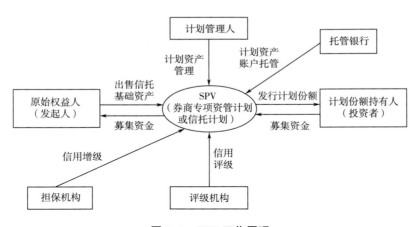

图 1-1 SPV 工作原理

在国外，投资银行通常以 SPV 的名义发行资产支持证券，完成资金需求方与资金供给方的信托对接工作。以银行信贷资产证券化为例，银行信贷抵押品被打包装入 SPV，投资者购买该信贷资产证券化产品后，原债务人向投资者支付酬金和利息。在这笔交易中，银行将长期信贷资产成功地转化成了现金。

（七）公益信托与慈善信托

公益信托比慈善信托的范围大一些，但慈善信托的法律体系较为完备。公益信托资金的使用具有定向性、指令性的特点。这类业务的风险主要是资金的挪用和占用。本书第四章第三节对此会有详细介绍。

（八）事务信托

事务信托是指所有事务性代理业务，包括融资解决方案、财务顾问、代理应收应付款项、代理存款等。

二、我国信托业发展的需求动力

当企业和政府无法从银行获得贷款时，信托业提供了融资通道。图 1-2 是 2010 年以来我国信托行业的资产余额图。

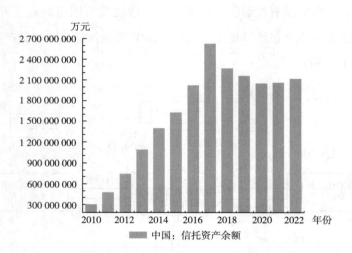

图 1-2　我国信托行业资产余额示意

数据来源：Wind。

图 1-2 中，我国信托行业 2010—2017 年信托资产迅猛增长，主要原因包括：

（一）储户规避利率损失获取收益的需要

在一定时期，居民将钱存在银行的利息收益可能抵消不了通货膨胀的影响，投资股市又有风险，特别是股市处于熊市时。在这种情况下，信托是较好的投资渠道。对百万元以上的资金来说，信托产品的收益较高，风险也较小。

（二）房地产行业大规模发展的需要

房地产是资金密集型行业，自有资金不足时难以从银行获得贷款，房地产企业通过信托的形式可以获得额外的资金，从而撬动银行资金。房地产行业对银行外资金狂热的、巨大的需求刺激了我国信托行业的迅猛发展。

（三）地方政府融资渠道受限时的需要

地方政府为了创造较好的经济业绩，投资资金往往缺口巨大，而地方政府债务规模膨胀，融资平台受到中央政府的抑制，所以信托资金便进入了地方政府的视野。

（四）企业无法从银行获得资金时的选择

当经济形势不好时，企业已经没有新增抵押物，不能从银行获得新增贷款。这时，银行出于服务客户、留住客户的需要，将相对于银行信贷来说劣质的项目的融资交给信托机构来完成。毕竟，在我国不允许对理财产品承诺收益。

三、治理日趋完善，信托业健康快速发展

（一）基于风险的净资本的监管改革

信托公司要大力发展，就必须不断吸引新的资本。在外部不断注入资金后，信托公司可以组织重组，扩大规模。这种监管思路把巴塞尔协议中银行监管的智慧转移到信托行业来，有助于信托业的稳健增长。净资本管理强化了信托公司的风险意识，将改变信托行业粗放的扩张模式。信托公司开展业务必须与资本消耗挂钩，必须考虑风险。

（二）产品创新的灵活性满足了新增融资需要

信托公司的信托属于表外业务，独立管理，不承诺收益。由于信托制度源自国外，中国信托继承了国外信托的典型功能与特点。

1. 资产管理的安全性

这具体体现为资产管理的两个"隔离"：一是与委托人隔离，信托资产不能作为委托人的遗产或清算资产（委托人是受益人时除外）；二是与受托人隔离，信托资产与受托人的固有资产相脱离。这种机制可有效避免委托人与受托人的债务纠纷。

2. 财产管理的灵活性

信托资产的所有权与受益权分离，但财产的管理可以根据委托人的意愿以及实际情况灵活方便地处置。

3. "混业"优势

信托可以将银行、证券、保险等拥有的货币市场、资本市场、产权市场等联系起来，具有"混业经营"的优势。

（三）大量优秀人才的加盟提高了行业整体水平

大量的优秀人才加盟信托业，将使信托业走上良性竞争、健康发展的道路。对交易对象的背景调查、确定交易标的、业务风险控制审查、合规性审查等，都有一定的业务技巧，需要信托专业性人才。风险控制需要明确了解对价、担保资产、退出方式等技术与操作的内涵，相应法律法规与运作规范的审查也需要专门的法律人才。优秀人才的加盟对信托产品设计、营销以及团队形成起着重要作用。

（四）银信合作

当受到各种限制（货币政策、行业调控指导政策、利率下浮下限等）而无法发放自营贷款时，银行逐步意识到与信托公司合作的重要性，中国几乎所有银行在2008—2011年均加强了与信托公司的联合而开发信托业务。在这一阶段后期，银行逐步主导了银信合作，信托公司成为银行综合化经营（混业经营）的有效工具。

银信合作扩大了信托公司的信托资产规模，信托公司自己省心省力，收获也颇丰。但同时，银信合作也助长了信托公司的惰性，使其越来越依赖银行，自己独立的尽职调查、风险审核、存续期管理却大大弱化或简化。所以，2002—2007年，我国信托公司业务开发能力逐步提升；2008—2011年，信托公司的业务开发能力反而下降了。

2009年以后，许多银行（尤其是大银行）逐步利用自己的强势垄断地位，利用信托公司业务有求于银行（如项目源推荐、代理募集信托资金）的特点，强化自己的支配地位。

在信托资产快速膨胀的背景下，信托业存在以下问题：

（1）利润导向严重。由于过分追求短期利益，部分从业人员只关注业务提成的激励，不注重提高专业素质，不尽责，违纪违规。

（2）部分信托公司收取的费用过高。信托报酬与顾问费几乎相当于投资者的预期收益率，可是信托理财若失败，买者却需自己负责。

（3）监管政策多变导致信托模式不稳定。

（4）信托交易没有公开的交易市场，这使投资者无法止损，也使信托公司承担到期清算的压力。

（5）由于行业内外竞争压力加大，部分信托公司被迫与高利率的民营企业、地方政府融资平台公司等开展业务，这使整个行业的业务风险度逐渐加大。

（6）对于信托公司是否存在过失，法律上或者实践中缺乏具体的判断标准。

四、信托产品多样，能满足不同主体的多样化需求

（一）个人的财富增值与传承需求

1. 财富增值

理财是信托的重要定位。出于规避存款利率管制的需要，信托机构与银行等合作发行预期投资回报比存款利率高的理财产品。信托机构也可以与证券公司合作，主要是以私募的形式发行信托产品。

2. 财富传承

个人可以用信托管理家产，为晚年生活和子女抚养做出安排，具体可以分为生前信托与身后信托。生前信托是委托人在世时所设立的，其信托目的包含财产规划、财产增值及税负考虑。身后信托，如遗嘱信托，是以遗嘱的方式设立的，生效日期是委托人发生继承事实时，其目的在于遗产的分配与管理。

（二）企业的融资需求

企业可以通过设备信托或附抵押公司债信托等融通资金。

公司债信托（corporate bond trust，CBT），也称"抵押公司债信托"，是指信托公司接受举债公司的委托，代替债券持有人行使抵押权或其他权利的信托业务。其基本做法是：以信托公司为受托人，以所有公司债的债权人为受益人，以保护所有公司债债权人的担保利益为目的，以举债公司提供的抵押财产的担保权为信托财产，由举债公司与信托公司之间缔结信托契约，信托公司取得抵押物的担保权并为受益人加以保存和施行。

（三）国家通过基金来实现产业或者公益目标

为支持特定行业或某一地区的发展，政府可以设立专门的信托基金或指定用途的资金信托，发挥信托的中长期融资功能。在一些国家，为了配合政府的廉政建设，将

政府官员的家产进行信托，保障其决策的公正性与客观性。

第三节　信托登记

2001 年，《中华人民共和国信托法》（以下简称《信托法》）通过，但信托登记具体制度和操作规则缺失。我国原有的登记体系无法反映信托财产的特殊性质，应通过登记使受托人受到条款和信托目的的约束。2017 年 8 月 25 日，中国银保监会发布《关于印发信托登记管理办法的通知》，至此终于建立起了我国可操作的信托登记制度和具体规则。

一、信托登记的含义

（一）信托登记的一般含义

信托登记是大陆法系关于信托法创设的一项重要制度。信托起源于英美法系，但它们并没有独立的信托登记制度。因为信托的起源远早于现代登记制度，而且信托登记需要解决的问题已经被纳入统一的登记系统。

广义的信托登记是指设立信托、转移财产时基本内容的登记。狭义的信托登记是指设立信托、信托管理、信托终止等整个过程涉及的所有信托财产的登记。信托登记的基本类型包括以下几种：

（1）信托产品登记是指登记机构对信托经营机构开发和形成的信托产品进行登记。登记的内容主要包括信托产品的名称、基本情况等，登记的主要功能是便于社会公众查阅，客观上有利于信托经营机构推介其产品，并相互交流、学习和借鉴。

（2）信托文件登记主要是一种公示方法，不具有确认和彰显信托财产权的功能，它只是提供一种渠道，使信托当事人能够将信托文件的基本内容公之于众，使社会公众能够便捷地查阅，初步了解信托的基本情况，从而使登记在一定程度上产生对抗信托财产购买人的法律效力，因而具有公示功能。

（3）信托财产登记是指委托人设立信托时，登记机构对信托财产的转移（变更）和信托的基本内容进行的登记，即委托人把初始信托财产转移给受托人时依法进行的财产转移登记以及信托基本内容的登记。

对需要权属登记的信托财产，在权属登记机构办理完权属登记手续之后，受托人持新的信托财产所有权证明到信托登记机构办理信托登记。对无须权属登记的信托财产，受托人可在实质占有财产后持相关证明文件直接到信托登记机构办理信托登记手续。信托登记办理后，意味着信托财产被登记到了具体的信托项下，实现了信托财产与受托人的固有财产、不同信托计划项下的信托财产、不同委托人的信托财产相互区别和隔离，保障了信托财产的独立性。

（二）我国《信托登记管理办法》的规定

1. 信托登记

信托登记是指中国信托登记有限责任公司（简称"中国信登"）对信托机构的信托产品及其受益权信息、国务院银行业监督管理机构规定的其他信息及其变动情况予以记录的行为。信托机构开展信托业务，应当办理信托登记，但法律、行政法规或者国务院银行业监督管理机构另有规定的除外。信托登记活动应当遵守法律、行政法规和国务院银行业监督管理机构的有关规定，遵循诚实信用原则，不得损害国家利益和社会公共利益。

2. 中国信登

中国信登以提供信托业基础服务为主要职能，应当坚持依法合规、稳健经营的原则，忠实履行信托登记和其他相关职能。中国信登应当具有与信托登记活动及履行其他职能相适应的场所、设施和安全防范措施，建立独立、安全、高效的信托登记系统及相关配套系统，强化信息技术保障，切实保护信托当事人及其他相关方的合法权益。

二、信托登记的功能

（一）信托登记的一般功能

1. 确认功能

信托登记的确认功能，即登记申请人或其他特定的人从法律上被确认为该财产或财产权的权利人，依法得到国家强制力的保护。一是确认信托财产，使信托财产的转移具有相应的法律效力；二是确认受托人，即明确谁具有受托人身份，这是受托人行使信托管理权的基础和依据。

2. 公示功能

信托登记后视为登记的事项或相关的登记信息已经向社会公开。信托财产的潜在购买人可向登记机构查询，了解信托财产及受托人情况，维护自身利益，确保交易安全。

3. 管理功能

信托登记方便政府掌握财产信息，便利地实施征税等行政管理，有效监控和查处违法交易。

4. 可确保信托财产的独立性

通过信托登记，信托财产与受托人（信托机构）的国有财产，与委托人或受益人的其他财产，以及不同委托人的信托财产，或同一委托人的不同信托财产，界限更加清晰。

（二）我国《信托登记管理办法》的规定

1. 信托产品的编码规范

《信托登记管理办法》涉及信托产品登记，而不是信托财产登记。经登记的信托产品，取得唯一合法的产品编码。信托登记的作用有：①进一步规范信托业务运营流程，提高市场透明度，加强市场约束和市场纪律；②构成从信托成立、信息公示到过程管理、清算等完整的业务链，有利于提升监管的前瞻性和有效性，切实防范信托业风险；③有助于未来完善信托发行和交易流转制度，推动信托市场深化发展，提升信托服务实体经济的能力。

2. 信托产品信息的公示功能

委托人和受益人都可以要求信托公司提供信托产品对应的登记编码。然而，《信托登记管理办法》强调信托登记信息受法律保护，对信托登记信息的管理和使用提出了严格的保密要求。需要注意的是，中国信登并不对信托产品的合法合规性、投资价值及投资风险做出判断或保证，因而，投资者不能将登记编码视为投资的"定心丸"。

三、信托登记的效力

（一）信托财产登记的一般效力

当信托登记是财产登记时，具有的效力分为登记对抗主义和登记生效主义。

1. 登记对抗主义

日本与韩国采用该主张。除信托法有特别规定外，其他人不得主张对该信托财产的权利，从而保护受益人的利益。登记仅是作为对抗第三人的要件，所以称为"登记对抗主义"。其主要特点是：登记机关对登记申请采取形式审查，并对信托财产权利进行登记；登记只具有公示力而无公信力，法院可以裁定已登记的契约无效，登记机关对此并不承担责任。因该项制度为法国首创，所以又称为"法国登记制"。

2. 登记生效主义

登记生效主义是指将登记作为不动产物权变动的要件，非经登记不能在当事人之间产生物权变动的效果。登记有公信力，不登记则信托不生效。

（二）我国信托产品登记的效力

我国信托产品登记性质为公示性登记，不构成对信托产品持续合规情况、投资价值及投资风险的判断或者保证。我国的信托产品登记是生效主义，不是对抗主义。《信托法》第十条规定："设立信托，对于信托财产，有关法律、行政法规规定应当办理登记手续的，应当依法办理信托登记。未依照前款规定办理信托登记的，应当补办登记手续；不补办的，该信托不产生效力。"

中国信登接受信托机构提出的信托登记申请，依法办理信托登记业务。信托机构需要就信托计划自推介（信托预登记）、设立（信托初始登记）、变更（信托变更登记）至终止（信托终止登记）全程向中国信登报送文件和材料。

四、信托登记的范围、主要内容与办理

（一）信托登记的范围

1. 信托财产登记的范围包括

（1）土地使用权和房屋所有权；

（2）船舶、航空器等交通工具；

（3）股票、股权；

（4）著作权、商标权、专利权。

2. 工商登记、财税登记等行政管理所需登记

工商登记是政府在对申请人进入市场的条件进行审查的基础上，通过注册登记确

认申请者从事市场经营活动的资格，使其获得实际营业权的各项活动的总称。财税登记是指税务机关根据税法的规定，对纳税人的生产、经营活动进行登记管理的一项法定制度，也是纳税人依法履行纳税义务的法定手续。

3. 我国《信托登记管理办法》规定的信托登记的适用范围

信托公司和银保监会认可的其他机构开展信托业务（法律、行政法规或者银保监会另有规定的除外），其信托登记的主要内容包括信托机构的信托产品及其受益权信息、银保监会规定的其他信息及其变动情况。

（二）信托登记的主要内容

关于信托登记的对象，一直有两种不同的认识：一种认为信托登记是对信托的设立及成立进行登记，从而确认信托的存在；另一种认为信托登记是对信托财产进行的登记，从而将信托财产与其他财产区分开来。信托登记一方面是为了保持信托财产的独立性，保护交易的安全，另一方面是为了保护受益人的利益。对信托财产的权属及性质的登记，主要包括三方（委托人、受托人、受益人）姓名及住所、信托财产、信托目的、信托财产的管理方式、信托期限等。

我国进行信托登记主要是为了确认信托的存在，并不是为了保证信托财产的独立性。信托登记的基本信息包括集合资金信托计划名称、登记时间、产品编码、信托类别、受托人名称、预计存续期限、信托财产主要运用领域等内容。国务院银行业监督管理机构另有规定的除外。

（三）信托登记的办理

1. 登记活动相关方

（1）登记机构：中国信登。

（2）登记申请人：信托机构（法律、行政法规或者银保监会另有规定的除外）。

（3）登记监管机构：银保监会（对信托登记以及相关活动实施监督管理）。

2. 信托登记的信息化基础设施

信托机构申请办理信托登记，应当根据《信托登记管理办法》和中国信登的规定，通过中国信登的信托登记系统提交信托登记信息，并上传相关文件。中国信登与信托机构应当建立专用网络，实现系统对接，确保信托登记信息和相关文件报送安全、高效。

3. 登记申请文件的审查

（1）信托机构提交的登记申请文件齐全且符合规定的形式要求的，中国信登在收到登记申请文件时应当出具受理凭证，该受理凭证的出具日为受理日。

（2）信托机构提交的登记申请文件不齐全或者不符合规定的形式要求的，中国信登应当书面告知补正要求，并在收到完整的登记申请文件时出具受理凭证，该受理凭证的出具日为受理日。

（3）中国信登对信托机构提供的信托登记信息及相关文件进行形式审查。

（4）对于符合登记条件的，中国信登应当自受理之日起 2 个工作日内完成审查，并准予办理信托登记。对于不符合登记条件的，中国信登应当自收到登记申请文件之日起 2 个工作日内一次性告知信托机构需要补正的全部内容，并自收到完整补正材料之日起 2 个工作日内完成审查。中国信登应当在完成信托登记当日向信托机构出具统一格式的信托登记证明文书。

五、我国《信托登记管理办法》简介

我国《信托登记管理办法》按照"集中登记、依法操作、规范管理、有效监督"的总体原则，主要规定了信托登记的定义及流程、信托受益权账户管理、信托登记信息管理及监管要求等，构建了我国信托业统一的信托登记制度。《信托登记管理办法》规定，信托登记包括预登记、初始登记、变更登记、终止登记和更正登记，中国信登接受信托登记申请，依法办理信托登记业务。中国信登以提供信托业基础服务为主要职能，不以营利为主要目的，免收信托登记费。

（一）信托受益权账户管理

信托受益权账户是中国信登为受益人开立的记载其信托受益权及其变动情况的簿记账户，委托人或者受益人根据自愿原则申请开立信托受益权账户，信托受益权账户由中国信登集中管理。金融产品自身可开立受益权账户，无须"穿透"至实际的出资人，从而满足信托投资人的匿名要求。不愿意开立信托受益权账户，主要是基于隐私保护、个人信息安全、司法查询及执行、税务规划等方面的顾虑（见图 1-3）。

1. 信托受益权账户的数量限制

（1）任一民事主体仅可以开立一个信托受益权账户，国务院银行业监督管理机构另有规定的除外。

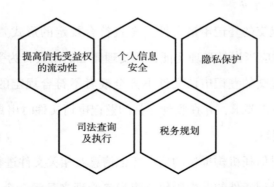

图1-3 信托受益人开立受益权账户需要考虑的问题

（2）任一信托产品或者其他承担特定目的载体功能的金融产品仅可以开立一个信托受益权账户，户名应当采用作为管理人的金融机构全称加金融产品全称的模式。

2. 委托开设信托受益权账户

（1）委托人或者受益人可以委托信托公司等金融机构代办信托受益权账户开立业务。信托公司可以代办信托受益权账户开立业务；其他金融机构代办信托受益权账户开立业务的，由中国信登依申请评估确定。

（2）委托人或者受益人应当向中国信登或者代理开户机构提交开户信息，且保证所提交的信息真实、准确、完整。代理开户机构应当核实并向中国信登提交委托人或者受益人的开户信息。

3. 信托受益权账户编码、保密与实名制

（1）中国信登为符合条件的受益人开立信托受益权账户，配发唯一的账户编码，并出具开户通知书。

（2）中国信登和信托受益权账户代理开户机构应当对所知悉的委托人或者受益人的开户信息以及信托受益权账户信息依法保密。

（3）信托受益权账户采用实名制，不得出租、出借或者转让。

4. 信托受益权账户注销

受益人可以申请注销或者委托代理开户机构代为申请注销其信托受益权账户。当受益人出现民事行为能力丧失等情形时，信托财产法定继承人或者其他承继人等利害关系人，可以凭具有法律效力的证明文件，申请注销或者委托代理开户机构代为申请注销其信托受益权账户。

5. 信托受益权账户信息查询

受益人可以依法查询其信托受益权账户中记载的信托受益权信息。

（二）信托登记信息管理和使用

1. 中国信登的信息管理职责

（1）中国信登负责管理和维护信托登记信息，确保有关信息的安全、完整和数据的依法、合规使用。

（2）信托登记信息受法律保护，中国信登应当对信托登记信息及相关文件依法保密。除法律、行政法规规定或者国务院银行业监督管理机构同意的情形外，中国信登不得披露或者对外提供由信托登记信息统计、分析形成的有关信息。

（3）中国信登应当按月向国务院银行业监督管理机构报告信托登记总体情况、信托业运行情况等信息，并按照国务院银行业监督管理机构的要求，定期或者不定期报告其他有关信息。

（4）中国信登应当妥善保存信托登记信息及相关文件，自信托终止之日起至少保存 15 年。

（5）若信托机构未按规定办理信托登记或者在信托登记中存在信息严重错报、漏报的行为，则中国信登应当及时将有关情况报告给银行业监督管理机构。

2. 信托登记信息的保密义务与权利

（1）除法律、行政法规或者国务院银行业监督管理机构规定可以公开的情形外，任何单位或者个人不得查询或者获取信托登记信息。

（2）中国信登应当依据有关法律法规，建立保密制度，加强保密教育，采取相应的保密措施。

（3）中国信登应当根据法律、行政法规、国务院银行业监督管理机构的规定以及信托文件约定的信托登记信息保密要求，设置不同级别的查询权限。

3. 信托登记信息的查询

（1）委托人、受益人仅可以查询与其权利、义务直接相关且不违背信托文件约定的信托登记信息。当委托人、受益人出现民事行为能力丧失等情形时，信托财产法定继承人或者承继人等利害关系人，仅可以凭具有法律效力的证明文件申请查询与其权利、义务直接相关的信托登记信息。

（2）信托机构仅可以查询与其自身业务直接相关的信托登记信息。

（3）银行业监督管理机构和其他有权机关仅可以在法定职责范围内，依法查询相关信托登记信息。

（4）除法律明确规定或者授权外，任何单位或者个人不得查询受益人的个人基本信息。

（5）向中国信登申请信托登记信息查询的，应当提交有效身份证明文件、授权文件和相关证明材料，并书面说明查询目的。

（三）信托登记的监督管理

1. 银行业监督管理机构的监管职责

（1）对信托产品的发行、公示和管理履行日常监管职责，可以根据信托公司监管评级、净资本状况、风险及合规情况等采取必要的监管措施。

（2）履行法人监管职责的银行业监督管理机构发现信托产品存在违法违规情形的，应当立即依法进行处理。中国信登等信托机构违反《信托登记管理办法》有关规定的，银行业监督管理机构应当责令限期改正；逾期未改正的，或者其行为严重危及信托机构的稳健运行、损害受益人合法权益的，银行业监督管理机构可以依据《中华人民共和国银行业监督管理法》等法律法规，采取相应的监管措施。

2. 信托机构或工作人员的职责

（1）信托公司应当按照监管要求，定期更新并向中国信登报送有关的信托业务信息，以满足信息披露和持续监管的需要。

（2）信托机构或者其工作人员伪造、变造登记申请文件，或者提交的登记申请文件存在重大错误给当事人或者利害关系人造成损失的，应当依法承担相应法律责任。

（3）信托机构或者其工作人员伪造、变造信托登记证明文件的，应当依法承担相应法律责任。

3. 中国信登的责任

中国信登或者其工作人员违反《信托登记管理办法》规定，导致信托登记错误或者保密信息泄露的，中国信登应当采取内部问责措施，中国信登或者有关责任人员应当依法承担相应法律责任。

4. 集合资金信托计划的信托登记

基本信息应当在信托初始登记后 5 个工作日内在中国信登官方网站公示。财产权信托进行受益权拆分转让或者对外发行受益权的，参照集合资金信托计划进行公示。

第四节　信托的避税功能

一、两种信托税收体系

信托行为通常涉及三方当事人，即信托财产的委托人、信托财产的受托人以及信托财产的受益人。各国对信托三方当事人关系的认识和规定不尽相同，这种差别主要体现在英美法系国家和大陆法系国家对信托关系本质的认识有很大的不同。

英美法系国家一般把信托关系视为一种法律关系，委托人把自己的财产委托给信托机构（受托人）管理，这就从法律上切断了委托人与其财产之间的所有权链条。大陆法系国家一般不把信托视为一种法律关系，只是将其视为委托人与受托人之间的一种合同关系。

由于对信托关系的认识不同，各国对信托的税收处理办法也有所差别。英美法系国家认为信托可以割断委托人财产与信托财产之间的关系，一般对财产所有人委托给受托人的财产所得不再征税。而且，英美法系国家多实行全权信托，信托的受益人（即使是委托人本身）对信托财产也不享有所有权。因此，只要受益人不从信托机构得到分配的利益，受益人便不用就信托财产缴纳任何税收。大陆法系国家由于不承认信托财产独立的法律地位，所以对信托财产及其收益有时也要征税。

不难看出，英美法系国家对信托财产的税收处理办法可以给纳税人提供一定的国际避税机会。

二、赠与税

赠与税（gift tax）是向生前无偿转让的资产征收的一种税。赠与税是以赠送的财产价值为课税对象而向赠与人或受赠人征收的一种税，它是遗产税（estate tax）的辅助税种。

美国的赠与税和遗产税是分开处理的。赠与税和遗产税是美国政府为了调节社会阶级之间的差异所设立的税种。简而言之，一个人生前免费赠与他人的行为受到赠与税的约束，一个人去世后财产分配的行为受到遗产税的约束。

（一）赠与价值、纳税义务人、课税对象

1. 赠与价值的确定

当赠与财产是现金或者上市公司的股票时，价值很容易确定。赠与的价值就是赠与时的公平市场价值。赠与人必须转移资产受益权给受赠人，并且要放弃对资产的控制权。

2. 纳税义务人

在美国，赠与人为纳税义务人，按财产赠与人一定时期内赠与财产的总价额课税，这种征税方式称为"总赠与税制"。日本实行的是分赠与税制，也称受赠与人税制，即按照受赠与人一定时期内受赠财产的价额征收赠与税，纳税人为受赠与人。

3. 课税对象

赠与税的课税对象又称为"课税物件"，即通过赠与而取得的财产。原则上讲，所有无偿的财产转移都可称为"赠与财产"。赠与财产包括动产、不动产、有形财产和无形财产。在美国，赠与财产主要有以下几类：①捐赠给慈善机构的财产；②捐赠给政治团体的财产；③捐赠给学校的财产；④夫妻之间的相互赠与；⑤夫妻双方如果一方亡故，留下的供另一方生活所用的财产；⑥夫妻离婚后，用于对方教育和医疗的赠与。

（二）征收原因

各国征收赠与税，在一些方面起着一定的积极作用，具体可概括为：

1. 调节社会分配

赠与税实行区别税负，将一部分财产归为社会所有，用以扶持低收入者的生活及社会福利事业，有利于调节社会财富两极分化现象。

2. 增加财政收入

各国政府债务占 GDP 的比重不断增加，财政赤字难以控制。为了保障政府职能的长期财务基础，设立赠与税也是多国共识。很明显，它可以增加财政收入。

3. 限制私人资本

在贫富悬殊、社会矛盾激化的现代社会里，适当限制私人资本可以缓和社会矛盾。

4. 抑制社会浪费

受赠人不劳而获，容易奢侈浪费。赠与税将一部分财产转为社会拥有，对抑制浪费、形成良好的社会风气有一定作用。允许对公益事业的捐赠从财产额外负担中扣除，鼓励大众多向社会捐赠，有利于社会公益事业发展。

5. 平衡纳税人的心理

对继承遗产或接受赠与而获得的非劳动财产课以税收，减少因血统、家庭等非主观因素带来的财富占有，使人们心理上感觉较为公平。

（三）赠与扣除

1. 节税的重要性

对于个人来说，如果资产价值变得足够大，乃至于需要缴税，那么对赠与财产的节约就是首要目标。赠与税的税收代价高昂，起始税率37%，很快增加到50%甚至更高。

2. 赠与扣除

（1）每年有 10 000 美元的赠与扣除额（美国）；

（2）关注对医疗和学费支付的赠与扣除；

（3）利用夫妻间的赠与扣除额；

（4）利用从事慈善事业的赠与扣除额。

赠与税免除额分为年赠与税免除额、一生赠与税免除额。例如，2012 年美国的年赠与额度为 13 000 美元，2013 年将其调到 14 000 美元。所谓年赠与税免除额，就是如果一个美国人 2012 年将 13 000 美元以下的现金或者资产赠与其他人，是不需要申报也不占一生赠与额度的。如果夫妻双方共同赠与则加倍，即 26 000 美元。受赠与人不需要是直系或者旁系亲属，任何人都可以。如果赠与超过上述数额，需要在税表中进行申报披露，占用一生的赠与额度。一生赠与税免除额度为 5 120 000 美元，夫妻双方一共 10 240 000 美元。如果超过这个数额，核定税率为 35%。当然，这个税率是比较高的，基本上只影响美国 1%～2% 最富有的人群。

3. 赠与税的避税

政府课征赠与税时，人们往往利用对配偶遗赠的处理、财产信托、虚假性慈善捐赠、隐匿动产和无形资产等方式逃避赠与税，使其实际征收率大大低于名义税率，实际支付的税额远远低于应纳税额，从而削弱了该税的聚财效应。

如果美国人受到非美国公民身份的人的赠与，那么他受赠与税的影响不大。然而，如果受赠人接受的馈赠一年超过 10 万美元，就需要在税表中进行披露和申报。

三、遗产税

遗产税是对死者死后财产（遗赠的财产）征收的一种税。

遗产税是一个国家或地区对死者留下的遗产征税，国外有时称为"死亡税"。征收遗产税的初衷，是为了通过对遗产和赠与财产的调节，防止贫富悬殊。遗产税是以被继承人去世后所遗留的财产为征税对象，向遗产的继承人和受遗赠人征收的税。

遗产税实际上就是赠与税的延续。美国遗产税的一生额度现在是 5 120 000 美元，夫妻双方一共 10 240 000 美元。这个额度是和赠与税共享的。一个人生前赠与的数额要从这个额度中减去，才能得到遗产税的一生最终额度。因此，生前赠与越多，去世后遗产额度就越少。现在遗产税的核定税率超过额度之后是 35%。

高净值人群合理避税主要有两个节点：一个节点是投资或移民国外时，由于欧美税收高企，高净值人群需通过信托的方式获得合理避税；另一个是公司上市节点，当富豪的股权价值较高的时候，富豪们更倾向于提前将股权放入信托进行避税。

（一）总遗产

总资产（gross estate）是指去世时完全拥有或含有权益的所有资产和不动产的总和。一般来讲，总遗产包括所有财产，无论是不动产、私人财产、无形资产，以及那些根据遗产税规则需要包括在内的财产。

总遗产是去世时被继承人留下的全部财产的公允价值，包括动产和不动产、有形资产和无形资产、被继承人去世时财产取得的利息、夫妻共同拥有的财产、人寿保险赔偿金、年金和退休计划的收入、为被继承人保留的对某些财产或者所得的使用权或者行使权等。比如，货币是有形资产，而公司股份、债券、保险单、退休金、知识产权中的财产权益等是无形资产，无形资产中的各项一般都按当时的公平市场价格来确定其价值，比如股票等究竟值多少钱要按照当时的市价来确定。美国联邦遗产税计算采用超额累进制，税率分成 18 个等级，从 18% 到 50%。税率和遗产总值直接相关，遗产越多，税率越高。

（二）遗产税的规避

纳税人通过制订相应的计划，可以减少遗产税。并不是总遗产的每一分钱都必须缴纳遗产税，换言之，遗产的净值并不等于可征遗产税额。从遗产总值中扣除债务、丧葬费用、配偶继承的数额、捐献给慈善机构的数额，再扣除豁免额之后的数目才是可征税遗产。例如，美国联邦法律规定，可以从每宗遗产或赠与的净值里减掉一定数额，称为豁免额。遗产或赠与的数额少于豁免额，则不用交税。

需要扣除的内容包括：不可避免费用的抵扣、被继承人 1 年以内的医疗费用、遗产管理费用、丧葬费用、各项债务、遗产损失、借贷、应付账款、应当缴纳的税金等。

自由决定费用的抵扣包括：赠与未亡配偶的财产、捐献给慈善机构的财产。财产大小无金额限制，全部可以从应税的遗产中抵减。

四、隔代遗转税

隔代遗产转移税，又称"隔代遗转税"，是在被继承人生前或死后向隔两代人（如外孙）转移财产所征收的一种税。隔代遗转税其实是遗产税的一种变形，诞生于美国的《税收改革法 1976》（*Tax Reform Act of 1976*）。1976 年以前，美国的富豪可以通过简单的安排来少交一次遗产税。举例来说，如果没有做任何安排，富豪 A 去世的时候，他的遗产只有在缴清遗产税后才能被他的子女继承，而他的子女去世的时候，子女的遗产又得再缴清一次遗产税后才能被他的孙子女继承。这样当他的孙子女得到遗产的时候，这笔遗产上其实已经被征收过两次遗产税了。于是，富豪 A 就选择以赠与、遗嘱、信托的形式，直接将自己的财产给到孙子女，跳过了子女这一层，这样就可以仅征收一次遗产税或赠与税了。隔代遗转税的目的就是杜绝前面例子中富豪 A 这样的安排。根据隔代遗转税的规定，即使富豪 A 直接把自己的财产给到孙子女，这部分财产原则上仍被认为是先由子女从富豪 A 处继承，之后再由孙子女从子女那里继承。也就是说，还是得交两次遗产税。

（一）隔代遗转税免税额

在美国，2011 年隔代遗转税的免税额是 500 万美元。需要注意的是，夫妻的免税额是可以合并计算的。例如，一对夫妻各自有 500 万美元的免税额，那加在一起就有 1 000 万美元的免税额。若他们把不超过 1 000 万美元的资产直接分配给孙子女，其实是不会触发隔代遗转税的纳税义务。考虑到夫妻合并免税额可达到 1 000 万美元，隔代遗转税对绝大多数美国人来说影响是非常小的。但是对计划移民或者已经移民的富裕阶层来说，就是一个需要谨慎面对的问题。因为若富豪 A 并非美国税务居民，隔代遗转税的征收对象和免税额都会发生很大的变化。无论是通过何种途径进行的避税设计，最后的架构都应由美国会计师或税务律师出具书面的税务意见加以背书确认。

（二）隔代遗转税的适用范围

涉及隔代遗转税的财产的转移包括信托财产、终身所有权、剩余权益等。举例来说：①为孙辈设立信托。②子女生前有权从财产受益，子女死后孙辈获得这些财产。③孙辈在子辈死后获得财产，终止子辈的终身财产权。

（三）利用信托来规避隔代遗转税

利用信托可以很好地降低所缴纳的税款，至少有以下三种方法：①利用每年对受赠人的赠与税减免；②向教育和医疗方面转移；③关注隔代遗转税（GTS）豁免。

利用信托规避部分税收的三个例子：①建立一个信托基金。②捐赠财产。③利用储蓄计划。例如：①父母可以把大笔财产捐赠给医院或某个福利基金会，条件是在儿子的有生之年，接受捐赠的一方必须以很高的利率定期支付利息，一直到儿子也死了，这个医院或基金会才算真正拥有这笔钱。如此一来，政府一分钱遗产税都收不到，儿子却依然稳稳坐在金山银山上。②父母可以利用银行的联邦529大学储蓄计划。孩子一出生，父母就为他们开设一个529教育基金储蓄账户。账户内逐年存入的钱交给投资管理基金会去管理经营，直到将钱取出来缴学费时才缴税。这样开户时父母或祖父母是资产的拥有人，利用这个计划马上可以省很多所得税。到取钱缴交学费时，钱到子女名下，用子女的税率报税，而学生没有收入，税率要低很多。总之，合法地规避遗产税的办法还有很多。

五、信托的避税特性与信托避税的类型

信托避税并不是一个特定的法律概念，但这种社会现象变得日益频繁。在法学中，"信托避税"时常作为一个专有名词出现。对信托避税的不同理解和界定直接影响了立法的评价和法律适用。所以在这里有必要先对这个概念下一个定义：信托避税是指纳税义务人以减少税负为目的，利用信托制度，实现税收的规避。

设立信托可以规避遗产税主要是得益于信托的两个特性：

一是所有权和受益权相分离。在信托法律关系成立之后，信托财产的所有权转移给受托人所有，在整个信托法律关系存续期间，所有权都归属受托人，而信托的受益权可

以是委托人自己（自益信托）、其他人（他益信托）或者委托人和其他人共同享有。

二是信托财产具有独立性。信托一经设立，信托财产就与委托人和受托人的固有财产相独立，若条款中有约定，还可以独立于受益人的固有财产，也就是当委托人去世之后，留在信托中的财产因其名义所有权已不属于委托人，且与委托人的固有财产相独立，是不计入应缴税遗产总额的，因此可以实现避税。信托的设置是比较灵活的，年限分定期的和不定期的，条款分可撤销的和不可撤销的，生效时间分生前生效和死后生效。信托中可以持有的财产也没有限制，只要该财产的所有权能够被转移，可持有资产包括房地产、股票组合、专利和版权、企业等。在欧美国家信托很受青睐，一方面是因为其良好的避税功能，另一方面是因为其可以按委托人的意愿分配信托收益，从而避免继承人挥霍遗产。

信托避税的主要类型如下：

（1）所得税信托避税。对所得税的避税主要是采用分散所得规避累进税率。各国的所得税往往采用高额累进税率，信托因为可以轻易转移和分散所得，从而有效降低了所得税的课征。

（2）遗产信托避税。各国政府出于均富政策的考虑，为了防止贫富差距和社会矛盾的加大，往往征收高额的遗产税。富贾巨商们为了能够规避高额的遗产税，同时使家产不至于旁落他人而世代相传，通过设立"隔代信托"即可分离信托财产本金和收益来达到此目的。

（3）设立离岸信托避税。这将在后续章节详细论述。

第五节　信托风险管理与监管

一、信托公司的尽职调查途径与资产管理能力

（一）信托公司的尽职调查途径

1. 查阅资料

围绕融资人、关联公司、行业、产业链、技术等各方面尽可能全面、客观地搜集

资料，在与融资人接触前要有一个基本的认识。

对造假的企业来说，要编制一个天衣无缝的谎言，需要将与之相关的所有"信息元"全部疏通，对好"口供"，但这么做的成本非常高。所以，造假的企业只会掩盖最明显的漏洞，心存侥幸，无暇顾及其他漏洞，而延伸信息的搜集范围，就可以找到逻辑上可能存在矛盾的地方。

2. 实地考察

查完资料、准备好问题后就要实地证实这些纸上"富贵"的真实性。与高管、核心技术人员、销售人员交流与访谈，从内部了解公司的历史、现状、战略、技术先进性与成熟度、市场竞争力等情况，形成对公司发展能力的判断。

如果考察的时间跨度和细致程度足够，是能够佐证经营状况的，报表、总账、明细账、会计凭证、传票、电算化对比，都需要将审计报告内容转化为真实的状况。所以，实地调查是很考验人的工作，除了一定要耐心和细致外，同时必须掌握产品、工艺、设备、财务等方面的知识，否则等同于盲人摸象。

3. 通过资料验证

通过行业专家、供应商、客户验证公开渠道和融资人提供的资料等多种途径进行验证。搜集了资料，实地考察了公司，"面"上的工作就做完了。那么，如何验证公开渠道和融资人提供的资料？通过供应商可以印证公司产品生产数量的真实性，倾听供应商对公司的评价，以此评判供应商是否有实力去和被调查公司进行符合公开资料的商贸往来，调查人员甚至可以假扮客户从供应商处了解情况，验证公司产品销售及价格的真实性。

（二）信托公司的资产管理能力

金融企业的资产管理能力一般来说有两项：一是投资能力，二是风险管理能力。

1. 信托业的资产管理能力包括投资前与投资后两个方面

无论是股权投资还是债券融资，投前尽职调查的准确性和决策的客观性都是极为重要的，一旦这个环节出现问题，投后管理不过是亡羊补牢而已；投后"看"好钱，帮助融资人搞好经营，在出现问题时，有能力提供有效的市场化解决方案，其目的是让投资决策有更多的选择空间，让委托人逐渐相信专业带来的收益与安全性。

2. 信托业资产管理能力的评价指标

信托公司资产管理能力评价指标由资产管理规模、主动管理能力、投资收益水平、经营效率水平、创新与研发能力、管理效率及人员配置等构成。被动管理型信托是指信托公司在银信合作等简单、被动型、通道型业务中，由于业务简单以及受银行主导，往往部分放弃或忽略项目的管控权；主动管理指信托公司对项目的管理进行主动规划，采取积极的态度管控项目。被动管理多用于简单规模化的业务，主动管理多用于复杂的集合信托业务。

二、从信托产品的类型看信托产品的风险

（一）依据投资对象进行的信托产品分类

根据投资对象的不同，信托产品可以分为如下几类：

（1）房地产信托，即信托公司对外募集资金，并将资金用于房地产项目（包括住宅与商业）开发建设的信托理财产品。

（2）基础设施信托，即道路、桥梁、隧道以及博物馆、广场、文物保护等公共设施方面的信托理财产品。基础设施信托是地方政府发展市政建设的重要方式。

（3）工商企业信托，即投资到一般工商企业的信托产品，属于常规信托业务。

（4）证券、期货、贵金属信托，是指信托资金投向股票、债权、期货市场，或通过贵金属交易所进行黄金、白银等贵金属买卖的信托产品。该类信托为信托公司投资的重要方式之一，通常以结构化形式操作。

（5）矿产资源信托，是指信托资金投向煤炭、贵金属等开采或冶炼企业，通过矿产企业经营赢利而支付信托收益。

（6）艺术品投资信托，是指信托资金投向艺术品，通过艺术品的保值增值以获取收益。

（二）信托产品对应的信托风险

信托风险取决于以下几个因素：

（1）房地产信托的风险大小，主要取决于后期销售情况。房地产信托根据银保监会的监管要求，必须投向"四证"（国有土地使用权证、建设用地规划许可证、建设工程规划许可证、建设工程施工许可证）齐全的项目。房地产信托后期的销售情况是信托的安全所。销售回款依赖于四个因素：一是项目所在城市；二是项目所在位置；三是开发商实力；四是项目开发进度。好的开发商在项目运作过程中能够最大限

度地节省成本，提高资金运用效率。因此，在房地产调控政策多变的大环境下，早日销售回款就意味着信托投资多一分安全。

（2）基础设施信托的风险大小，主要取决于资金投向和融资主体的实力与经营情况。融资主体是靠政府拨款的投资注资，还是以自己正常的经营收入偿还信托融资，是判断项目风险的重要方面。当融资主体缺乏正常经营的现金流，信托项目不仅会被监管部门认定为违规，还可能因为融资主体没有还款来源而面临信用风险。

（3）工商企业信托的风险大小，主要取决于融资企业的行业状况与财务状况。有些行业的企业，政策扶持力度大、经营环境好（环保行业、高科技行业），则信托投资的风险相对较小；财务状况越好（资产负债率低，净资产规模大，年净利润较高）的企业，越能覆盖融资敞口，信托投资就相对安全。

（4）证券、期货、贵金属信托的风险大小，主要取决于投资市场时机和投资团队的能力。在好的时机（如证券类信托在大盘点位较低时或有重大利好消息出现时）由好的团队进行投资，信托项目往往会获得较好的收益。

（5）矿产资源信托的风险大小，主要取决于融资主体的资质、实力与经营状况。融资主体的开采能力，它是否具备开采资格（采矿证）、开采年限以及资源储量，都是矿场资产信托项目投资的关键要素。如有大型国有煤矿支持或担保，融资企业煤炭开采量与矿场煤矿资源储存量可观，则信托项目风险基本可控。

（6）艺术品投资信托的风险大小，主要取决于受托人是否了解艺术品行业。在艺术品投资信托中，投资标的市场化程度不高，估计误差较大，且未来收益存在不确定性，因此投资风险较大。但了解艺术品行业的投资者可能具有得天独厚的投资优势，尤其是部分艺术品投资项目还赋予投资者持有艺术品的选择权。

总体而言，基础设施信托风险较低，政府信用起到了较大的作用；房地产信托与矿产资源信托风险稍高，但该类信托往往有较为优质的抵押财产或质押财产，因此较为安全；根据不同的企业情况与担保方式，工商企业信托的风险需根据不同项目具体分析；艺术品信托投资风险较高，投资者需慎重考虑。在我国，信托公司是由银保监会或其派出机构严格监管的金融机构，所以产品的风险程度较为可控。

三、我国信托行业的发展阶段与整顿

（一）信托的探索时期（1979.10—1999.5）

1979年10月中国国际信托投资公司在北京宣告成立，标志着中国现代信托业在完全没有制度准备的情况下摸索起步。

这一阶段，中央部委、银行以及地方政府纷纷设立信托投资公司，信托机构最多时达到约700家（也有数据称超过千家），信托业成为仅次于银行的第二大金融部门。在这个阶段，信托机构的功能定位均是高度银行化的混业经营体制，本源的信托业务几乎没有开展，虽有信托之名，却未行信托之实。这一阶段，中国信托业扮演了"金融百货公司"的角色，是混业经营的改革试验田。当时，信托机构既经营信贷业务，又经营证券业务；既经营金融业务，又经营投资业务。这一阶段，信托业出现了普遍性的违规作业现象：一方面，信托公司突破制度性限制，扩大资金来源，以各种方式超范围、超期限、超利率吸收存款；另一方面，因为信托机构难以像银行那样得到廉价的负债资金，提供信贷时不得不追求更高的利率水平，从而面临较大的风险。由于不利于经济稳定，其间信托行业进行了五次清理整顿：

第一次清理整顿：1982年，国务院针对各地基建规模过大、影响信贷收支平衡，决定清理信托业，开始严格限定信托公司的成立权限，并将计划外的信托业务统一纳入国家信贷计划和固定资产投资计划进行综合平衡。

第二次清理整顿：1985年，国务院针对1984年全国信贷失控和货币发行量过多的问题，要求停止办理信托贷款和信托投资业务，已办理业务要清理收缩。次年，又对信托业的资金来源加以限定。

第三次清理整顿：1988年，中共中央、国务院发出清理整顿信托投资公司的文件。同年10月，中国人民银行开始整顿信托投资公司。第二年，国务院针对各种信托投资公司发展过快、管理较乱的问题，对信托投资公司进行了进一步的清理整顿。

第四次清理整顿：1993年，国务院为治理金融系统存在的秩序混乱问题，开始全面清理各级中国人民银行越权批设的信托投资公司；1995年，中国人民银行总行对全国非银行金融机构进行了重新审核登记，并要求国有商业银行与所办的信托投资公司脱钩。

第五次清理整顿：1999年2月，国务院下发国发第12号文，宣布中国信托业的

第五次清理整顿开始。为防范和化解金融风险，中国人民银行总行决定对当时的239家信托投资公司进行全面的整顿撤并，按照"信托为本，分业管理，规模经营，严格监督"的原则，重新规范信托投资业务范围。这次清理整顿的措施包括：①对所有问题严重的信托公司一律停业整顿、关闭、撤销；②少数机构在解决各类历史遗留问题后，经中国人民银行验收和重新登记；③信托与证券分业。

（二）停滞阶段（1999.6—2002.5）

该阶段特指1999—2002年，约4年的时间。2001年，《中华人民共和国信托法》（以下简称《信托法》）颁布，正式明确了信托的法律关系、法律地位和业务范围。2001年和2002年，《信托投资投资公司管理办法》和《信托公司资金信托管理暂行办法》相继由中国人民银行发布实施。

根据一个省（区/市）保留1~2家信托公司的基本原则，信托公司数量由1999年全国的230余家锐减至最终获保留资格的60余家，最终完成重新登记并获得经营资格的信托公司仅有59家。

（三）"一法两规"框架下的规范发展阶段（2002.6—2007.2）

2002年6月13日《信托投资公司资金信托管理暂行办法》正式颁布实施。该办法与2001年1月10日颁布的《信托投资公司管理办法》和2001年10月1日实施的《信托法》统称为"一法两规"，成为这一时期信托业的主要法律依据和监管准则，也是我国信托业能够规范发展的基石。

"一法两规"塑造信托业新体制，在促进信托功能回归的前提下，将信托公司定位为以收取手续费或佣金为目的，以受托人的身份接受信托财产和处理信托事务、主营信托业务的非银行金融机构。这就突出了信托公司有别于银行、证券公司、保险公司的"受人之托，代人理财"的财产管理功能定位。

自此，信托公司才得以按照"一法两规"的相关政策规定，在"受人之托，代人理财"功能定位下，规范有序地开展真正的信托本源业务，中国信托业真正步入规范发展的新时期，行业重获新生。该阶段配套法规与规范性条款频繁出台，监管理念与策略实现突破，行业性自律实现机制化。

2003年银监会成立。之后的2004年和2005年，银监会发布了多项信托微观层面的通知和办法，包括《关于严禁信托投资公司信托业务承诺保底的通知》《关于进一步规范集合资金信托业务有关问题的通知》《关于规范信托投资公司证券业务经营与管理有关问题的通知》《信托投资公司信息披露管理暂行办法》《信托投资公司监管评级体系》等，要求信托公司进行强制性信息披露、加强业务监管、增强公司运营透明度等。

2005 年，持牌信托公司在 50 家左右。

自"一法两规"颁布实施以来，中国信托业在回归本源业务、探索中国特色的信托发展新路方面取得一定成效的同时，也暴露出了一些问题。

一是定位模糊，创新乏力。多数信托公司的经营模式定位十分模糊，基本无经营特色可言，各公司开展的业务领域和产品结构同质性极强，投融资领域过于分散和广泛，其间毫无关联和共性。该模式进一步衍生出负面效应：各信托公司的专业能力和人才结构根本无法也不可能与如此分散和庞杂的业务结构相匹配，随之而来的就是公司整体业务驾驭能力、风险识别、判断防范控制能力以及投资决策能力普遍不足乃至低下，最终导致经营风险不断积聚。

二是资金信托业务演化为负债业务，背离初衷。几乎所有的信托公司发行的集合资金信托产品均以所谓"预期收益"的名义，变相对信托收益进行保底承诺，这就导致本应委托人承担的市场风险和投资风险均转嫁到受托人信托公司身上。

三是债权运用方式重复雷同，与银行同质竞争。

四是业务市场风险开始凸显。

这些问题间接导致了监管思路的错位和监管策略的偏差，致使信托市场的风险教育发生扭曲，信托投资的兑付刚性不断强化，信托产品的负债性业务特征开始凸显，潜在的监管风险和社会风险不断积聚。如此恶性循环，导致广大投资人模糊地将这一类市场化程度很高的理财产品错误地理解为债权性产品，一部分信托公司则自觉或不自觉地回到"高息揽储"的老路上，而监管部门在更多的时候扮演了"救火队"的角色。

（四）信托的转型与提高时期（2007.3—2017.12 年）

1. "新办法"框架下的高速扩张阶段

"一法两规"相继颁布实施后，中国信托业进入了规范发展阶段，取得了非常大的进步。但由于类银行化的业务积习甚久，信托公司在经营过程中暴露出若干问题，尤其是回归信托本源业务的进程相对缓慢。为此，银监会连续出台数十件临时性通知和规范性文件，基本上属于"打补丁"的性质。为解决存在的问题，银监会重新制定了《信托公司管理办法》和《信托公司集合资金信托计划管理办法》（下称"新两规"）。新两规自 2007 年 3 月 1 日起施行，原《信托投资公司管理办法》和《信托投资公司资金信托管理暂行办法》不再适用。

"信托新政"压缩了信托公司的固有业务，突出信托主业，规定信托公司不得开展除同业拆入以外的其他负债业务，固有财产原则上不得进行实业投资。根据"新两规"，监管层对信托业实施分类监管，信托公司或立即更换金融牌照，或进入过渡期。新规下发之后，各大信托公司开始轰轰烈烈地进行实业清理。

2. "一法三规"框架下的创新突破阶段

《信托公司净资本管理办法（草案）》在征求意见之后，于 2010 年 7 月 12 日中国银监会第 99 次主席会议通过，并正式下发。《信托公司净资本管理办法》与 2010 年下发的一系列行政法规均传达出一个相同的声音——"抑制被动管理型信托业务，鼓励主动管理型信托业的发展"。监管者明确引导信托公司尽快实现从"广种薄收"、"以量取胜"、片面追求规模的粗放式经营模式，向"精耕细作"、提升业务科技含量和产品附加值内涵发展的经营模式升级转型。这将彻底改变信托公司的盈利模式，鞭策信托业务再次转型，使信托公司切实成长为具有核心能力的特殊资产管理机构。因此，《信托公司净资本管理办法》的实施将成为我国信托业发展进入历史新阶段的一个重要标志，它将与《信托法》《信托公司管理办法》《信托公司集合资金信托计划管理办法》一道，将中国信托业正式引入一个以"一法三规"为信托业监管主要政策依据的全新的历史发展时期。

这一时期，信托业的发展方向得以明确，经营模式得以确立，经营机制得以转换，产品结构得以升级，人的思想得到彻底解放。短短三年中，管理信托资产突破 2 万亿元人民币，新增信托资产规模超过历史总和。因此，我们称这一时期为"一法三规"框架下的创新突破阶段。

2007 年底，整个信托行业的资产规模不到 1 万亿元，到 2017 年底，信托业资产规模达到 26.24 万亿元。回顾中国信托发展的历史可以看到，信托业具有业务灵活、创新活跃的显著特征，在经济发展中发挥了拾遗补缺的补充作用和先行先试的探索作用，经历了在兼营中诞生、在整顿中探索、在规范中成长，最后捕捉到了市场需求的爆发，发展成为仅次于银行业的第二大金融产业。

（五）信托业的徘徊（2018.1 至今）

2018 年，由于中美贸易战和新冠疫情的影响，信托行业资产萎缩并稳定在 21 万亿元人民币。但是，从图 1-4 可见，2018 年后，由于中央发展资本市场的决心坚决，证券公司的总资产增长迅速。信托业的主要资产包括市政基础设施、房地产和矿产等。2018 年后经济形势不好，使得信托资产风险高企，展业困难。

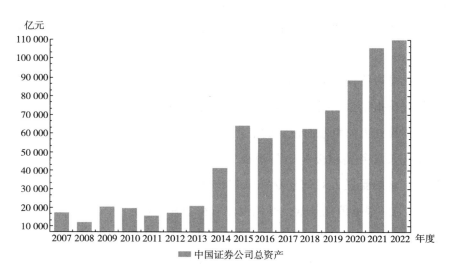

图 1-4　中国证券公司总资产

第六节　国外信托简介

一、英国信托简介

英国是信托业的发源地。英国的信托是由非营业信托发展起来的，即由个人充当受托人，并以无偿为原则。英国信托的主要目的是用于家庭领域或转移资产，因此其主要信托业务是民事信托。1899 年，英国制定《公司法》，以营利为目的的信托公司得以创办。

英国营业信托主要集中在银行和保险公司，大多采用兼营方式，专营比例很小。

英国四大商业银行占据全部金融信托财产的 90% 以上。

英国信托业务按委托对象分为个人信托和法人信托。个人信托多为民事信托和公益信托，法人信托多为有价证券信托。在信托业务运作方面，委托人和受托人均以个人为主，信托财产以土地等不动产为主。投资信托和单位信托是英国信托的两项主要业务。

依据信托目的性质不同，可以将信托分为私益信托和公益信托。私益信托是指为了受益人的私人利益目的设立的信托，公益信托则是指为了公共利益目的设立的信托。

依据信托是否依委托人的意愿而设立，可以将信托区分为意定信托与非意定信托。意定信托是指依据委托人的意愿设立的信托，英美法上称为明示信托；非意定信托是指不依据委托人的意愿而设立的信托。

根据受托人义务是积极的还是消极的，可以将信托分为积极信托和消极信托。①积极信托，是指受托人对信托财产承担积极的管理和处分义务的信托，也称"主动信托"。例如，根据信托条款，受托人在取得信托财产后有义务处分该项财产，并将财产收益在财产授予人和其他受益人之间分配的情况即属此类。在积极信托中，受托人必定享有"法律上的所有权"，其有权为实现信托意图，自主独立地对信托财产进行支配。②消极信托，是指受托人对信托财产不承担积极的管理和处分义务的信托，也称"被动信托"。信托是否属于消极信托，应从以下两个方面判断：一是受托人是否亲自实施了信托财产的管理、运用、处分行为；二是委托人或受益人参与信托财产的管理，其行为是否遵照受托人的指示。

二、美国信托简介

美国信托业务是在 18 世纪末到 19 世纪初从英国引进的，1822 年成立的纽约农民火灾与放款公司是美国信托业的鼻祖。南北战争结束后，美国扩展了信托公司的业务范围，信托公司开始可以兼营一般银行业务。1913 年后，银行也陆续可以兼营信托业务。

美国信托业务以兼营信托业务为主，基本被大商业银行垄断。如今美国是现代信托业最发达的国家。美国还开发了许多新型的信托投资工具，比如 MMMF（货币市场互助基金）、CMA（现金管理账户）、MTF（共同信托基金）、融资租赁业务以及把信托资金投资于 CD（大额存单）、CP（商业汇票）和 TB（国库券）等短期资金市场。

美国信托业具有下述五个特点：

（1）银行兼营信托业务，信托业务与银行业务分别管理。1999 年《金融服务现代化法案》颁布后，银行混业经营，业务范围涵盖基金、信托、保险、国际商业授信、国际信托实务及信托担保。美国有关法律规定，信托业务在银行内部必须严格按照部门职责进行分工，实行分别管理、分别核算，禁止从事银行业务工作的人员担任受托人或共同受托人。

（2）信托业务涵盖传统意义上的信托业务以及代理业务。美国法律对信托业务的定义为"信赖关系的业务"，按照字面意思来看，所涵盖的业务范围比单纯的信托业务大。两者之间最大的差异在于信赖关系中包含代理业务。

（3）个人信托与法人信托并驾齐驱。美国从个人受托转变为法人受托、承办以营利为目的的商务信托比英国还早，并且发展十分迅速。同时，随着经济形势的变化出现交替变化的现象。经济发展不景气时，个人信托会迅速超过法人信托办理的业务量。反之，法人信托则会超过个人信托业务量。

（4）有价证券业务普遍开展。几乎各种信托机构都办理证券信托业务，既为证券发行人服务，也为证券购买人或持有人服务。

（5）信托财产高度集中。第二次世界大战以后，美国信托业基本被本国商业银行设立的信托部所垄断，专业的信托公司比较少。

三、日本信托简介

日本明治维新后实行对外开放政策，商业资本发展迅速。1900 年的《日本兴业银行条例》允许兴业银行从事关于地方债券、公司债券的信托业务。信托公司为了向产业界提供资金，承接高利率的金钱信托，具有与银行存款业务一样的职能。第二次世界大战以后，日本经济出现恶性通货膨胀，信托业的发展十分艰难，日本政府鼓励普通银行兼营信托业务，信托公司也可以兼营银行业务。1948 年，日本信托银行诞生；20 世纪 70 年代，日本进入信托时代，信托品种不断增多；到 20 世纪 90 年代，日本泡沫经济破灭，信托公司资产缩水，陷入困境。

（一）日本信托业的特点

1. 信托立法完善

日本除了《信托法》《信托业法》以外，还有根据不同信托种类而设立的信托特别法，如《贷款信托法》《证券投资信托法》《抵押合同债务信托法》等，每一种信托业务都有法律依据。法制健全是日本信托业务健康发展的基础。

2. 信托经营专门化

金融信托具有财务管理和融通资金两种职能。由于日本的特殊国情和经济发展的需要，日本的金融信托业更倾向于发挥其长期融资职能。根据日本金融机构专业化分工的原则，长短期金融机构分离，这就使信托机构独立于其他金融机构，从而避免了信托业务与商业银行业务的混淆。

3. 注重信托创新

由于日本经济起步较晚，国土面积狭小，可利用的信托土地较少，再加上日本家族观念较强，一般不愿委托他人代管财产，所以日本信托业务从开办之时就大力发展金钱信托。贷款信托是日本的首创。此外，财产形成信托、年金信托、职工持股信托、特定赠与信托、收益期满兑现型信托等新增创的信托业务，促使日本信托业务具有范围广、种类多、方式灵活、经营活跃的特点。

4. 注重信托思想传播

从20世纪70年代后半期开始，日本迈入信托时代。为了实现全民信托，日本的信托机构做了各种努力：①创立信托协会，普及信托思想，发展信托制度；②创立信托研究奖励金制度，鼓励各大学、研究机构以及有作为的人才从事信托研究；③信托银行开办的年金信托、财产形成信托、职工持股信托等集团信托，与社会公众密切相关，也起到了普及信托事业的作用。

（二）日本信托的功能

1. 承担融资职能

日本在第二次世界大战以后建立的信托银行制度，增加了信托机构的融资职能，信托银行极大地吸收了社会游资，成为国内大众重要的储蓄机构，反过来信托银行又为日本的产业和证券市场的发展提供了有力的资金支持。

2. 承担投资职能

不同的项目有不同的资金需求，有些建设周期长、收益稳定的项目银行可能不太喜欢贷款，一般的投资公司也会因回报周期太长而放弃，但这些项目却适合信托资金投资，如国外油田、天然气的开采很多就利用了信托资金。

3. 信托与银行联系紧密

在传统的代理证券业务、基金业务、代收款业务的基础上，一些发达国家的信托机构将金融服务推广到纳税、保险、保管、租赁、会计、经纪人及投资咨询服务领域。由于国外信托机构与其他金融机构业务交叉，机构交叉，两类机构紧密融合，使信托机构这一独立的金融机构概念含混不清。无论是在美国还是在日本，银行兼营信托业务和信托机构从事银行业务十分普遍，有的是银行内部有信托，有的是信托银行化。

复习思考题

1. 我国信托业有哪八项业务？

2. 推动我国信托业发展的因素有哪些？

3. 什么是信托登记？如何办理信托登记？

4. 信托在赠与税、遗产税、隔代遗转税等的避税等方面如何发挥作用？

5. 什么是尽职调查？尽职调查在防范信托风险中有什么作用？

6. 按照投资对象，信托有哪些类型？对应的风险有哪些？如何做好信托风险的管控？

7. 我国信托业发展经过了哪几个阶段？

8. 从国外信托业发展的介绍中，我们可以得到哪些启示？

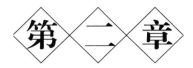

衡平与信托

学习要点

信托制度是从英国的衡平法不断演化而来的，衡平制度是信托发展的土壤。信托制度的思想源于英美法系。尽管在英美很普遍的信托概念如秘密信托、推定信托、回归信托等在国内不常用，但理解这些概念无疑是有益的。本章将以英国衡平信托发展的来龙去脉为主线，梳理信托发展的脉络，从而加深对我国信托业和信托法的理解，并扬长避短，更好地发展信托的经济功能和社会功能。

第一节　英国衡平法与衡平救济

英国法学家梅特兰说："如果问我们，英国人在法律领域最伟大和最杰出的成就是什么？那就是数世纪发展起来的信托观念！我认为没有什么是比这更好的回答。"从用益设计到信托设计的过渡，经历了一个漫长的历史过程，是英国独树一帜的衡平法院以及那些以正义和良心为基础的衡平法理促成了这一过渡，以至于衡平法院被誉为"信托之母"。衡平法不仅创造了信托的概念，而且精心构筑了信托的理念，从而使信托设计制度化、规范化。这些被一致认为是英国衡平法对法理最重要的贡献。

广义上的衡平，是指公正、公平，是古典伦理学中经常使用的概念，可引申为"自然正义"的原则。狭义的衡平是法学概念，是指根据"自然正义"原则，为匡正普通法的缺陷和不足而衍生出的一批以公平、正义为核心，以理性、良心为标准，以自由裁量权为补充的法律原则。

一、英国衡平法

（一）英国衡平法的起源——用益制

信托制度是英美法系特有的一种制度。一般认为，现代信托制度起源于英国中世纪的用益制。

1. 普通法的弊端

英国最初只有普通法（common law）。公元13世纪末，普通法过于僵硬的问题逐渐显现，已不能适应社会经济发展的需要。因此，诉讼当事人开始直接向国王申诉，过多的案件使国王不胜其烦，于是将一些案件交由枢密大臣去审理。枢密大臣根据自己良心的判断做出只针对具体案件的判决，判决遂逐渐发展成一套新的法律。这套法律具有普通法没有的弹性，被称为衡平法（equity law）。最初的衡平法是枢密大臣做出的有关用益（use）的裁决，最后发展成了信托。

根据普通法，用益设计下的受托人完全居于财产所有人的地位，委托人对受托人所有权所加的限制（即为真正的受益人管理土地）不是法律上的，而是道德上的。

因此，用益设计下的受益人利益无法获得普通法院的保障，衡平法院则取得了因用益设计而发生纠纷的管辖权，因为在大法官看来，委托人信任受托人而将财产交给他管理，受托人背信弃义是不道德的（大法官多半为教会教士，崇尚道德）。这样，用益设计逐渐被衡平法院所承认，并赋予其衡平法上的效力。

用益制（use）是土地占有人甲将地产交由受托人乙代管，受托人乙享有对地产的使用、收益权，并将地产的收益交给甲或甲指定的土地受益人丙的一种财产制度。用益制度（又称"尤思制"）被普遍认为是现代信托制度的雏形，它是英国 13 世纪后期出现的一种土地利用方式。根据用益制度，土地所有者将土地转移给另一个人所有，但土地上的收益却归第三人所有。在这种方式下，土地所有者甲将土地转让给乙所有，由乙对该土地进行管理和处分，但土地上的收益归丙所有。根据当时英国的普通法，乙成为法律上的所有权人，但要为丙的利益而持有所有权。

土地用益制的产生，一般有以下两种情况：一种情况是土地所有者将土地献给教会，使教会成为秘密的受益人，以求得教会的庇护；另一种情况是年老的土地所有者希望按自己的意愿处置身后地产，即先把自己占有的土地交给受托人，由受托人把土地的收益交给他指定的受益人，在委托人去世后，由受托人按照遗嘱将土地转交给继承人（一般是受益人）。在实行长子继承制、严格限制土地自由转移的英国封建社会，用益制使得土地的转让更容易，也使普通法禁止的遗嘱赠与不动产成为可能。

2.《用益法》与用益制

用益制是指某人将一定的财物（一般是不动产）交由另一人管理，受托人凭良心将所得收益和财物交给受益人。用益制是英国中世纪的人们为了规避沉重的封建赋税、防止因战而使土地被没收、规避长子继承制、规避法律坚持向教会捐赠等原因而做出的一种设计。由于这种设计可以使人们达到各种安置财产的目的，在 13 世纪，英国人已经开始广泛地使用用益制。结果国王失去了他在臣民土地上所享有的巨额封建附属权利，这是国王以及大贵族最重要的经济收入。另外，居心不良者利用用益制欺骗委托人和受益人。为了收回封建附属权利、平息国内的一些骚乱，英国国王亨利八世在 1536 年制定了一部成文法，即信托法的肇始——《用益法》。

在《用益法》颁布前，用益和信托这两个词是混用的。因为用益最初是在有血缘关系的亲人和熟悉的朋友之间设立的，这种设立强调的是良心。《用益法》的颁布为信托与用益的分离创造了条件，一部分用益为《用益法》所承认，还有一部分用益为《用益法》所不承认，而这部分用益逐渐发展成了信托。用益设计的结构是：甲将自己的财产转移给乙，约定由乙为丙的利益处分、管理该财产。通过用益设计可以有效规避土地转让的限制、土地变动的税费以及土地被没收。

用益制可以规避土地变动的税费。英国在封建社会时期，土地上的税费负担相当重，每当土地的"占有"或"所有权"发生变动时（如父死子继），土地上的税费也随之转嫁于受让人。比如，甲以服军役为条件从领主那儿租得一块土地，甲死亡时，其继承人丙尚未成年。依照当时的法律：①如果甲死亡时没有改变他的法律地位，则在丙成年（满 21 岁）前，领主有权享受土地收益；②领主可以为丙选择配偶，丙若不同意则须向领主缴纳罚金；③当丙已经成年但土地还未转让给丙时，领主还可继续享受半年的土地收益。但是，若甲于生前将土地让予乙，并指示乙在甲死后将土地收益交予丙直至丙成年时止，附属于土地上的上述继承义务即可以逃避。尽管丙成年前不会成为土地所有人，但领主的特权也被剥夺了。可见，"用益"正是中世纪英国人的一种"避税设计"。

用益制可以规避土地被没收。1455 年，英国发生玫瑰战争（War of Rose），战争的双方——白玫瑰约克王族（House of York）与红玫瑰兰卡斯特族（House of Lancaster）势均力敌，孰胜孰负，不可预料。于是两方武士纷纷利用"用益"方法将土地转移给亲朋好友，约定由受让人为自己或者其继承人的利益管理土地，以达到一方战败后，其土地不至于被胜方没收的目的。此外，封建社会百姓犯法，除被处刑罚外，其财产也会被没收，土地继承权也将被剥夺。为了避免上述没收与剥夺，人们也沿用"用益"方法，将土地转让给他人，约定受让人为自己的继承人管理该土地，以防不测。

 专栏：英国泰雷尔案（1557）（Jane Tyrrel's）[1]

从 1536 年《用益法》颁布到 17 世纪早期，法院几乎都没有支持用益之上的用益。1558 年，法院在泰雷尔案（Tyrrel Case）中明确做出"用益之上的用益是无效的"这个著名的结论。因此一般视泰雷尔案为用益向信托转化的起点。在该案中，

---

[1] Ramjohn M. Unlocking Equity and rusts. Taylor & Francis Group，2015.

裁决第二个用益为无效，不能予以执行。

简·泰雷尔与第一任丈夫汉弗雷·泰雷尔的婚姻很不幸福。1526 年，双方签订了一个合约，同意简独自生活。1531 年 1 月，双方又就婚姻当中的争执进一步达成了一个合约，但他们仍然经常在大法官面前争执。1540 年，大法官判令他们离婚。这位大法官是爱德华·蒙塔古，他是当时最受尊敬的法官。1549 年 1 月，汉弗雷·泰雷尔去世。1550 年 5 月 17 日，简做了引起后来诉讼的转让，即儿子乔治付给简400 马克，简把两块土地转让给了乔治。两块土地的转让期限不同，第一块土地给乔治和他的继承人，为简终身提供用益，简死后立即成为乔治和乔治的继承人的用益，如果乔治没有继承人，就成为简的继承人的用益；第二块土地附加了一个在简死后立刻支持简的执行人的用益，期限是十年。

简·泰雷尔在 1557 年 4 月去世。她去世后，按照惯例，要对土地的转让进行调查。白金汉郡和牛津郡的有关机构分别在 7 月 29 日和 10 月 1 日进行了有关土地转让的审讯调查。由于财产买卖的性质，根据《用益法》，简是以终身完全保有的形式占有土地，拥有剩余地产权。当她和亚历山大·圣·约翰结婚以后，他们二人就以简的名义占有地产及剩余地产权。两个审讯调查都以为对乔治的转让已如计划进行了。但是乔治对亚历山大·圣·约翰的财产收益权有所不满，并提出了诉讼。这就是历史上有名的"泰雷尔案"。

泰雷尔案的审理在 1557 年被交付到米迦勒节开庭期进行。监护法院做出了如下裁决：乔治拥有完全的利益，他的母亲及其执行人按照普通法失去了所有的利益。监护法院认为，如果用益通过登记了的契约被转让给了儿子乔治·泰雷尔，那么，他可以宣称他为简·泰雷尔的用益占有地产。但这不能仅通过一项地产转让做到，因为一个用益不能从另一个用益中产生。这个案子以前也在民事诉讼高等法院裁决过，他们认为一个用益不管是通过限制地产或终身地产的委托产生，还是通过财产买卖产生，如果该用益否定一个法律认可的用益，就不能执行它。

事实上，大法官没有承认这些用益之上的用益的理由是：其一，如果大法官执行了用益之上的用益，诸如泰雷尔案中产生的用益，国王从土地保有的附属权利中获得的收入又会减少，订立《用益法》的目的就会落空，对债权人和买受人的欺诈又会增加，没收叛国者或重罪犯财产、惩罚拒绝服从规则者的法律会遭到破坏。简单地说，所有在《用益法》序言中提到的立法意图都将被破坏。泰雷尔案是由监护法院做出裁定的，而监护法院是在《用益法》颁布之后为保护封建附属权利设立的，监护法院的法官当然要受王室的制约，在裁决案件时考虑王室的经济利益。其二，在16世纪末，一些大法官同意《用益法》序言起草者的观点，不喜欢佃户做出的长期用益，因为它们会被用于欺诈国王的封建财政收入。因此，大法官法院不会在这时因为承认用益之上的用益而使《用益法》无效。

政府不愿意放弃在封建附属权利上的经济利益，这一点在16世纪末集中体现在对泰雷尔案的裁决"用益之上的用益是无效的"这一原则上。直到设在土地保有上的封建附属权利成为过去，大法官法院才最后决定在所有的案子中执行用益之上的用益，这些用益在泰雷尔案中曾被普通法宣称无效。这是在《用益法》已通过100年后才得出的结论。

（二）英国衡平法与普通法相辅相成

英国衡平法专指英国法和英美法系中的衡平法，它是继普通法之后，为补救和修正普通法的不足和僵化，通过大法官的司法实践而产生的一种法律体系。当法律章程存在缺陷或较弱时，衡平法可以防止人们狡猾地逃避普通法的漏洞，从而起到捍卫普通法的作用。换句话说，衡平法针对的是人们偏离或者想方设法地违反法律正义的情形。衡平法没有破坏，也没有创造，而是起到辅助普通法的作用。衡平法与普通法相辅相成，共同促进英美法律体系的形成，彰显与时俱进的英国法蕴含的时代特征。

（三）英国衡平法救济的主要权利

信托法是由衡平法逐渐演变而来的。早期衡平法是普通法的救济法，其救济的主要权利表现在以下两个方面：

1. 受益权

受益权是指以用益（use）或信托（trust）为依据的受益人权利。到15世纪末，英国有一半以上的土地都采用了用益制。

2. 赎回权（equity of redemption）

赎回权是指抵押人依法在抵押物所担保的债务清偿后，赎回其财产的权利。历史上，抵押人（借款人）和抵押权人（贷款人）签署了一份以抵押权人为受益人的财产法定所有权转让书，作为贷款担保。如果贷款已偿还，抵押权人将归还该财产；如果贷款未偿还，抵押权人将保留该财产以清偿债务。赎回权是在担保债务履行完毕后，抵押人向衡平法院请求强制抵押权人将财产转回的权利。在现代，消灭赎回权并让抵押权人拥有财产的绝对所有权，通常需要司法管辖区法院做出判决或裁定。信托制度是在这些衡平的基本权利基础上衍生出来的。

（四）英国衡平法的规则

衡平法是长期制度演化的结果，演化产生了一些规律性的东西。

（1）衡平救济弱者。

（2）衡平要弥补普通法的不足，是对所有普通法行为的不当后果进行补救。

（3）申请衡平救济者自身须公平行事。如果申请衡平救济者自身有许多问题，比如为非作歹、作恶多端，衡平救济要将其排除在外。

（4）请求衡平救济者必须自己清白。如果申请者自身的不良行为造成了需要衡平救济的后果，则"罪有应得"，不属于衡平法的救济对象。

（5）衡平注重内容而非形式。普通法注重形式，而衡平注重内容，以弥补普通法的不足。

（6）衡平法寻究履行债务的原意。

（7）衡平不帮助那些怠于行使权利者。

（8）衡平的方法适用于自然人。

（9）衡平和平等。普通法在惩罚公民的错误行为时，具有刚性。但是，由于现实生活的复杂性，普通法的执法结果可能显失公正、公平与正义。在这种情况下，衡平就是为了保证人的平等权。

二、英国衡平救济

（一）英国衡平救济概述

1. 历史由来

衡平救济的发展要追溯到 1258 年，《牛津条例》（*Provisions of Oxford*）的通过使衡平法走上了历史舞台，成为英国法系的一大转折点。古代，普通百姓需要有法院签发的令状，才有资格提出诉讼，并获得法院的受理。《牛津条例》颁布后，令状不再允许被核发，这就导致无法得到救济的人越来越多。当人们各种救济的路都行不通时，他们就找到了公平、正义的来源——国王，这是唯一可以伸张正义的方式。国王最初乐意处理这些案件，后来随着案件数量的增多，国王将这些案件转交给秘书主管处理。秘书主管最终演变成了大法官，而大法官庭最终演变成了衡平法院。

2. 特点

（1）衡平救济具有灵活和简便的特点，可以弥补成文法的不足。相对于成文法只有损失赔偿金一种救济方式来说，衡平救济方式则多种多样，而且更具针对性。

（2）根据既定原则（established principles），法院被自动赋予一些酌情权（discretion），以决定补救的性质和程度。衡平法强加的信托是制度性的（institutional）而非补救性的（remedial）。这意味着信托不是法院自由裁量权（the court's discretion）的行使，而是自动出现。

（3）代位是一种重要的法律制度。以代位清偿为例，当保险公司赔付给投保客户时，保险公司就自动获得从事故责任方获取相应权益的权利。根据不同情况，代位可以包括代位诉讼等情形。总之，第三方代替第二方获得相应的权利。

（4）"法官造法"。在这里，信托是具有补救性的，是允许法院对案例的本质进行主观审判分析的，法官依据自己对公平的理解进行决策，并建立相应的法律制度。因为这部分判断已超出成文法的判断范围，没有相关法律依据，因此也被称为"法官造法"。

3. 贡献

衡平救济开创了一种新的救济方式（a new ways of remedies）。衡平法院制度基础上的衡平法逐渐演化成了信托法。

（二）衡平救济的种类

1. 具体履行（specific performance）

具体履行促使相关方正确履行合约的义务。也就是说，通过使被告拥有履行特定合约的义务来达到合同的预定目的。命令是由法院发出的，多用于契约法（如合同法）领域。在相应的案件中，原告没有绝对的权利要求对被告实行这一命令，是否授予这种救济权均靠法院的判断力。

2. 解约（rescission）

解约即解除合同，使双方恢复到初始状态。可解约的理由有很多。如果某契约的当事人一方是某种不公正或者违法行为的受害者，那么该契约便可以通过衡平法而被废除。

3. 更正（rectification）

更正是指可以通过修改合同条款来反映缔约双方的真实意图。当一项书面文件未能反映当事人的真实意图时，法院可予以更正。

4. 禁令（injunction）

禁令分为临时禁令与永久禁令。

（1）临时禁令。临时禁令是法院在诉讼未决之前颁布的，以在短期内保护申请人的利益。临时禁令具有时效性，只在案件结案之前有效。

具体来说，临时禁令是在诉讼过程中临时授予的。在处理案件时，临时禁令是否颁布，基于对两种情况的权衡：一是如果没有禁令可能会造成潜在损害，二是如果授予临时禁令可能造成潜在不便。

临时禁令的另外一种重要形式称为冻结禁令，以防止被告在诉讼完成前，从英国司法管辖区转移资产以躲避执行最终的判决。这个禁令源于 1975 年的玛利华案件，又称为"玛利华禁令"（Mareva injunctions）。颁布冻结禁令是为了阻止被告在判决之前转移其存款。如果法院不延长冻结时间，被告很可能将存款移至海外，从而脱离法院的管辖，那么原告将永远不可能收回欠款。当债务到期且并未得到偿付，有管辖权的法院在适当的情况下授予临时禁令，以防止债务人自行处置这些资产，从而使债务偿付变得不可能。

（2）永久禁令。永久禁令是指在案件经过实质审理，对争议问题进行充分调查之后，法庭认定被告侵权，做出判决时给予胜诉方的一种救济，可以确保被告永远不再危害原告的利益，如针对专利权的剩余保护期，下达永久禁令以禁止被告再次侵权。

 ## 案例：1975 年的玛利华案件

原告玛利华公司（船东）在 1975 年 6 月 25 日发出上诉状。一年前的诉讼申请中，法官 J. 唐纳森发布禁令：直到 1975 年 6 月 23 日 17 点整，法院约束承租人不能转移或处置伦敦银行的金钱，以免承租人的这些钱财逃离了债权人的司法管辖范围。国际散货船公司（承租人）租用玛利华公司船只之后，不付款并拒绝继续执行租船合同。初审法院 J. 唐纳森法官准予了禁令，但禁令有效期不能被延长。船东上诉，声称 J. 唐纳森拒绝将禁令时间延长至超过 6 月 23 日 17 点，这些事实在丹宁勋爵的判决书里有陈述。玛利华上诉至最高法院，要求有效期延长至审判结束时。最终，玛利华获胜。

三、衡平禁止反言

英美法系国家传统的契约理论是：合同成立、变更均须有约因（即对价），才能产生强制执行的效力。无对价的合同得不到法律的保护。可是实践中大量存在着这样的现象：某人许诺赠与他人物品或答应他人无偿为其做某事，不久又反悔致使受诺人遭受损失。受诺人遭受损失后却无法律依据捍卫自己的权利。

1877 年，英国法官卡恩斯勋爵（Lord Cairns）审理休斯诉大都会（Hughes V . Metropolitan）铁路公司案时提出了禁止反言的观念，但并未引起人们的重视。直至 1947 年，卡恩斯勋爵的观念被英国大法官丹宁勋爵（Lord Denning）传承，并将其确立为一个法律原则。丹宁勋爵在其《法律的训诫》一书中将禁止反言解释为："当一人以他的言论或行为已使另一个人相信，按照他的言论或行为办事是安全的——而且的确是按照他的言论或行为办了事——时候，就不能允许这个人对他说的话或所做的行为反悔，即使这样做对他不公平也应如此。"

（一）衡平禁止反言原则的构成要件

各国的法律规定或者理论上的认识有所不同，衡平禁止反言原则的构成要件也不尽相同，但普遍认为以下几个条件是构成"允诺"原则所必需的：

1. 必须有允诺

存在允诺人的允诺是构成禁止反言原则的先决条件。

2. 受诺人必须合理信赖允诺

受诺人合理信赖允诺，或者允诺人自身合理预期受诺人将信赖其允诺。所谓合理，主要是指这种信赖要真实、客观。真实，是指受诺人必须是真实相信了允诺人的允诺并依允诺行事，如果受诺人的行为未依赖于该允诺，自无信赖可言。客观，是指同样一个合理的第三人在相同情况下亦会产生信赖。

3. 受诺人的行为因信赖允诺而改变

允诺人的允诺必须以某种方式影响了受诺人的行为，使受诺人因其允诺而作为或不作为，从而受到损害。如果受诺人的行为并未因允诺人的允诺而改变，则不构成允诺禁止反言要件。

4. 公平

"公平"是贯穿于衡平禁止反言原则始终的内核，是适用该原则的大前提，是其灵魂所在。衡平法有句格言："求助于衡平法者，自身必须清白。"基于此，衡平禁止反言原则的公平要件的内涵之一是：被禁止反言的一方必须凭良心公正行事。所以，如果受诺人想用禁止反言原则来维护自己的利益，他就必须自身光明磊落；否则，他将得不到救济。

（二）禁止反言

禁止反言是英美法系一个十分重要的概念和原则，它源自衡平法。禁止反言在普通法上有四大类型——证据法上的禁止反言、衡平禁止反言、契约法上的禁止反言和所有权禁止反言。禁止反言的本质要求是，不允许一方当事人通过违背其先前向受诺人所做的承诺，造成对另一方当事人权益的损害，当事人必须言行一致。

第二节　英国信托的特征与发展

信托是指委托人基于对受托人的信任，将其财产权委托给受托人，由受托人按委托人的意愿以自己的名义，为受益人的利益或者特定目的，进行管理或者处分的行为。

一、英国衡平法的贡献

（一）普通法与用益制

从原则上来讲，普通法对用益制是不予承认的。但是在司法实践中，普通法法庭有时采取灵活的态度，给予受益人权利一定程度上的保护。

例如：

（1）当受益人就是委托人甲时，甲与受托人乙的关系类同于普通法上的转让关系，甲的利益受到普通法的转让令状的保护。如果乙不按甲的指令或转让时的承诺事项，甲可以按照令状收回土地。

（2）如果受益人是第三人丙，就超出了普通法令状的调整范围。

由于普通法不保护用益制，所以，一旦土地受托人违背基本的道德规范，拒不执行事先的承诺时，受益人的权益就无法得到法律的保护。遇到这种情况时，大法官将从"公平合理"的原则出发，强制受托人履行约定的义务，以保护受益人的权益，因此就产生了衡平规则：委托人将土地交给受托人掌管，受托人就必须像对待自己的财产一样管好这些土地，并将土地的受益转给受益人。如果受益人的权利受到侵害，可以向大法官起诉受托人。

（二）衡平法对普通法赎回权的影响

普通法非常注重形式，忽视当事人的实际权益。例如，普通法规定只要过期不赎，抵押人就永久失去对抵押物的所有权，而不会考虑抵押人是否遇到了不可抗力或者被抵押人的欺诈行为。

从 15 世纪中叶开始，衡平法院干预这种抵押关系中抵押物"所有权"的转移制度，规定如果抵押人不能如期清偿债务是由于抵押权人的诈欺行为或其他非人为灾祸，那么他虽然在普通法上已经失去了对抵押物的赎回权，但仍然可以在一段"合理期间"内享有衡平法上的赎回权。

二、英国衡平信托的特点

（一）英国衡平信托的法律特点

（1）信托作为一种法律关系，必须有三方当事人参加，即委托人、受托人和受益人共同参加。

（2）信托作为一种法律制度，是基于信托财产之上的所有权、占有权和收益权的分离。

（3）信托作为一种特殊的财产管理制度，体现了专家理财的特点。

（4）信托作为一种营业模式，诚信最大化是其基本的业务行为准则。

（二）英国信托中的法律权利关系

1. 决定受托人的权利

决定性的权利与信托财产拥有人和受益人有关（见图 2-1）。

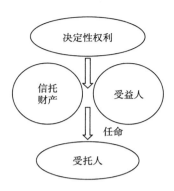

图 2-1 对受托人拥有决定性权利的法律关系

如图 2-1 所示，财产拥有者或受益人有权任命受托人。但是，如果决定性的权利没有被正确行使，即没有产生受托人，那么，受托人可以由法院授权产生，并承担对受益人支付收入与本金的义务。见图 2-2，受托人具有对受益人支付收入、本金的义务，同时也享有管理财产、获取相关报酬等权利。

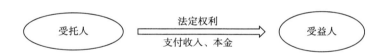

图 2-2 受益人与受托人的法律关系

2. 受托人的权利

任命之后，有两种状态：成功执行任命权或者执行任命权失败。任命之后，产生了执行信托的权利与受托人的权利等后果（见图 2-3）。

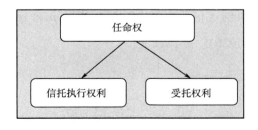

图 2-3 任命权的后果

3. 英国的信托关系与信托原则

参图 2-4，受托方须遵循无获利原则和无冲突原则。

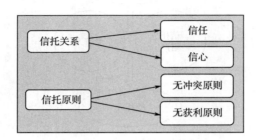

图 2-4　信托关系与信托原则示意

（1）信托关系。受托人为委托人的利益负责，而委托人也应给予受托人信心和信任。受信任责任人的定义是，该人承担责任，代表他人或为他人在某种情形下处理某件事情，该情形导致一项信托或信任的成立。受信任责任人独特的责任是其忠诚义务。受益人有权享有其受托人唯一的忠诚义务。

（2）信托原则。无冲突原则：受托人不能与委托人之间存在利益冲突。无获利原则：受托人不能在委托人没有完全知情同意之前，为自己或第三人获利。

4. 英国信托终止

信托终止有三种情形：

一是信托的所有受益人是成年人的，并且都同意终止信托，那么，他们可以凭借"桑德斯诉沃蒂埃规则"（Saunders v. Vautier rule）[①] 终止信托。英国《衡平法》规定，如果信托中的所有受益人都是成年人且无残疾，受益人可以要求受托人将法定财产转让给他们，从而终止信托。

二是法院判决，法院可以授权受托人拥有额外的权利。

三是法律规定，见英国《信托变更法 1958》（Variation of Trust Act 1958）和《信托法 1925》（Trustee Act 1925）。参见图 2-5。

三、英国信托法的一些特征

与中国的信托法进行比较，我们可以得出英国信托法的某些特征。

---

① https：//en. wikipedia. org/wiki/Saunders_ v_ Vautier。

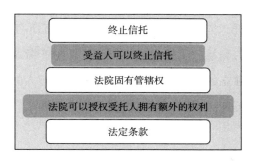

图 2-5　英国信托终止的三种情形示意图

（一）受益人存在的必要性

没有受益人，则没有信托。受益人是信托的必要组成部分。信托律师必须极力避免这样的情形：信托财产基于抽象目的而持有，却没有人获益。例如，照顾一只非常让人喜爱的宠物猫，或者抛光白金汉宫的砾石，在这两种情况下，因为没有人会从中直接受益，因而不能成为信托。

（二）受益人与信托财产

1. 信托财产的"反无可转让规则"和"反永久不授予原则"

我们总会遇到一些情况，委托人有隐秘的动机：防止孩子过早地获取财产权利，直到他长大并学会承担责任，等等。因此，信托对财产的永续性和积累性两个方面提出了要求：不能致力于抽象的目的，以致没有人能够从中获益（所谓"反无可转让规则"），也要求信托持有财产必须在一些确定的时间内归属于受益人（所谓"反永久不授予原则"）。英国法院的态度从保护私人财产权利（例如，业主按照自己的意愿处理财产）转到对自由市场的保护，以使资本能够在人与人之间流转。

2. 信托财产中受益人的终极所有权

受益人所有权是指受益人在信托基金中拥有的权利。受益人可能很容易地使用他的权利来让受托人无法控制信托财产的使用。因为在英国法律下，受益人在信托基金中拥有终极所有权。这使得委托人希望限制受益人的不当行为难以实现。

3. 英国信托对税收的处理

由于对信托关系的认识不同，各国对信托的税收处理办法也有所差别。英美法系国家从信托可以割断委托人与其财产之间所有权关系链条的基本认识出发，一般对财产所有人委托给受托人的财产所得不再征税，而且英美法系国家多实行全权信托，信托的受益人（即使是委托人本身）对信托财产也不享有所有权，所以只要受益人没有从信托机构得到分配的利益，受益人也不用就信托财产缴纳任何税收。大陆法系国家由于不承认信托财产独立的法律地位，所以对财产所有人的信托财产及其收益有时也要征税。不难看出，英美法系国家对信托的税收处理办法，可以给纳税人提供一定的国际避税机会。

（三）受托人的责任与义务

1. 委托人处于天然的弱势

一般而言，如果委托人将财产信托给某人，那么委托人就处于劣势，因为委托人依赖于其所信任的人会按照其最大利益行事。信托法所做的，就是扭转这种权利关系，把受益人的利益放在一个比受托人更加有利的地位，受托人执行信托时有义务维护受益人的最大利益。

2. 市场经济条件下的受托责任

受托人的责任是建立在忠诚（loyalty）和诚信（good faith）理念上的。"Fiduciary"是一个重要的英文法律概念，它有受托、诚信、信义等意思。例如，公司董事对公司负有天然的受托人责任，有义务自觉维护公司利益。"Fiduciary Duty"是市场经济的基石。中国传统文化中的仁、义、礼、智、信，其中的信就是诚信、信用的意思，也是市场经济所需要的。

3. 两类受托责任

受托人有责任在受益人之间行为公正，有责任根据法律合理行动。受托人对受益人负有义务，大致可以分为两类：善意义务和良好管理义务。

（1）善意义务。善意义务包括：不允许受托义务和个人利益之间的冲突，不能从交易中谋取私利，遵守受托责任的条款。善意原则需要考虑自我交易原则和公平交易原则（the self-dealing principle and the fair dealing principle）。

自我交易原则限制了受托人处置信托财产的能力。对受托人从信托财产中获利，哪怕看起来可能获利，都受到法律的严格限制，以至于受托人即使在商业便利的基础上，也无法随意处理信托财产。

公平交易原则使受托人从信托中获得的利益有效，只要受托人没有利用他的受托地位获取额外的任何好处。这一原则同样适用于受托关系，如代理从信托客户处获得利益。

法案规定，受托人在行使其投资权的时候，无论是进行新的投资，还是考虑其现有的投资，受托人所要考虑的"标准投资"是普遍存在的投资理论的核心原则：首先，投资要有合适的依据；其次，要保持多样化的投资组合，分散投资风险。

（2）良好管理义务。良好的管理义务是针对义务的履行方式，包括：①受托人为受益人提供最佳的投资；②受托人为受益人提供受托人履行受托责任的信息；③受托人遵守对受益人的照顾义务，仿佛自己有道义上的责任去这么做。我们考虑受托人的法定和衡平的投资责任，以及提供会计账目和信息的义务。透明的会计责任是正确履行受托责任的关键。良好管理的职责，即确保信托财产得到妥善管理，并且受托人酌情使用决策权等，都被处理得当。

第三节　秘密信托、推定信托与回归信托

一、秘密信托

没有受益人则没有信托。但是在有些情形下，受益人可能是秘密的。

（一）秘密信托的主要目的

秘密信托听起来十分令人兴奋。假定一个将死之人决定立下遗嘱，他有以下问题：他结婚了，并有子女；但是，他还有一个情妇和一个私生子。在这种情况下，他可能不想在遗嘱中提及他的情妇或其子女，以免伤害他的妻子和子女，但还是愿意对他的私生子提供一定的帮助。在这种情况下，他可以使用秘密信托。他会把财产留给他最好的朋友（明白这件事情的朋友），这个朋友会代替他的情妇和孩子持有这部分财产，并将收益付给他们。

秘密信托的主要目的在于，立遗嘱人准备把受益权赋予秘密人物。在英美等西方国家，一个人希望在他去世后处理自己的财产，一般都采用遗嘱的形式，但秘密信托是一个例外。立遗嘱人准备把受益权给谁一直保密。当立遗嘱人希望通过遗嘱给情人或非婚子女提供一些财产时，如果进行遗嘱验证，受益人就会公之于众，因为人们可

以在遗嘱验证登记处查阅遗嘱验证情况。然而，秘密信托就可以避免这种尴尬。立遗嘱人将遗产留给一位受托人，通常是一位亲密的、值得信赖的朋友，但不公开信托的受益对象。立遗嘱人秘密地告诉受托人谁是受益人，受托人承诺为了秘密受益人的利益管理、运用这部分遗产。

（二）秘密信托的分类——完全秘密信托与半秘密信托

所谓完全秘密信托，就是从遗嘱的表面来看并没有信托的存在，立遗嘱人只是将财产绝对地赠与遗嘱中指明的受益人。例如，遗嘱明确写明："将 50 000 元赠与甲。"表面看来，遗嘱是为了甲的利益。但事实上，立遗嘱人在去世前告诉甲，遗嘱中留给他的财产不是为了他的利益，而是为了其他人的信托利益，同时甲承诺实施立遗嘱人的意图。

所谓半秘密信托，就是遗嘱中明确将财产赠与甲，并纳入信托，但未指明受益对象。例如，遗嘱中写明："将 50 000 元赠与甲，纳入信托，为了我告诉过他的目的。"这样，立遗嘱人在生前会告诉甲，谁是真正的受益人。

二、推定信托

（一）什么是推定信托

推定信托（constructive trust）是指在特殊情况下，衡平法认为特定财产的所有者纯粹为了自己的利益而持有财产是不符合良心的，因而由法院强制施行的一种信托。

推定信托是衡平法院根据公平正义原则在当事人之间强加的一种信托。当推定受托人不符合良心的行为影响到财产权益时，运用推定信托来保护受害人的权益。推定信托的适用基础是财产所有人发生不当得利。

推定信托是一个真实的信托，就像任何其他信托一样。推定信托的受托人为受益人的利益而持有可识别的财产，拥有法律上的所有权。但是，推定信托的显著特点是它是由法律活动产生的，而不考虑当事人的意图。推定信托与明示信托是不同的，后者是由委托人故意创造的。

（二）推定信托的性质：美国与英国的不同

1. 美国救济性制度与英国实体制度

（1）美国的救济性推定信托制度。法院使用推定信托的救济，让受损害的一方得到利益返还。

（2）英国的实体性推定信托制度。英国主流观点认为，推定信托本质上与其他信托没有根本区别，只是设立方式不同。

2. 美国救济性制度与英国实体制度的区别

两者的主要区别在于施加推定信托的情形及可以利用的救济不同。例如，甲是乙的代理人，乙向法院诉称：甲应当以推定信托方式持有乙的一定款项。在英国，为了施加推定信托，乙必须向法院证明本案的情形属于过去的判例曾经施加过推定信托的某种类型。这样做，法院会判定甲是推定受托人，乙可以获得过去判例授予的救济。而在实行救济性制度的美国，乙没必要向法院做这种证明，只要法院认为适当，就可以施加一项推定信托。

（三）实施推定信托的情形

（1）虽然信托财产在受托人或其代理人的手中，但可追踪其非法的信托过程。

（2）受托人错误地将信托财产转移给一个陌生人。

（3）有人企图欺诈性地利用法律条款或其他基本法律原则来实行欺诈。

（4）财产的转让人签署了一份特定的可强制实施的合同，后又拒不履行。

所以，如果一个人主动像受托人那样干预信托事务，或者明知是信托财产而接受委托人错误转移的财产，或者接受财产时未支付对价，或者故意协助受托人违反信托，或者故意以违反受托人义务的方式处理信托财产，那么，法律将使他作为一个推定受托人承担责任。

 英国推定信托案例一：受托人或其他受信人取得未经授权的报酬

判例（见图2-6）：甲、乙同为某遗嘱的受托人。甲说服其他受托人，由经纪行对死者的遗产进行估价，经纪行的收费由遗产支付。由此，甲获得了佣金的一半作为报酬。在此过程中，甲并未参与估价工作，也没有参与确定经纪行的收费额。对此，乙起诉甲：甲取得的报酬应纳入死者的遗产。

判决：准予乙的诉求。

分析：甲作为遗产的受托人，应当在估价时尽可能保证遗产价格高估。但由于经纪行给予的报酬待遇，甲选择了自己所在的经纪行，利用受托人的身份获得的利润是

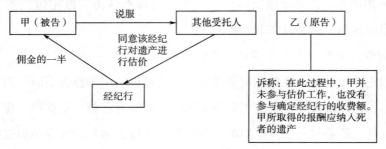

图 2-6　推定信托实例一

不正当的。因此，这些利润应当看作死者遗产的一部分。

 英国推定信托案例二：受信人从事未经授权的交易

判例（见图 2-7）：A 公司要继续租用电影院成立一家附属公司。电影院的业主坚持要求 A 公司附属公司缴清股本后才同意续约，但 A 公司一时拿不出钱来。于是 A 公司的四位董事决定，各自出资一部分来缴清股本。之后，B 公司购买了 A 公司附属公司，A 公司股票获得了不少利润。但 B 公司以此起诉 A 公司的四位董事，要求他们将获得的利润归还给 A 公司。

判决：四位董事均为 A 公司的推定受托人，他们在一项未经授权的交易中赚取了秘密利润。他们购买股票违反了受信人责任，公司并未批准这项交易。

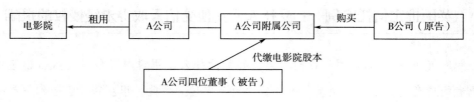

图 2-7　推定信托实例二

分析：四位董事是 A 公司的受信人，他们在履行董事职责的过程中获得了附属公司的股票，所以他们对由此获得的利润应当承担说明的义务。

（四）推定受托人

1. 受托人的代理人

受托人或受信人的代理人不诚实地接受财产或者为自己的利益而接受财产的，他将承担责任。否则，即使发生了信托财产损失，他也没有责任。

2. 多管闲事或者咎由自取的受托人

某人既非受托人又未得到受托人授权，却大胆干预信托事务或者像执行受托人职务那样采取行动，因此使自己成为咎由自取的受托人，或者推定受托人。

（五）不产生推定信托的其他情形

1. 给付对价且不知道信托的善意购买人

例如：某信托的受托人甲违反信托，将信托财产出售给乙，乙在不知道这份财产是推定信托的情况下支付了对价，那么乙就属于善意购买人，乙就不是推定受托人。

2. 无辜的无偿受让人，即不知道信托存在而无偿接受信托财产的人

例如：信托的受托人甲错误地将信托财产作为礼物交给乙，乙接受了礼物但并不知道这份礼物是信托财产，那么乙就是一位无辜的无偿受让人。

（六）推定信托的理论基础

1. 目的说——公平正义要求

推定信托在 17 世纪就已经存在，那时主要作为一个信托工具而为法院所采用，尤其是需要法院介入，但又没有合适的法律构架，没有具体明确的原则、规则时。由于普通法绝大多数的规则在创立初期均出现概念、定义不清的情形，在理论学界和实践中较为统一的观点是：推定信托的适用，是出于衡平法的公平、良知要求，即如果让某一特定物的拥有人拥有衡平法的利益，将是不公平的。

2. 目的说——防止欺诈

任何时候，当任何原因致使某人本应兑付某项财产权益时，如果法院不进行推定信托，某人将可能欺诈性地持有财产；或者，如果法院不进行推定信托，某人欺诈性地持有财产这种情形无法从根本上予以防止。

3. 状态说——非良知状态的出现

美国法官卡多佐（Cardozo）认为，任何时候，当法律上的所有权人并非以良知状态持有实际利益这种状况，推定信托就应该成立。

4. 工具说——追求公平正义的工具

推定信托被认为是一种工具，据此要求受托人将其所持有财产兑现给受益人。这也是公平正义的要求，是法院对财产兑现的义务施加推定信托的要求。

三、回归信托

（一）回归信托的定义

回归信托（resulting trust）即在某些特殊情况下，委托人未明示要设立信托，但法院为实施法律或依据委托人未予明示的假定意图而施加的一种信托。回归信托是在财产出让人意思表示不明确且实际已转移财产的情况下，由法院推定财产出让人与财产受让人之间成立事实上的自益信托关系，即把财产出让人作为委托人（受益人），由财产受让人担任受托人，并且后者负有向前者转移信托财产及利益的义务。回归信托是财产最终回归委托人的信托，类似于自益信托，但并没有明示受益人。

（二）回归信托的分类

回归信托分为自动的回归信托和推定的回归信托。前者是指一定情况下自动产生的回归信托，后者则是指一定情况下可由法院推定施加的回归信托。一般来说，在下面两种情况下将产生回归信托：第一种情形，委托人转移财产，或者宣示了信托，但是没有清晰地表明谁将获取那些财产的权利，结果财产的权利回归到委托人；第二种情形，因为权利求索主体为财产支付了相应价格，因而要求拥有与自己的贡献相符的信托财产的相应权利。

 ## 回归信托案例：信托违反

假设在一个信托关系中，查理是受益人，汤姆是受托人。信托财产是三辆宝马库珀豪华迷你小车，曾经被用于拍摄 1969 年电影《意大利任务》中的窃犯逃跑场景。这三辆小车都有其独特的价值，之后可能还会升值。我们暂且评估它们的总价值为 100 万美元。

事情的起因是：受托人汤姆违反了信托规定，在一个道德败坏的律师布里杰的提议下，把这三辆车私自卖给了一个汽车交易商弗雷迪。律师布里杰自称是电影纪念品专家，虽然提出了建议，但从始至终都没有拥有过这些小汽车。

假设弗雷迪和布里杰知道汤姆的行为违反了信托。问题是，财产的所有者查理能获得什么样的法律补偿？显然，如果三辆小车的价值独一无二，将来可能增值，查理想要收回汽车。因此，查理将努力尝试使三辆小车重新归己所有。

此案中，受托人汤姆做出了违反信托的行为，而律师布里杰提供了不诚实的建议。此处的不诚实建议，是指以不诚实的心态帮助受托人违反信托合约，或者说他在知道受托人违约的情况下仍为其提供援助。此案中的汽车交易商也同样知情，知道受托人违反了转售财产法规却接受了受托人持有的信托财产。这两类人被称为第三方责任人，当受托人无力支付受益人的损失时，第三方责任人将成为受益人的追索对象。索赔人若想让他们对其损失负责，必须满足三个条件：①表明所转售的财产是受托人违反信托义务对信托财产的处置；②被告关于资产交易的收据是可追查的；③了解到被告收到的部分违约资产是可追查的。

针对本案还有第二种情况，即如果汽车已经售出，但是购买者是善意的，则查理不能恢复拥有这些小汽车的权利。相反，他将不得不诉求小汽车出售收益，或者来源于销售收益的任何财产的补偿。

针对本案，在后续的追查中，受托人汤姆需要承担责任。让我们看一下受益人查理在自己的利益受到损害时应该如何获得救济。救济措施主要分为两种：个人的救济（personal remedy）和专有的救济（proprietary remedy）。

个人的救济要求处于被告的受托人以其自有的资产弥补受益人遭受的任何损失。大家可以想象这种方法并不能绝对有效地弥补受益人的损失，因为被告人不一定有足够的财产来对其损失进行弥补。在被告人没有足够的财产或者其破产的时候，受益人就会行使一系列的追索权，也就是对第三方责任人进行追索，直到一个人有足够的财产补偿其信托财产遭受的损失。当然，这个能返还其所有损失的人不一定存在。在上面的例子中，受益人可以向受托人追索财产，在受托人没有足够财产时向第三方责任人追索赔偿。

对于专有的救济来说，它和个人的信托比较明显的区别是他拥有获取一些特定财产的权利，即使被告人无力偿还或者破产，专有信托的受益人依然可以获得这些特定的财产来弥补一定的损失。

作为受托人，在违反信托后返还其财产有三个方面：①返还信托合约中原本规定的财产和被挪用的财产；②补偿对信托资金造成的相等的损失；③任何由于违反信托所造成的更深层次的损失。如果受托人违反信托义务，由受托人的固有财产对信托财产的损失承担赔偿责任，实现对受益人的保护。

复习思考题

1. 什么是衡平法？它与普通法的关系如何？

2. 衡平救济有哪些种类？

3. 什么是衡平禁止反言？有哪些要件？

4. 为什么要存在受益人？受益人有哪些权利？

5. 信托怎样避税？

6. 什么是受托责任？

7. 什么是秘密信托？

8. 什么是推定信托？推定信托有哪些类型？

9. 什么是回归信托？它与推定信托是什么关系？什么是自动的回归信托？

第 三 章

信托法

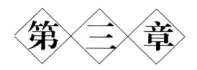 **学习要点**

　　本章详细地分析了信托法的起源、成文化及国际发展，我国《信托法》的内容、原则和配套的法律法规，以及英国信托中委托人的资格、受益人的原则和信托设立、无效信托、可撤销信托等概念。第一节介绍了信托法的成文化、现代化和国际化发展，信托法的中国实践，我国信托法遵循的原则，以及配套的法律法规。第二节介绍了英国信托委托人的资格、受益人的原则、信托设立的三个确定性要求，以及无效信托、可撤销信托、信托变更等内容。

第一节　我国的信托立法工作

一、信托法的成文化、现代化与国际化发展

（一）信托法地域上的世界性传播

英国工业革命之后，通过各种手段进行了全球性的经济扩张和殖民化。在此过程中，英国也将其法律制度实施于其殖民地国家和地区，这样，英国的信托法自然而然地在许多地区得到广泛的传播。自 20 世纪以来，大陆法系国家和地区也开始广泛地引入信托法制度。

信托法在其世界性传播的过程中，在立法形式上日益呈现成文化的发展趋势，信托法的成文化则更方便了它的广泛传播。由于大陆法系属于成文法体系，所以引入信托法的大陆法系国家和地区一开始就采取成文化的立法形式，由立法机构制定成文的信托法。

（二）信托法法律适用的国际公约

在信托法的世界性传播过程中，由于法律传统和各国实际情况的差异，即便同样是承认信托的国家之间，一旦发生跨国的信托活动，也会因为相互间信托法规定的不同，发生法律适用上的冲突。有鉴于此，制定信托的国际公约、统一信托的国际准则，便成为许多国家特别是承认信托的国家的一种迫切愿望。1984 年 10 月 19 日，在荷兰海牙召开由 32 个国家代表参加的第 15 届海牙国际私法会议，这次会议正式通过了《关于信托的承认及其法律适用的国际公约》（简称《海牙信托公约》），这是世界上第一个关于信托的国际公约。《海牙信托公约》提出了一种尽可能被不同法系国家理解和接受的折中式的"信托"定义，从而为不同法系国家统一理解信托提供一个指引。

《海牙信托公约》提出的信托定义，在一定程度上调和了不同法系国家对信托的不同理解，有助于承认信托的国家统一对信托的认识，即使是不承认信托的国家，也有助于加深其对信托的认识和理解，推动信托在这些国家的引进和植入。

（三）信托现代化发展过程中的特点

近几十年来，信托制度在世界各经济发达国家得以迅速发展，尤以美国、日本为

代表卓有成效地运用信托为社会经济服务，使其很快成为金融服务业的重要支柱之一，对社会经济的发展产生了重大的影响，发挥了巨大的作用。

纵观现代信托制度的发展，我们可以明显看到如下一些特点。

1. 信托职能的扩展

"受人之托，代人理财"是信托的基本职能。信托机构通过各种业务渠道，为委托人管理、经营财产，我们通称为财务管理职能。现代信托业在继续深化其财务管理职能的基础上，有效地实现了职能扩展：第一，资金融通职能。信托业通过自身的资金集聚功能，利用多种融通渠道进行资金融通，以满足社会各方面对资金的需求。第二，金融服务职能。信托机构可以为委托人、受益人及其他客户提供多种与金融业务有关的服务，如财务、会计、保管、保险、纳税、投资咨询等多种形式的服务。第三，社会福利职能。信托机构通过公共基金信托、失业保险信托、职工保险金信托、医疗保证金信托，以及宗教、学术、教育、卫生、环保、科研等多种形式的公益信托，促进社会福利的拓展和社会保障的加强。第四，信托投资职能。在现代市场经济条件下，信托投资已成为信托业的一项最具代表性的职能。发展新兴技术和从事高科技产品开发需要大量资金，虽然收益高，但也伴随高风险，一般银行难以适应这种需求。而信托业的信托投资职能正满足了这种需要，大力扶持高新技术产业，获得了丰厚回报，从而也进一步扩展了信托投资的职能。

2. 信托功能的创新

这主要表现在：

首先，信托功能在经济领域的扩张。在现代市场经济条件下，信托在经济领域异常活跃。社会经济生活中有什么样的需求，就会有什么样的信托产品出现。例如，适应大众投资的需要，出现了"投资基金信托"（英国称为"单位信托"）；适应企业筹资需要，出现了"公司债信托"和"融资租赁信托"；适应减缓劳资矛盾、维持企业稳定的需要，出现了"雇员受益信托"等。

其次，信托在其他领域的推广。总体来说，信托总是同财产关系相联系的，但其功能却远远超出了经济范畴。如为适应发展社会公益和福利的需要，出现了众多以信托为基本形式的基金会；为维护政府和官员的廉洁形象，美、日等国又设计出了

"盲目信托"①，把信托引入了政治领域。

最后，信托运用于国企改造。除抓大放小、股份制改造等形式外，利用信托制度对企业实行"托管"更有其独到的优势。在这方面东德对国有企业托管改造的经验就是成功的范例。

3. 信托法制的扩张

信托制度经过不断改造、创新，日益健全和完善，在世界各国被普遍应用。英国的信托法是衡平法的产儿，在法律结构上由判例和习惯构成。但大陆法系成文法的严谨性和概括性，对规范极为活跃的信托行为显示了独到的优势。英国人敏锐地意识到这一点，并最先在世界上制定了成文的信托法，即《受托人法》。

与此同时，在法理结构上不存在信托制度的大陆法系国家广泛吸收英美法之所长，积极引进信托制度，完善信托立法，开拓信托的新领域，有力地促进了两大法系的交融。实践表明，信托制度恰好构成了两大法系相互融合，两类法理不断完善、趋同的契合点。

二、信托法的中国实践

（一）制定信托法的动因

我国信托法的立法初衷是规范信托业。由于信托业长期缺乏法律规范，没有明确的定位，经营上主要以银行业务为主，只有"信托"之名，没有"信托"之实，真正的信托业务也没有得到发展，因此，信托业屡遭政策性整顿，发展大起大落，影响了金融秩序的稳定。正是基于此，第八届全国人大提出要制定信托法，目的是借此规范信托业的行为，进一步完善和健全我国的金融法制。

我国《信托法》自2001年实施以来，信托业得到了空前的发展，对其进行修订也变得越来越必要和迫切了。

---

① 盲目信托就是委托人给予受托人充分的信任，让受托人全权管理信托财产，自己不参与、不过问、不干涉。这种盲目信托在法制严格的西方国家主要适用于公职人员以及公司高管等个人理财，因其工作性质与其决策地位之间产生利益冲突，因此立法者往往要求这些人利用盲目信托来隔离其个人财产的投资管理，以避免可能出现的利益冲突以及内幕交易，从而确保其决策的客观公正。

同时，盲目信托的受托人必须是独立于委托人影响之外的金融机构，委托人不能持有其相当比例的股份或对该机构有实质性影响。这时委托人必须签订合同主动放弃许多权利，包括：不得对受托人的营运管理方式做出指示，不得要求受托人提供账目报告，不得任意取消受托人做出的营运管理决策，也不得变更受益人等。

（二）《信托法》与民法典

就信托活动的法律适用而言，凡是《信托法》有具体规定的，应当首先适用《信托法》的规定；如果《信托法》没有具体规定的，应当适用民法典的相关规定。

（三）信托法与信托实践

1. 无信托法时期——"有名无实"

在《信托法》颁布实施之前，我国的社会生活中并没有规范的信托活动。虽然已经出现冠之以"信托"之名的活动，比如，历史上的"信托商店"和信托投资公司的"信托业务"，但是这两类行为在法律性质上均只有"信托"之名，并无"信托"之实。

2. 有信托法时期——"营业信托"

规范的信托实践活动真正在我国出现和兴起，是在 2001 年《信托法》颁布实施之后。我国的信托实践是从营业信托开始的，而且到目前为止也是以营业信托为主导的。民间缺乏信托文化的土壤，难以形成非营业性民间信托。由于信托并非我国的传统，加之法律上引入信托制度的时间不久，信托的观念尚未普及，人们对信托的认识还很欠缺，民间非营业性信托难觅踪迹。

3. 司法实践中的信托法律关系辨析

代理、债、行纪等与信托既有相似之处，又有诸多区别，信托与三者之间的异同如下：

（1）代理与信托。代理与信托有许多相似之处：两者设立的前提都是基于信任关系；两者都涉及财产的管理；代理人与受托人的法定义务也基本相同。但代理与信托却存在本质上的差别，主要表现在：

①代理行为不发生财产所有权的转移。代理人受被代理人委托管理某项财产事务时，其财产可能暂时处于代理人的控制之下，但代理人并没有在法律上取得对该项财产的所有权。整个代理过程中财产所有权在委托人和受托人之间自始至终不发生转移，代理人在全部代理活动中始终以被代理人的名义从事活动，其代理行为与第三人产生的权利义务关系亦由被代理人承担。

②代理人只能在被代理人授权的范围内活动。代理人的代理活动是由被代理人的授权范围限定的，其代理行为要受到被代理人的监督和控制。而在信托关系中，受托

人的行为只要不违背信托目的和法律规定，委托人和受益人不得随意干预受托人的活动。

③代理关系的稳定性较弱。在代理关系中，双方当事人有任何一方要求解除代理关系或任何一方当事人死亡，代理关系则即告终止。而在信托关系中，除委托人在信托文件中明确保留撤销权外，委托人无权终止信托。即使是委托人或受托人死亡，亦不影响信托关系的存续。

（2）债与信托。二者的差别是明显的：

①设立的目的不同。债的关系的产生多是依当事人自身的需要而设立，不会涉及第三人的利益。信托关系设立的目的则明确是为第三人的利益（某些时候委托人可能兼为受益人）。

②产生的前提不同。债的关系产生的前提是基于双方当事人的需要，并不依赖信任关系。而信托关系的设立则必须以委托人对受托人的信任关系为前提，否则构不成信托。

③主体的结构和关系不同。债的关系是双方当事人间的权利、义务关系，债权人只对债务人个人享有债务追偿的权利。而信托关系是第三方当事人间的权利、义务关系，委托人和受益人在受托人违反信托文件规定时，不仅对受托人，而且对受托财产也享有追索的权利。

④产生的法律后果不同。这种差别主要表现在：第一，财产管理的利益归属不同。债务人运用借贷的财产或资金所产生的利益归其本人所有，与他人无关。而受托人管理、经营信托财产所生的利益不归属自己，须交付受益人。第二，经营风险的责任负担不同。在债的关系中，对借贷的资金或财产发生的毁损或灭失，完全由债务人自己负责，与债权人无关。而在信托关系中，信托财产发生了损失或毁坏，只要受托人尽了善良管理人的义务，则不必承担赔偿责任。第三，破产时的债务清偿不同。在信托关系中，受托人经营不善破产，信托财产不列入破产财产，委托人和受益人有权优先追偿信托财产。在债的关系中，债务人破产，债权人无权优先受偿，只能与其他债权人一起在破产财产范围内平等受偿。

（3）行纪与信托。行纪是指行纪人接受委托人委托，以自己的名义从事物品买卖，并收取一定费用的经营行为。行纪与信托颇为相似：二者都是为他人的利益对财产进行管理、处分；二者都是以自己的名义从事经营行为；二者的产生都是建立在一定信任关系的前提下。但行纪与信托亦有区别，主要表现在：

①设定关系的形式不同。行纪关系只能通过契约的形式设定。信托关系的设立则不仅可以通过契约形式，还可以通过遗嘱、信托声明或某些其他行为等不同方式设立。

②受托方的权利范围不同。行纪人经委托人授权，其权利只限于代委托人买卖财物，且不得违背委托人在价格、质量等方面的要求。而在信托关系中，受托人的权利范围要比行纪人广泛得多，如财产的管理、资产的经营、资金的运用、证券的买卖等，并且受托人在经营、管理信托财产的方式上亦较行纪人有更大的灵活性。

（四）《中华人民共和国信托法》的颁布

中国信托业在40多年的发展中历尽周折，几起几落。1979年10月，中国国际信托投资公司宣告成立，标志着信托业在中国的兴起。此后，信托投资公司如雨后春笋般发展起来，到1998年最多达到1 000多家。直至1998年，广东国际信托投资公司的破产事件成为中国信托业发展的转折点。

《中华人民共和国信托法》（以下简称《信托法》）从1993年起稿至2001年正式颁布实施一波三折，经历了长达8年的启动、推动、中断、再启动，直至审议通过、颁布实施。《信托法》于2001年10月1日起施行，这标志着信托制度这一新的法律制度在中国已确立。

《信托法》的出台使信托业的发展走上了法制化、规范化的道路，为信托业的发展指明了方向，更重要的是使信托制度在中国得以正式的确立。

此后，在整顿过程中，信托投资公司的总数首次减少到218家，后来进一步合并后仅剩下60家。不可否认，经过40多年的发展，信托投资公司已经成为中国非银行金融机构的重要组成部分。2022年末，信托公司的总资产已经是证券公司总资产的一倍多。

三、《信托法》中所体现的信托原则

（一）所有权与利益分离原则

信托财产权利与利益分离原则是信托制度的首要原则，信托财产的独立性原则、有限责任原则以及信托当事人之间的权利义务关系，都以这一原则为基础。信托财产的权利主体与利益主体相分离，正是信托区别于类似财产管理制度的根本特征。委托人将其财产设立信托后，这笔财产就成为信托财产。

《信托法》规定，依托财产不再属于委托人所有，也不属于受益人，而是被置于受托人名下，由受托人以自己的名义管理、运用和处分，委托人和受益人无权管理和处分。同时，信托所产生的利益归受益人享有，受托人不得利用信托财产为自己谋利，委托人也不再享有信托利益。受托人根据法律和信托文件，享有信托财产的财产权，受益人根据法律和信托文件，享有信托财产的受益权。

《信托法》兼顾了两方面的利益：一是受托人对财产享有的充分支配的权利，有利于信托财产更有效的管理；二是保障了受益人对信托财产收益的请求权。

（二）信托财产独立原则

《信托法》第三章对信托财产的独立性做了如下规定：

（1）信托财产与委托人的自有财产和受托人的固有财产相区别，不受委托人或者受托人财务状况的恶化甚至破产的影响，委托人、受托人或者受益人的债权人一般也无权对信托财产主张权利。因此，信托财产的安全性就有了保障。目前，中国养老金和社会保险金的运作尤其需要这种财产独立性的法律支撑。

（2）信托设立后，信托财产脱离委托人的控制，让具有理财经验的受托人对信托财产进行有效管理，能够较好地确保信托财产的保值增值。

（3）受托人因信托财产的管理、运用或者其他情形而取得的财产，包括收益和损失，都归入信托财产，受托人不得以任何名义享有信托利益。

（4）除法律规定的情形外，对信托财产不得强制执行。

信托一经有效设立，信托财产便从委托人、受托人以及受益人的自有财产中分离出来，信托财产不属于其固有财产，不同于其遗产或清算财产，它仅服务于信托目的，这就是信托财产的独立性原则。

（三）信托公示原则

《信托法》第十条规定，"设立信托，对于信托财产，有关法律、行政法规规定应当办理登记手续的，应当依法办理信托登记"，"未依照前款规定办理信托登记的，应当补办登记手续；不补办的，该信托不产生效力"。因此，人们在运用船舶、飞机、车辆、房产及有价证券等需要登记、过户的财产设立信托时，应当注意遵循这一原则。

《信托法》第三十三条规定，受托人应当每年定期将信托财产的管理、运用、处分及收支情况报告委托人和受益人。第六十七条规定，公益信托的受托人应当至少每年一次做出信托事务处理情况及财产状况的报告，经信托监察人认可后，报公益事业管理机构核准，并由受托人予以公告。

以上条款都是对受托人公示的要求，每年报告的时间和次数可由信托文件规定或信托当事人约定；报告的方法可以采取当面说明、邮寄文字材料、公告等方式，只要委托人和受益人能通过正常途径获悉即可。信托公示原则要求信托财产及信托关系等信息应当以一定的方式向社会披露，这是基于信托关系的特殊性和信托财产的独立性而确立的信托原则。

（四）信托合法性原则

合法性原则包括信托目的的合法性、信托财产的合法性和信托当事人行为的合法性。

《信托法》中关于信托目的合法性的内容主要包括：①信托目的不得违反法律、行政法规或者损害社会公共利益（《信托法》第十一条第一项）；②禁止专以诉讼或者讨债为目的设立信托（《信托法》第十一条第四项）；③委托人设立信托，不得损害其债权人利益。违反这些规定设立信托是可以撤销的（《信托法》第十二条）。

对信托财产的合法性，《信托法》在第三章做了专门规定，突出了信托财产的合法性、确定性，即信托设立时，委托人不仅要有确定的财产作为信托财产，而且该财产应当是委托人合法拥有的，这是信托能否设立的基本要件之一。《信托法》还对委托人用于设立信托的财产做了进一步的解释，指明它不仅包括委托人的合法财产，也包括合法的财产权利。

对信托当事人行为的合法性，要求从事信托活动的人也应当具有相应的民事权利能力和民事行为能力。

（五）有限责任原则

在信托关系中，受托人承担向受益人支付信托利益的义务，但仅以信托财产为限；因处理信托事务所发生的债务，以信托财产承担。只有受托人违背管理职责或者处理信托事务不当致使信托财产损失或对第三人负债的，才以自有财产负个人责任。

委托人和受益人同样仅以信托财产为限对因处理信托事务所发生的债务负有限清偿责任。

（六）受益人保护原则

委托人设立信托和受托人受托管理或者处分信托财产，均以受益人利益或特定目的为核心。信托关系生效后，委托人和受益人对信托财产就失去了直接控制。因此，保护受益人利益就显得极为重要，受益人保护也成为信托法的一项基本原则。《信托法》赋予了委托人和受益人调整信托财产的管理方法、监督受托人信托活动的广泛权利，规定了信息披露制度。同时，受托人因处理信托事务不当造成信托财产损失的，受托人应负补偿或赔偿责任，使受益人的利益得以实现。这一原则与现代金融市场上的投资者保护原则是一致的，为保护以受益人身份参与信托投资的广大投资者的合法权益提供了充分保障。

（七）信托管理连续性原则

信托是一种具有长期性和稳定性的财产管理制度。信托既可以通过筹集长期资金，用于生产和建设，也可以以融"物"的形式，通过设备信托，解决设备买受人资金不足的困难，实现资金融通。

已成立的信托不因受托人的缺位或者更迭而影响其存续。信托设立后，信托关系不因受托人死亡、解散、破产、丧失行为能力、辞职、解职或其他不得已事由而消灭，可由信托文件指定的任命人任命新的受托人，或者由利害关系人申请法院选任新的受托人，继续执行信托事务。

《信托法》对公益信托做了特别的说明，其中提到"近似原则"，这一原则的适用也使信托财产具有特殊的连续性。在私益信托中，如果信托目的不能实现，信托关系即告消灭。与此不同，公益信托终止后，没有权利归属人或者权利归属人不是特定的社会公众的，经公益事业管理机构批准，受托人应当将剩余信托财产用于与原信托目的相近似的目的，或者转移给具有近似目的的其他公益信托或者公益组织。这同样是为了保持信托作为长期管理财产制度的本质不受改变。

（八）自愿、公平、诚实信用原则

自愿原则要求当事人在信托活动中表达自己的意志。虚假的意思表示或者受欺诈、胁迫而表达的意思，均属无效。

公平原则要求当事人本着公平的观念，公正、合理地实施信托活动，防止以合法的外衣掩盖实质上的不公平。公平原则与自愿原则相辅相成，也是一项重要的司法原则，对显失公平的行为，可以依法撤销。

诚实信用原则是指当事人应当以真诚和善意从事信托活动，以善意的方式履行其职责和义务，不得故意规避法律和信托文件。一方面，当事人应当以诚实信用的方式行使权利，并获得法律、信托文件规定的报酬或者利益，不得以损害他人为目的滥用自己的权利；另一方面，当事人特别是受托人应当以信用的方式履行义务，不得隐瞒，不得背叛委托人的信任，更不得有任何欺诈行为。

四、与《信托法》配套的法律法规

（一）建立信托税收制度

由于信托财产在信托当事人之间流转形成的权利义务关系，明显区别于传统的物权关系和债权关系，与公司制度也大不一样，所以应该有一套专门的税收规则适用于信托。税收问题在信托制度中占有举足轻重的地位，英美法系国家作为信托制度的发源地，与大陆法系的税收制度明显不同。《信托法》的通过和实施不仅深刻影响我国的民商法制度，而且对我国的税收制度也产生了重大影响。

在建立信托税收制度时，要特别注意以下几个问题：①区分信托所得的概念，包括：设立信托时，受托人的"信托所得"；信托财产在经营管理过程中的增值所得；受益人在实现受益权过程中的所得；信托终止时对剩余信托财产进行分配，财产接受人的"所得"。②确立信托财产纳税主体地位要解决好相关法律问题。③如何避免重复征税。④如何实现公益信托的功能，对公益信托减税、免税。

（二）完善信托监管制度

严格有效的监管是信托业健康发展的保障。加强风险管理、完善内部控制制度、改进信息披露制度等一系列制度的建立，将构成我国完善的信托监管制度。加强信托监管，要求监管部门推进监管的规范化、全程化，保证监管的持续性、有效性。而且，也应注意金融监管体系内部的协调，因为信托业与银行、证券、保险、基金的关系极其密切，信托公司一方面通过委托人与货币市场联系，另一方面又通过投资与证券市场、房地产市场和实业投资联系起来，所以对信托业的监管，应加强人民银行、证监会、银保监会等监管部门之间的协调，既避免片面监管，不遗留监管漏洞，也避免各监管部门政出多门，使信托公司无所适从，无法开展业务。

（三）建立信托财务会计制度

完善的信托财务会计制度，是信托业规范运作和对信托公司经营活动实施有效监管的微观基础。过去，我国信托业务的相关会计问题一直参考银行的有关规定，没有专门的信托公司信托业务的会计核算办法和会计表格，也没有分别记账的强制要求，不能反映信托活动的本质属性，也与《信托法》的有关规定不符。当前，信托业的法律环境正处于不断完善之中，建立信托财务会计制度就显得十分重要。

第二节　英国信托的设立与变更

一、英国信托的设立

（一）英国信托委托人的资格

一般来说，能够正常拥有财产的人都有资格设立信托。实践中，需要注意的是未成年人与精神病人设立信托的能力。就设立信托而言，英国法律对未成年人主要施加了两个方面的限制。其一，根据《1925 年财产法》，自 1925 年以后，未成年人不能持有土地的法定所有权，相应地，未成年人就不能设立以土地为信托财产的信托，因为他本人不享有土地的法定所有权。其二，未成年人不能订立有效遗嘱，所以，未成年人不能通过遗嘱设立信托或者处理财产权，除非未成年人是一位军人，正在军队服役，或者是一位海军兵士或海员，正在海上工作。

（二）英国信托受益人原则

任何信托都必须有一个确定的或者可以确定的受益人。为什么要强调设立信托必须有受益人的原则？主要原因在于，没有受益人就没有人强制实施信托（公益信托除外）。

这些例外通常只限于通过遗嘱产生的信托：①建立或维护纪念碑或墓碑的信托；

②目的是做弥撒的信托；③为特定动物利益的信托；④为未注册团体利益的信托。

（三） 英国设立信托的三个确定性要求

英国设立信托的核心是三个确定性的要求，即设立信托的意图的确定性、标的物的确定性以及信托受益人的确定性。

1. 设立信托意图的确定性

要创设一项信托，当事人使用的语言必须说明他打算设立信托。只要委托人的意图是明确的，又不违背法律的强制规定，即使这种意图依普通法存在缺陷，衡平法也予以承认。

2. 标的物的确定性

标的物的确定性包括财产的确定性以及受益人受益范围的确定性。财产的确定性是指哪些财产被纳入信托是确定的。这一点不仅关系到信托的成立，也直接涉及受托人的权益。受益人受益范围的确定性，指每一个受益人的受益权也必须是确定的，以便受托人能够准确地知道，每位受益人被授权获得什么财产，应当分配给他多少财产；分配之前应当为他积累多少收入，或者直接将信托收入支付给受益人。然而，法院并不要求受益人的受益范围完全确定，只要受益权是可以确定的，法院就可以判决信托成立。

3. 信托受益人的确定性

信托的受益人应当清楚明确，或者信托文件指明一种方法使受托人能够确定谁是受益人。就是说，受益人是确定的或者可以确定的。受益人不能确定的，信托就是无效的。确认信托受益人的重要性体现在两个方面：①没有受益人，受托人就无法实施信托；②没有受益人，受托人不履行职责，就没有人要求强制实施信托。

二、英国的无效信托、可撤销信托与信托变更

（一） 无效信托

某些信托可能有违公共政策，因而这些信托是无效的。但是，有些信托不是因为公共政策的理由被宣布为非法信托，例如：①违反禁止永久所有权和永久信托规则的信托；②为非婚生子女设立的信托；③阻止履行父母责任的信托；④诱致夫妻分居的信托；⑤限制婚姻的信托。前两种情况，信托如果被宣告无效，其后果是信托财产被

纳入回归信托，委托人为受益人；信托如果是通过遗嘱设立的，则信托财产归入立遗嘱人的剩余财产。后三种情况，严格地说并不是信托无效，而是信托所附的条件无效。信托的后果取决于无效的是先决条件还是后决条件。如果是后决条件，违反条件并不影响信托或赠与的效力。如果是先决条件，即只有满足该条件，信托或赠与才能成立。

同一信托既包含有效条件，也有无效条件的，法院更倾向于认定信托有效成立。立遗嘱人的意向赠与要求服从几个先决条件，其中有些条件有效，有些违反了公共政策，因而无效，法院判决：将有效条件与无效条件分开，赠予依有效条件而生效，不考虑无效条件。

（二）可撤销信托

1. 低价交易

委托人在设立信托后一定时期内被宣告破产的，破产委托人可以收回信托财产，用于清偿委托人的债务。因此，一个人被宣告破产的，只要他在相关的时间期限内以低价格与任何人进行过交易，破产受托人就可以申请法院发布命令，法院在认为适当的情况下会发布命令，使该人恢复到他未进行低价交易之前的状况。

下列三种情况发生的交易属于低价交易：①一个人将财产赠予他人，或者达成一项交易向他人提供财产，却没有收到任何对价；②以婚姻为对价与他人达成交易；③一个人与他人达成交易并且支付了对价，但他接受的对价，用货币价值计算明显低于他付出的对价。

例如 Re Kumar 案，夫妻抵押贷款购买的共有住房价值 14 万英镑，1990 年，丈夫与抵押权人商定将其住房权益转让给妻子，由妻子偿还未付清的贷款。不久发现，丈夫的多笔债务均未还清，妻子申请离婚，考虑到丈夫将其房屋权益转移给妻子，妻子同意不要求丈夫支付离婚补偿费。数月后，破产受托人申请法院依据《1986 年破产法》发布命令，宣布丈夫将房屋转移给妻子无效，因为这是一项低价交易。法院同意破产受托人的申请，因为妻子同意离婚是在丈夫转移房屋权益之后（当时丈夫确实无力支付离婚补偿费），不能看成是合适的对价。

2. 欺诈债权人的交易

假如委托人甲设立信托，目的是把财产纳入信托，以便自己破产时可以逃避债权人的追索，那么，法院可以判定该项信托无效。要证明财产转让人具有欺诈债权人的意图往往比较困难，因此，普通法早期一直允许原告根据被告的行为推断出被告有欺诈的意图。

 典型判例

甲欠乙400英镑，欠丙200英镑，但甲的货物和动产的总价值只有300英镑。甲秘密地签署了一份转让契约，将所有货物和动产全部转让给乙，以了结债务。但事实上，甲仍占有货物。此后不久，丙获得了针对债务人甲的判决，要求甲用货物偿还债务。此时，乙却声称那些货物是他的，因为财产已经被秘密转让给乙，乙也支付了合适的对价，转让是完全诚实的。丙称，转让是欺诈性的，官司诉至法院。

法院判决：转让是欺诈性的。因为，转让几乎包含了委托人的全部财产；委托人虽然宣称已将财产转让他人，但事实上仍然占有和使用财产；转让是秘密进行的；转让是在债权人针对委托人发出令状之后进行的，或者在债权人威胁要执行委托人财产后进行的；存在一项为委托人的利益而设立的信托，同时牺牲了债权人的利益，信托只是欺诈的掩饰。

（三）信托变更

法院变更信托的规定包括：

1. 法院依固有管辖权而变更信托

在下面几类案件中，法院可以行使固有管辖权，赋予受托人额外的权利变更信托条款：①改变未成年人财产的性质。②允许受托人进行未授权的商业交易。这项例外只限于遇到委托人预料之外的紧急情况，又不能取得受益人的同意，因而需要取得法院的批准。③允许用本应当积累起来的收入抚养受益人。④代表未成年或未出生的受益人批准一项和解协议。

2. 依法变更信托

（1）1925年《受托人法》有两个条款授权法院变更信托：①第53条规定，法院有权发布命令将信托财产出售和转让，以便将收入用于未成年受益人的抚养、教育和其他利益。②第57条授权法院在紧急情况以外，也可以允许变更信托条款。这一规定不影响法院在紧急情况下享有固有管辖权，并批准受托人变更信托。

（2）1925 年《授予地产法》第 64 条规定，任何有关授予土地的交易，法院为了受益人或依授权协议享有权益的权益人的利益，可以发布命令由终身承租人完成该交易。

（3）1958 年《信托变更法》授予法院广泛的自由裁量权：①法院代表受益人，批准信托的变更；②法院必须考虑委托人的意图。

复习思考题

1. 结合《信托法》，分析信托的定义。

2. 如何确定信托财产权？

3. 《信托法》的原则有哪些？

4. 《信托法》需要与哪些法规配套？

5. 试分析《信托法》关于受益人的主要条款。

6. 比较英国的无效信托与可撤销信托。

7. 英国信托的设立有什么条件？

第四章

个人信托、家族信托、
公益信托和资金信托

学习要点

　　本章介绍的个人信托、家族信托、公益信托都是围绕自然人的信托概念，要么委托人是个人（个人信托），要么强调为病弱孤寡等受益人或其他公众利益服务（公益信托），要么为家族利益服务（家族信托）。资金信托可分为单位资金信托、公益基金信托、劳保基金信托、特约信托等，也主要服务于单位职工等自然人。学习西方的信托概念要结合我国的历史文化来思考，进行比较分析。

第一节　个人信托

一、个人信托的概念

（一）个人信托的含义[①]

个人信托是指自然人（委托人）为了对财产进行规划，将现金、证券、不动产等资产的财产权转移给受托人，受托人再依信托合约管理信托财产，从而使受益人获利或者达到其他的信托目的。在个人信托业务中，所涉及的三方当事人的身份各不相同：委托人是个人，受益人也是个人，但不一定是委托人本人。如果两者是同一人，则是自益信托；否则，即是他益信托。受托人可以是个人，也可以是机构。个人信托可以分为生前信托和身后信托。

（二）个人信托的特点

个人信托的特点详见表4-1。

表4-1　个人信托的特点

特点	内　　容
委托主体广泛	在投资管理方面缺乏经验的人；有钱却没有时间理财的人；希望享有专业理财服务的人；想把财产移转给子女而需要进行信托规划的人；希望贯彻继承意旨、约定继承方式的人；家有身心障碍者；家财万贯却想隐匿财产、避免他人觊觎的人；因遗产、彩券中奖、退休等情况而收到大笔金钱的人
目的多种多样	每个人拥有的财产量不同，财产形式不同，要达到的目的也不同
受托人可以是法人或个人	作为受托人的个人只要符合法律对受托人资格的规定，就可以充当个人信托的受托人
既有营业信托，也有非营业信托	早期的个人信托都是非营业信托，受托人主要是因为与委托人有比较密切的关系才接受信托，为了私人情谊不收信托报酬，受托人主要是个人；后来信托机构出现，许多人把信托事务委托给信托机构，但非营业信托仍占有相当大比例

[①]　翟丽娜，安美娜. 中国个人信托业务发展探析［J］. 中国证券期货，2013（5）：229.

特点	内　容
信托财产的 风险隔离机制	信托具有高度的弹性及隐秘性。信托财产不受委托人死亡或破产等因素的影响，且可以享有信托机构专业的投资管控

由表 4-1 可见，个人信托具有信托业风险隔离机制这个共性，同时，还具有受托人可以是个人、委托主体广泛、目的多样等个性化的特点。

二、个人信托的起源和发展

英国是信托的发源地。个人信托在英国出现之初，主要是以个人之间的信任、委托为基础发展起来的，且被作为一种消极的财产转移设计而加以运用。虽然英国信托发展的历史悠久，但个人信托这个古老的方式现在仍然在信托业中占较大比重。个人信托的内容多是民事信托和公益信托，信托标的物以房屋、土地等不动产为主，这也是英国信托业务与其他西方国家相比最为显著的特点。目前，英国的个人信托业务主要有：财产管理、执行遗嘱、管理遗产、财务咨询等。

美国信托业是从英国传入的，开始主要由个人承办执行遗嘱及管理财产等事务。随着市场经济的迅速发展，个人承办的民事信托已不能适应经济的发展要求，以营利为目的的法人组织——信托公司和银行信托大量出现，为现代信托制度奠定了基础。目前美国是个人信托业务最发达的国家。

三、美国个人信托业务的发展以及对我国信托业的启示

（一）美国个人信托业务在整个信托业务中的地位[①]

美国的信托业务，按法律上的性质分为三类：个人信托、法人信托、个人和法人通用信托。其中个人信托是核心业务，包括生前信托和身后信托。生前信托，指委托人生前委托信托机构代为处理财产事物；身后信托（或遗嘱信托），指委托人委托信托机构代为处理其死后的一切事物，如按遗嘱的规定分配遗产及赠与物、处理债权债务、代理继承人管理继承的财产、对未成年子女的监护，以及代理领取和处理人寿保险赔款等。近 20 年来，信托机构和兼营信托的商业银行的个人信托业务一改以传统

---

① 刘少波，曾庆芬. 美国个人信托业务的发展及启示［J］. 南方金融，2002（6）：48-50.

的身后信托为主的情况，个人的生前信托大幅度增加。

（二）美国个人信托业务快速增长的原因

美国个人信托业务快速增长的原因详见表4-2。

表4-2　美国个人信托业务快速增长的原因

原因	内容
民众强烈的金融意识和大量个人财富	美国的信托业被称为证券信托模式。信托通过财产管理的形式，借助资本市场为政府和企业筹资。美国经济和金融市场发达经济证券化程度很高
信托财产的独立性特质	信托区别于代理、委托、行纪等法律行为，是因为信托一经有效成立，信托财产即从信托人、受托人和受益人的自有财产中分离出来，而成为一种独立运作的财产
法治化程度高	美国国会颁发的《信托公司准备法》《信托契约法》等成文信托法，及全美法律协会整理的《信托法案例大成》，成为美国信托活动的法律指南
专业人才的优质服务	全面的个人财务规划包括投资、保险、税务、退休和遗产规划等几大方面，涵盖一个人的生、老、病、死。信托从业人员需要有丰富的理财专业知识和良好的人际沟通能力

表4-2表明，美股个人信托业务快速增长的原因除了信托财产独立性之外，还有个人财富积累、专业人才优质服务、法治化程度高等。

（三）美国个人信托业务对我国信托业发展的启示①

1. 个人信托业务具有广阔的前景

私营企业家、明星、"金领"等高收入阶层有着强烈的信托需求。中国经济在未来持续稳定地增长，也会产生更多的千万富翁乃至亿万富翁。我国大型城市的居民个人资产增加很快，富裕个人的数量和财富都迅速增加。因此，我国的个人信托市场潜力很大。

2. 信用是信托业发展的基础

信用是信托之本，没有受托人的信用，信托也就没有生存的土壤。受托人良好的信用是信托业务得以开展的前提，进而信托业巨大的潜在市场才有可能转化为现实市场。

---

① 陈金霞. 浅谈我国个人信托业务的发展 [J]. 消费导刊，2008（9）：256-256.

3. 完善的法规是信托业健康发展的保证

信托涉及的内容多、范围广，甚于银行、保险、券商、基金公司。信托标的形式多种多样，可以是各种形态的财产和财产权；信托的当事人可以是自然人或法人，也可以是依法成立的其他组织。唯有建立起完善的法规，才能规范受托人的行为，保护委托人和受益人的利益，保证信托业健康发展。

4. 优秀的信托人才是信托业发展壮大的必要条件

信托业务的复杂性对从业人员的素质提出了很高的要求，优秀的信托人才是信托业发展壮大的必要条件。

四、生前信托

（一）生前信托的含义

生前信托是指委托人生前与信托机构签订信托契约，委托信托机构在委托人在世时就开始办理有关事项，可以指定他人为受益人，也可自己作为受益人。这类信托的形式是多样的，包括货币资金信托、债权信托、权利信托与实物财产信托等。与不同的信托形式相适应，生前信托的业务处理方式也各不相同，但不管是哪种信托，基本上都是以信托契约为依据办理信托业务。在信托契约中，双方全面明确地规定了各当事人的各种权利、义务及其相互关系（详见表4-3）。

表4-3 生前信托的信托主体前后的权利变化简表

主 体	生 前	委托人去世后
委托人	更改或撤销信托	没有人能更改信托内容
受托人（执行人）	管理信托财产	执行信托契约，分配遗产
受益人	享用信托财产	按遗嘱要求继承财产

由表4-3可知，生前信托的这些特点使其适合那些工作繁忙或长期身居海外的人以及老年人。申请生前信托的目的在于：财产增值、保存财产、财产管理和财产处理等。其中，保存财产与保管财产不同，保管财产是一种代理行为，目的是使该财产不被遗失、偷盗和损害等，代理人对该财产不拥有所有权，一般也无使用权；保存财产是一种信托行为，是委托者担心自己经营财产发生某种意外或子女浪费乃至丧失家产而委托信托机构代为管理保存产业，或为特定的受益人而管理保存产业。这类个人

信托业务最为普遍，常见的产品有：个人资金（金钱）信托、有价证券信托、不动产信托、证券投资基金等。

（二）设立生前信托的目的

设立生前信托的目的详见表4-4。

表4-4 设立生前信托的目的

目的	内　　容
财产管理	委托人缺乏金融知识，或者时间、精力有限，无法亲自管理财产。委托人设立生前信托，将有关事务委托给受托人去办理，大大减轻委托人亲自管理财产的负担
财产处理	委托人想把自己拥有的财产转换成另外的形式，或者希望对原有的财产进行分配，比如出售原来的财产、向受益人交付财产等
财产保全	财产被设立信托以后，由受托人持有，并由受益人享受信托收益，委托人不再对信托财产拥有处置权，委托人在信托期间所形成的债务便不会影响信托财产，从而保全了这部分财产
财产增值	委托人把财产信托给有丰富理财经验的受托人，由受托人经营，借助这些专业人员的管理与经营能力，以实现有效的财产管理、收益增加和财产增值
税收规划	通过信托来进行财产规划，可以达到合法节省赠与税及遗产税的目的

五、身后信托

身后信托是指信托机构受托办理委托人去世后的各项事务。身后信托契约有些是在委托人在世时就与信托机构签订，但契约生效却是在委托人去世后；还有一部分身后信托并不源于委托人的意愿，而是在委托人去世后，由其家属或法院指定。身后信托大多与执行遗嘱管理遗产有关，身后信托的受益人只能是委托人以外的第三者。

（一）遗嘱信托

遗嘱信托是根据个人遗嘱而设立并在遗嘱人死后发生效力的信托业务。遗嘱信托一般又分为遗嘱执行信托和遗产管理信托。遗嘱执行信托是为了实现遗嘱人的意志而进行的信托业务，其主要内容有清理遗产、收取债权、清偿债务、税款及其他支付等。遗产管理信托是主要以管理遗产为目的进行的信托业务。遗产管理信托的内容虽然与遗嘱执行信托的内容有交叉，但侧重在管理遗产方面。

1. 遗嘱的含义

遗嘱是死者（遗嘱人）生前对其死后遗产处分及其他事项做出的安排，并于其死后发生效力的一种法律行为。

2. 遗嘱的特征

详见表4-5。

表4-5　遗嘱的特征

特征	内　容
单方面民事法律行为	设立遗嘱不必征得其他人的同意，只需遗嘱人的单方意思表示即可成立，并发生预期的法律后果
要式的法律行为	我国《中华人民共和国民法典》的第六编第三章《遗嘱继承和遗赠》规定了遗嘱的公证、自书、代书、录音遗嘱、口头遗嘱、打印遗嘱等形式。其中，口头遗嘱、代书遗嘱、录音遗嘱、打印遗嘱，必须具有两个以上无利害关系人的见证人在场见证
必须是立遗嘱人的真实意思表示	我国《中华人民共和国民法典》第一千一百四十三条："遗嘱必须表示遗嘱人的真实意思，受胁迫、欺骗所立的遗嘱无效。伪造的遗嘱无效。遗嘱被篡改的，篡改的内容无效。"
在遗嘱人死亡后生效	遗嘱人在死亡之前，可以随时变更或撤销遗嘱，继承人、受遗赠人无权知道遗嘱内容，更不能要求执行遗嘱。一旦遗嘱人死亡，遗嘱便发生效力，不得再变更或撤销
设立遗嘱不能代理	遗嘱设立是一种具有人身性质的权利，只能由自己行使

3. 遗嘱有效的要件

按照《中华人民共和国民法典》第一千一百四十三条规定，遗嘱有效的实质要件包括以下几项：①立遗嘱人必须具有遗嘱能力。"无行为能力人或者限制行为能力人所立的遗嘱无效。"当然，只要遗嘱人立遗嘱时有行为能力即可，订立遗嘱后丧失了行为能力，不影响遗嘱的效力。②伪造的遗嘱无效。③遗嘱必须是遗嘱人的真实意思表示。④遗嘱被篡改，篡改的内容无效。

4. 遗嘱的内容

一般来说，通过信托方式设立的遗嘱应包括以下几项内容：①申明这份遗嘱的有效性与合法性；②指定受托人及授权；③指定受益人；④遗嘱人对财产的处置、安排；⑤遗嘱人对遗嘱继承人或受遗赠人附加的义务；⑥特殊条款，主要针对在遗嘱执行过程中可能出现的问题做出的特殊说明；⑦遗嘱人应在遗嘱中注明立遗嘱的时间，以确定遗嘱人是否具有遗嘱能力。

遗嘱信托案例

一位欧洲富商，80多岁，娶了一位小他20岁的太太。老先生与第一任太太育有一子。老先生找到国际著名投资银行的一位专业理财师，希望她能帮助自己安排身后的财产分配。老先生的要求是这样的：①现任妻子可以定期获得数目不菲的生活费，以维持她的高水准生活。但条件是她不可以与别的男人发生恋爱关系、同居或结婚。②现任妻子去世后，老先生所剩财产的一半给儿子，另一半给孙子。③如果儿媳与儿子离婚，儿媳不可以享有他赠与儿子的财产。④在老先生去世后，受益人只能知道与自己有关的那一部分，即妻子不会知道老先生对别人的赠与，儿媳也不会知道老先生的安排，等等。最后，在这位专业理财师建议下，这位老先生通过一个离岸信托的方式，建立了遗嘱信托，使自己的意愿得到妥善安排。

点评：信托主要的作用在于确保私人的财产能顺利传给指定受益人。委托人将财产的所有权转移给受托人（通常是国际大型的信托公司），在委托人生前通过信托公司来掌控财产（资产可转进或转出信托），在委托人去世后，受托人依信托契约对财产进行控制或分配。在上述的例子里，老先生的所有愿望都可以写入信托契约，由受托人在老先生去世后执行。

（二）遗嘱执行信托

1. 遗嘱执行信托的含义

遗嘱执行信托是遗嘱信托的一种形式，是指由受托人作为遗嘱执行人，按照遗嘱人的遗嘱处理有关事项并负责分配遗产的业务。执行遗嘱信托是为了实现遗嘱人的意志而进行的信托。遗嘱执行上的事务分为债权的收取、债务的清偿、遗赠物的交付、遗产的分割四大类，这些事务大多由信托机构承担，因而称为遗嘱执行信托。

委托人预先以立遗嘱的形式将其生前所遗留下来的财产进行规划，包括交付信托后的遗产状况，如何分配、处理及给付等详订于遗嘱中。在遗嘱生效时，信托财产将转移给受托人，由受托人依据信托的内容，即委托人遗嘱所交办的事项，对信托财产进行管理与处分。

2. 遗嘱执行信托的主体与客体

（1）遗嘱执行信托的主体。遗嘱执行信托的委托人是具有遗嘱能力并订立遗嘱的当事人。我国法律规定，立遗嘱人必须具有完全民事行为能力。受托人是遗嘱人去世后执行遗嘱的当事人。由于遗嘱是单方面的意思表示，因此，根据遗嘱而指定的受托人，可以自由决定是否接受该信托。如果接受了，就要尽职地完成遗嘱规定的合同条款。当被指定的受托人拒绝接受或不可能接受信托时，私益信托可由法院根据利害关系人的请求选任受托人，公益信托则由公益事业主管部门选任受托人，他益信托的遗嘱信托的受益人由遗嘱人在遗嘱中指定，受益人可以按遗嘱规定享受信托财产。如果被指定的受益人在遗嘱人死亡之前已经死亡，则遗嘱信托不能生效。与遗嘱人之间不属于继承人或受遗嘱人关系的人，一般不能成为遗嘱信托的受益人。

（2）遗嘱执行信托的客体。遗嘱执行信托的委托人指定委托人处理其个人财产，因此，遗产必须是遗嘱人有权处理的财产。而对他人所有的财产，遗嘱人无权处分。如果遗嘱人以遗嘱形式处分了属于国家、集体或他人所有的财产的，遗嘱的这部分是无效的，受托人也无法对这部分财产进行处理。遗嘱信托的信托财产形式多种多样，包括金钱、有价证券、车辆及其他动产与不动产等。

3. 遗嘱执行信托的程序

（1）签订个人遗嘱，并与受托人签订信托合同。在签订合同之前可能还要进行遗嘱的公证。如果立下遗嘱时委托人未与受托人进行协商，那么后者在执行遗嘱之前，要对遗嘱的内容进行仔细研究，剔除与法律相抵触的条款，并向遗嘱人亲属、受益人或他们的律师加以说明。

（2）确立遗嘱执行信托。在具体执行遗产分配之前还要确认以下事项：①确认信托财产的所有权。美国遗嘱法规定，死者的财产必须经过具有司法权的遗嘱法庭处理，由后者确定死者对财产的所有权，如果法庭判决与遗嘱有出入，以法庭判决为准。②申请遗嘱执行人。受托人要成为遗嘱执行人，应取得法庭的正式任命。遗嘱人过世后，其律师应立即起草一份任命遗嘱执行人的正式申请，并将这份申请与遗嘱原文及其他证明性文件呈交法庭，要求法庭出具正式任命书确定遗嘱执行人。③通知有关债权人。受托人应向遗嘱人的债权人及其他有关人士发出通知，要求他们在指定期限内出示其对死者的债权凭证，确认债权。此通知一般登于当地报纸。完成上述三项工作之后，受托人就可以着手进行信托财产的处理。

（3）清理信托财产，具体包括：①编制财产目录，包括遗产数量的清点与价格的认定，通常以市场价值作为遗产的价格，也可以请估价师对遗产进行估价。另外，也要对遗嘱人所负的债务进行清理，支付应该偿还的债务。对清理的结果要造册登记，编制财产目录，详细记录各种财产与负债的种类数量与价值。在处理遗产过程中要对贵重物品进行妥善保管，若在遗产清理期间财产受损，受托人应负责赔偿。②安排预算计划。受托人要对在遗产处理过程中发生的一系列支付拟订一个正式而详细的预算计划，列明出资金来源和用途。若遗产中现有的和可能的现金来源不足以支付各种支出款项（包括债务、税款、丧葬费、管理费与信托报酬等），受托人要制定一个出售部分财产的预算，上报信托管理委员会，接受后者的监督。③支付债务和管理费用。如果应付款项大于财产总额，应优先支付债务和管理费用，不足部分可由死者的直系亲属补足。④支付税收款项，包括所得税、财产税和遗产税等。受托人在不违反税法的前提下应尽量减少应付的税款，以维护受益人的利益。⑤确定投资政策。如果遗嘱中涉及对财产再投资的条款，受托人在报税的同时应制定适当的投资政策，选择既安全灵活又盈利的投资工具。⑥编制会计账目。一种是在执行遗嘱阶段即办理完各项遗产所得和债务、费用支付后所作的会计账目，该会计账目必须上交遗嘱法庭；另一种是在办理有关投资和代理等业务时编制的会计账目，该会计账目无须上交遗嘱法庭。

（4）分配财产。会计账目获得批准后，遗嘱法庭会签发一份指示受托人进行财产分配的证书，受托人可以对清理的财产进行分配。当然，受托人要制订一个分配计划，计划中要充分考虑委托人的意愿及受益人的合理利益。分配财产时，受托人要负责财产所有权的转移，并要求受益人出具财产收据。

（5）结束信托。受托人完成信托财产的分配，并将收据上交遗嘱法庭，请求法庭注销该遗嘱信托。获准后，遗嘱信托宣告结束，受托人的遗嘱执行人资格也随之丧失。

遗嘱执行信托比较偏重于对遗产的清理与分配。这些工作属于短期性的，一般在遗嘱人死亡后一两年内即可全部完成。

（三）遗产管理信托①

遗产管理信托是受托人接受遗嘱人或法院的委托，在某一时期内代为管理遗产的信托业务。遗产管理信托与遗嘱执行信托两者有明显的差异：遗嘱执行信托大多是因为遗嘱人的财产较多或遗产的分割处理关系比较复杂而设立的，受托人的主要作用偏重于对遗产的分配；遗产管理信托主要是以管理遗产、实现遗产的保值与增值为目的开展的信托业务。

遗产管理信托的受托人作为遗产管理人负有尽职管理遗产的职责，可由遗嘱人在遗嘱中指定，也可以由法院指派或者由遗嘱人的继承人与其亲属会议指派。

1. 遗产管理信托设立的原因

（1）有遗嘱和明确的继承人，但因继承人自身方面的一些原因不愿意管理或无法对财产进行有效管理，比如，陷入失去亲人的悲痛而无法立即自理遗产、继承人能力不够而无法管理遗产等，可委托受托人代管遗产。

（2）有遗嘱和明确的继承人，但一时找不到该继承人，或者该继承人的存在与否尚不清楚，继承无法落实，因此，在明确继承人之前需要受托人代理遗产管理。

（3）因没有遗嘱，对财产的分配便只能靠法律规定进行，但这需要一定的程序，要花较长的时间，在此之前需要用信托方式代为管理。

以上第一种情况由于继承人已明确，称为"继承已定"，后两种情况则需进一步明确继承人，称为"继承未定"。

2. 遗产管理信托的程序②

（1）继承已定的遗产管理信托。具体程序为：①签订个人遗嘱与信托合同；②清理信托财产；③交付信托财产；④管理与运用信托财产；⑤分配信托收益。

（2）继承未定的遗产管理信托。具体程序为：①清理遗产并编制财产目录；②公告继承人；③偿还债务；④管理遗产；⑤移交遗产。

（四）监护信托

1. 监护信托的含义

监护信托业务是指受托人接受委托作为监护人或管理人，为被监护人的人身、财

---

① 邢力. 采用个人信托制度处理遗产的优点［J］. 财务与会计，2009（4）：66-66.
② 贺兴东. 论我国遗嘱信托法律制度的完善［D］. 石家庄：河北经贸大学，2017.

产及一切合法权益进行监督与保护的信托业务。这里指的无行为能力人主要是未成年人或禁治产人，故这种业务又称为未成年人或禁治产人财产监护信托。

监护信托与财产管理信托有着明显的区别。前者重在对人的责任，如对未成年被监护人的教育与培养、对禁治产人的疗养与康复等。当然，既然要养护人，管理其财产也是必然的。财产管理信托则重在对物的责任，即接受信托财产，对其进行管理与运用。

2. 监护信托的类型

（1）未成年人监护信托。未成年人是指法律规定不到法定年龄而无民事行为能力的人。我国《未成年人保护法》第二条规定："本法所称未成年人是指不满十八周岁的公民。"可见，从刚出生的婴儿到 18 周岁以内的任何一个年龄层的公民，不论其性别、民族、家庭出身、文化程度如何，都属于未成年人的范围。未成年人不具有民事行为能力，需要进行监护，引进监护信托的原因可能是未成年人的父母双亡，或者未成年人的父母健在，但由于种种原因无法亲自承担监护人的职责。

（2）禁治产人监护信托。禁治产人是指法律上规定的丧失了独立掌握和处理自己财产能力的人。成为禁治产人的条件是：①心神丧失或精神衰弱，不能处理自己事务；②由本人或利害关系人（配偶、近亲属等）提出禁治产申请；③由法院做出禁止治理其财产的宣告。法院做出禁治产宣告后，即剥夺了被宣告人的民事行为能力，意味着禁止被宣告人对财产的管理和处分，其财产须交由监护人掌管，同时，监护人对禁治产人的人身也负有保护的责任。

3. 监护信托要素分析

（1）监护信托的主体。监护信托的主体包括委托人、受托人和受益人。

①委托人。委托人是要求设立监护信托的主体，他可以是被监护人的父母、亲戚或朋友，也可以由法院指派。另外，被监护人自己有时也可作为委托人，如某人突染重病，需长期住院治疗，其间无力对自己的财产进行管理，可以设立信托，以自己作为委托人与受益人，要求对其财产及健康实行监护。

②受托人。监护信托的受托人可以是委托人的配偶、父母、亲戚或朋友，也可以是社会上的热心人士，但现代监护信托多由信托机构担任。受托人的指定方式是：先由信托机构申请，经法院指定，再由法院根据被监护人或其亲属、朋友等有关人士的提名列出监护人候选名单，然后与这些机构联系、商讨，最后确定某一信托机构为监

护人。

③受益人。监护信托的受益人是被监护人，一般分为未成年人和禁治产人两类。这些人对持有的财产无法进行合理的保护，需要依靠他人来监护和运用这些财产，以提供自身的生活和教育费用。

（2）监护信托的客体。监护信托的客体即被监护人的财产。

4. 监护信托的程序①

（1）监护信托的设立。未成年人监护信托的确立形式，可以是遗嘱或法院的裁决书。未成年人的父母在遗嘱中指定受托人作为监护人，则监护信托可以在遗嘱生效时成立。如果其父母未留遗嘱，可以由法院以裁决书的形式来指定受托人，设立监护信托。

（2）编制财产目录，交法院备案。

（3）对财产进行管理和运用，同时承担对被监护人的人身安全、身心健康及教育等职责。

（4）编报会计报表。会计报表一般有规定的格式，内容应详细反映期初的财产目录、该会计期间的收入和支出以及期末的财产状况。

（5）结束监护和分配财产。

当出现以下情况，监护信托将告结束：①被监护人死亡，受托人结束信托活动，并将财产交还其法定的监护人或继承者；②被监护人达到法定成人年龄或者监护期满要求结束信托、由自己管理财产的，监护人结束监护，并将财产交还被监护人；③被监护人身心康复，要求自己管理财产的，向法院提出结束监护的申请，监护人得到法院的通知后，应立即结束监护业务，并将财产交还给被监护人。

监护人结束监护信托并将财产转交后，应向法院出具财产转移证明，由法院注销监护关系。

5. 监护信托中受托人的职责

（1）对未成年人的监护职责。受托人作为未成年人的监护人，应承担未成年人的养育责任，并对未成年人的财产进行管理。受托人负责从信托财产中向未成年人提供生活费用和教育费用，使其能接受正常的教育，保护未成年人健康成长。在对未成年人的财产进行管理时，受托人要以保证其财产的安全性作为第一原则，不能将未成

---

① 李曦 . 小议监护信托制度在我国的构建［J］. 法制博览，2017（9）.

年人的财产用于风险性投资，以保障未成年人应有的经济利益。在保证信托财产安全性的同时，受托人也应尽可能使财产不断增值。在监护期间，信托机构要及时向委托人或法院提交关于信托财产运用的会计报告。监护结束时，信托机构应将财产转交给相应的人士。

（2）对禁治产人的监护职责。受托人对禁治产人的监护职责主要是对禁治产人财产的保护。

（五）人寿保险信托

1. 人寿保险信托的含义

人寿保险信托也称保险金信托，是信托机构在委托人办理了人寿保险业务的基础上开办的一种信托业务，人寿保险的投保人以保险信托契约或遗嘱的形式委托信托机构代领保险金并交给受益者，或对保险金进行管理、运用，定期支付给受益者。人寿保险信托的委托人是人寿保险的投保人，受托人一般是信托机构，信托受益人是保险的受益人。委托人将保险单交给信托机构保管，信托机构在保险期内，按照约定的保险信托目的履行应尽的义务。

2. 人寿保险信托的流程①

人寿保险信托要以人寿保险业务为基础。

人寿保险信托的业务流程如图 4-1 所示。具体内容包括：①人寿保险的投保人与保险公司签订保险合同；②委托人与信托公司签订保险信托契约；③在发生理赔事项或到期时，由委托人或受益人向保险公司提出理赔要求；④保险公司向信托机构交付理赔金或到期的保险金；⑤信托公司按合同规定向受益人支付收益，并在到期后交付信托财产。

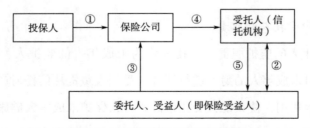

图 4-1　人寿保险信托的业务流程

---

① 李昂扬．人寿保险信托在我国的应用研究［D］．郑州：河南大学，2015.

信托公司在人寿保险信托中可以承担的具体业务包括以下几项：一是信托机构可为委托人保管保险单，避免保险单遗失和失效；二是在保险期间，信托机构可依约定期帮助缴付保险费；三是在发生理赔事项或保险到期时，信托机构可依约领取与分配赔款，既为受益人减少事务，又可协调争端，为之排难解纷；四是信托机构代为管理与运用保险赔款，实现财产的保值与增值，增加委托人的产业；五是由信托机构管理保险赔款，避免遗属将赔款挥霍浪费，实现死者生前办理人寿保险信托的目的。

3. 人寿保险信托的种类[①]

人寿保险信托的种类。详见表4-6。

表4-6　人寿保险信托的种类

种类	内　容
被动人寿保险信托	信托机构从投保人处得到保险单据，在保险期内代为保管。当被保险人出现意外时，由信托机构向保险公司索赔，并将从保险公司领取到的保险金支付给保险受益人
不代付保费人寿保险信托	信托机构负责保管保险单与领取保险金，并对其进行管理与运用，将运用保险金获得的收益交付给受益人。在信托结束时，信托机构将保险金本金交付给受益人
代付保费人寿保险信托	委托人不仅要将保险单交给信托机构代为保管，同时要向信托机构交付一定的财产让其进行管理与运用，用所获得的收益支付保险费
累积人寿保险信托	委托人将保险单交给信托机构代为保管，同时还向信托机构转移一定的资金，其中，除去交纳保险费外的剩余部分由信托机构管理运用

对于表4-6中前两类，信托机构不承担支付保险费的义务，因此，一旦委托人未交纳保险费或保险契约条款上有契约失效的特别规定时，委托人就会失去保险金的请求权，人寿保险信托也即告结束。后两类业务中，信托机构接受委托人的财产，有定期交纳保险费的义务，可以避免人寿保险信托因迟交保险费致使保险契约作废的问题，因此又被称为"有财源的人寿保险信托"。当交纳保险费的财源用完时，信托契约也会作废。

（六）特定赠与信托

1. 特定赠与信托的含义

特定赠与信托以资助重度身心残疾者生活上的稳定为目的，以特别残疾者为受益

[①] 梁晓强，陈继. 人寿保险信托及其在我国推行面临的问题［J］. 上海保险，2012（10）：18-19.

者，由个人将金钱和有价证券等委托给信托银行，做长期、安全的管理和运用，并根据受益者生活和医疗上的需要，定期以现金支付给受益者。特定赠与信托的财产必须是能够产生收益并易变卖的，故限定如下财产作为其客体：金钱、有价证券、金钱债权、树木及其生长的土地、能继续得到相当代价的租出不动产、供给特别残废者（受益者）居住用的不动产。这种信托业务在日本比较普及。

2. 特定赠与信托的意义

特定赠与信托是为了补贴残疾人的生活费和医疗费或其他赠与用途开办的。它由赠与者（委托人）将所赠与的财产或金钱委托给信托公司（受托人）代为管理和运用，残疾人作为受益人享受信托财产带来的收益。信托收益由信托公司按照委托人在信托合同中规定的支付方式执行。特定赠与信托不仅让残疾人能有稳定可靠的生活来源，减轻家人的负担，还可以避免该笔赠与被他人挪用或遭欺诈，确保达到信托目的。

 特定赠与信托案例

刘先生在日本留学多年，工作多年，前不久其母亲逝世，他从日本赶回国内料理母亲的后事，此外，还有一件重要的事情就是解决刘先生身患疾病的妹妹日后的生活问题。回国之前，刘先生已经了解到在日本有一种特定赠与信托方式，于是他来到本地的信托公司，向信托公司的专业人员请教有关特定赠与信托的情况。通过信托公司的介绍，刘先生了解到通过设立特定赠与信托，他可以把赠与妹妹的财产委托给信托公司，这样这笔财产就属于信托公司，受到法律保护，在运用和处理信托财产时，信托公司会严格按照信托合同的规定，保护委托人和受益人的权益不受损害，这样既可以保证支付妹妹的生活费、护理费等，又不耽误他在日本的工作，还可以防止这笔钱被他人挪用。这样一来，刘先生放心了，他的问题可以通过特定赠与信托来解决。

第二节　家族信托

一、家族信托的概念

银保监会下发的《信托部关于加强规范管产管理业务过渡期内信托监管工作的通知》（信托函〔2018〕37号）给家族信托下了定义："家族信托是指信托公司接受单一个人或者家庭的委托，以家庭财富的保护、传承和管理为主要信托目的，提供财产规划、风险隔离、资产配置、子女教育、家族治理、公益（慈善）事业等定制化事务管理和金融服务的信托业务。家族信托财产金额或价值不低于1 000万元，受益人应包括委托人在内的家庭成员，但委托人不得为唯一受益人。单纯以追求信托财产保值增值为主要信托目的，具有专户理财性质和资产管理属性的信托业务不属于家族信托。"

（一）家族信托的定义

家族信托是指高净值人群委托信托机构代为管理、处置家族财产的信托计划，其目标在于实现富裕人群的财富管理和子孙福祉。根据信托法原理，一旦设立家族信托，投入至信托计划内的财产即具备独立性，无论富人离婚、破产、死亡，家族信托计划内的财产都将独立存在，而且富人可通过合同约定设定多样化、个性化的传承条件，以确保子孙后代衣食无忧。同时，通过特殊的财务安排，家族信托可用于规避高额的遗产税费。基于上述优点，家族信托在20世纪80年代出现后，立刻受到世界各地富豪的广泛青睐。

家族信托像一个有限公司一样运转，一般委托人生前自己掌握，委托人身故后，受托人责任开始生效。用一个形象的例子，父母常年在国外，他们会将一笔钱交给孩子的姑姑，由姑姑定期交给孩子当作生活费用。父母就是委托人，孩子是受益人，而姑姑则是受托人。从法律上来说，信托的资产已经不再属于资产的原始拥有人了，这样可以使家庭财产得到保护，家族财富得到延续，避免遗产、婚前财产纠纷，并免去昂贵的遗产税。家族信托是一个极其有效的理财工具，专业的理财师或者理财机构可以帮助处理。

（二）家族信托产生的背景

家族信托是欧美国家信托机构或私人财富管理机构的主营业务之一。家族信托大致起源于中世纪的欧洲。当时，欧洲的银行家为了满足贵族的需求，往往通过信托的模式搭建集法律、税务、金融等功能于一体的财富管理平台，协助贵族完成家族财富的传承与管理，由此诞生了一些古老的私人银行以及家族办公室，提供专业的家族信托服务。

在欧美发达国家，家族信托基金的设置相当普遍。洛克菲勒、卡内基、杜邦、肯尼迪等世界著名的大家族的资产，都通过这种方式进行管理。例如，洛克菲勒家族的兴起源于石油，在 20 世纪初赢得了数十亿美元的身家，成为那个年代数一数二的世界富豪。他的遗产通过信托的方式被传承，传到他儿子那一代，一共设立了 5 个信托。另外，掌握着宝马的科万特家族拥有自己专属的信托机构，家族财产都由这个机构打理，家族成员定期领取收益。

（三）设立家族信托的必要性

家族信托资产的所有权与收益权相分离，富人一旦把资产委托给信托公司打理，该资产的所有权就不再归他本人，但相应的收益依然根据他的意愿收取和分配。富人如果离婚分家产、意外死亡或被人追债，这笔钱都将独立存在，不受影响。

第一，为下一代考虑的财产、遗产继承方面的安排。大多数的家族信托都是私益性质，家族后代可根据委托人设下的分配法则获取信托股权收益，从而保障自己的生活。特别是中国高净值财富投资者（HNWIs）非常在意家族财产是否由自己的血亲后代所继承，设立信托可保证无论委托人或其配偶再婚多少次，家族财产受益人都只能是其子女或其指定受益人。

第二，退休计划，储蓄安排。家族信托的"财产安全隔离功能"可以保证，即使委托人生意失败，受益人也可以过上计划中想要的生活。

第三，合法分流收入，避税。英美法系的家族信托在受益人未获得收益时，是不用交税的。这种避税效果也是十分明显的。

第四，如果政府引进遗产税的话，成立家族信托可以有备无患。富豪家族可以通过设立理论上能够永续存在的朝代信托（dynasty trust）避免遗产税和隔代遗传税。

有数据表明，由于每年美国遗产税的最高边际税率高达45%，假设遗产传承三代，通过隔代信托可能会帮继承人节省高达73%的税收。不过设立隔代信托需要向托管的金融机构支付不菲的手续费及管理费（每年的费用有可能是信托资产的1%）。因此，为节省管理费，许多人会选择由负责任的家庭成员或朋友作为受托人。

第五，减少个人财产拥有量，避免不可预见的第三方对财产的诉求。对高净值人群来说，设立家族信托是最有效的保证财富"合意传承"的方式，而对有家族企业的人士来说，如何实现高效、平稳的家族股权转移和管理，尽量避免无谓的股权结构变动，防止股权传承导致不合格股东进入企业则显得更为关键和迫切。在美国，委托人常常在信托契约或意愿书中设立家族财产不可分割和转让或信托不可撤销的条款，很多家族企业都由家族信托经营管理或由其持有股权。可见，家族信托也有紧锁企业股权的功能。

第六，以家族信托方式控制企业，既保证了家族成员对公司的控制权和股权结构的稳定，又能引入对企业发展有巨大帮助的外部经理人管理企业事务，实现家族事业的基业长青。如长江实业的李嘉诚家族、恒基的李兆基家族、新鸿基地产的郭氏家族等，都使用家族信托来控股企业。

第七，其他。如起到类似于"婚前公证"的效果。

家族信托帮助高净值人群规划"财富传承"的作用逐渐被中国富豪所认可，香港信托机构则抓住机会在内地尤其是东南沿海开发家族信托业务。我国金融机构包括信托机构也在积极拓展家族信托业务。

二、家族信托的优势

相比于其他的财富传承手段，使用家族信托传承财富更有效，它在期限（允许无期限，即永久信托）、流动性、控制（委托人可决定投资方向）、估值（可享受信托财产的估值折扣）、税收这五个方面都拥有难以匹敌的优势。

（一）制度灵活

信托财产所有权和受益权相分离，委托人可根据其意愿签订信托合同，约定受益人。因此，高净值人士可以轻松地实现财富的灵活传承。他们可以根据实际需求灵活地约定各项条款，包含信托期限、收益分配条件和方式，以及财产处置方式等。例如，可以约定受益人获取收益的条件有"年满18岁""结婚""婚姻变故""面临法律诉讼"等。

（二）财产安全

当家族信托设立人的企业面临财务危机时，个人资产往往也成为债务追偿的对象。而信托资产是独立存在的，其名义所有权属于受托人，与委托人、受托人、受益人的其他财产隔离。因此，委托人的任何变故都不影响信托资产的存在，受益人是通过享有信托受益权（而不是遗产本身）获得利益及信托文件指定的管理权限。这样，一方面债权人无权对信托财产进行追索（除非信托财产为非法所得），从而降低企业经营风险对家族财富可能产生的重大不利影响；另一方面也避免了委托人的家人将财富在短期内挥霍一空。最重要的是，通过家族信托，受益人以外的其他人无法通过法庭判决来争夺遗产，从而避免了相关法律纠纷。

（三）财产控制

委托人在设立家族信托之后，委托人保留一定权限调整信托条款的约定，如变更受益人，以及调整信托收益分配规则这方面的权利，这也是许多财富客户关注的。一方面委托人想把财产隔离，安全地传承给下一代，但另一方面有时还是希望自己在世时或者自己有经营能力的时候，保留对这些财产控制和改变的权力，这也是在这个架构中可以提前做一些安排的。

（四）提升公司治理效率

家族信托有助于实现家族企业的基业长青。对有家族企业的人士来说，更需要在有生之年实现高效、平稳的家族股权转移和管理，并尽量避免无谓的股权结构变动，防止股权传承导致不合格股东进入企业。在美国，很多家族企业都由家族信托经营管理或由其持有股权，可以保证家族成员对公司的控制权，实现股权结构的稳定。同时，引入对企业发展有巨大帮助的外部经理人管理企业事务，这样既保证了家族成员对企业的实际幕后控制，同时企业又不会因为家族成员的不擅经营而江河日下，有利于家族企业的长远发展。

（五）节税避税

由于家族信托的信托财产名义所有权已经属于受托人，无法征收遗产税，所以它可以作为有效节税避税的工具。这一点目前在我国体现得还不明显，但高昂的遗产税制未来在我国必然会出现。在美国，由于高昂的遗产税，许多大家族设立家族信托用以避税已是非常普遍的现象。

（六）信息严格保密

当家族信托设立后，信托资产的管理和运用均以受托人的名义进行，除特殊情况外，委托人没有权利和义务对外界披露信托资产的运营情况。很多高净值人士不想向外界暴露自己的财富状况，采用家族信托形式就可以满足他们的这一需求。

三、我国对家族信托的现实需求

根据招商银行联合恩贝公司发布的《2013 中国私人财富报告》，中国高净值人群的首要财富目标，从2011 年前的"创造更多财富"转向"财富保障"，且提及率高达30%。家族信托作为对家族财富进行长期规划和风险隔离的重要金融工具，已经受到较多高净值人士的关注。从产品需求的角度看，家族信托位于首位，提及率接近40%。家族信托在中国的兴起既有国内的现实需求，也有广阔的市场空间。

（一）财富传承需求

家族信托有利于解放无意接班的继承人，借助家族信托模式可实现将财富传承数代，并通过受托人的管理，保证家族企业的平稳运行。

1. 财富传承需防范的风险

财富传承需防范的风险包括：①未做财产传承安排，导致遗产争夺纠纷；②财产传承的时候，子女年幼没有管理能力，或没有兴趣经营家族财富，导致家族财富的衰落；③婚姻变故，这也是中国高净值客户财产流失的一个非常大的风险因素；④企业经营风险累及家庭；⑤移民国家以及我国未来可能出台的遗产税对财产的侵蚀。

2. 财富传承工具的比较。

财富传承工具的比较见表4-7。

表4-7　财富传承工具的比较

比较内容	法定继承	遗嘱	赠与	保险	家族信托
是否能体现原财产所有人的意愿	否	是	是	是	是
是否能规避财产纠纷	否	否	是	是	是
是否能防范子女"败家"	否	否	否	否	是
是否有债务隔离功能	否	否	是	有些险种有	满足一定条件有

续表

比较内容	法定继承	遗嘱	赠与	保险	家族信托
是否有税收筹划功能	否	否	否	是	是
是否有资产保值增值功能	否	否	否	有些险种有	是

由表4-7可见，家族信托是一个比较规范的、在各个方面能够较好地实现传承和隔离功能的财富管理工具。

（二）合理避税需求

我国开征遗产税的时机已经成熟，而家族信托不存在缴纳增值税、营业税和所得税等问题，同时也免缴赠与税和遗产税。因此，家族信托可以实现合理节税、避税。

（三）公司财产分离需求

中国许多私营企业主的资产是以企业的形式存在的，往往创业之初就把属于私人所有的巨额资产都放在企业中，一旦企业发生危机，企业主需要为企业承担所有的债务和风险。

（四）婚姻财产隔离需求

信托财产是独立于委托人的其他财产，将这部分财产设立信托后，委托人在离婚时不需要再进行财产分割，从而保证离婚时的财产安全。同时，对家族企业甚至家族上市公司来说，设立家族信托也能够未雨绸缪，避免离婚对企业造成大的震动。

四、家族信托的交易结构、种类与瓶颈

（一）家族信托的交易结构（图4-2）

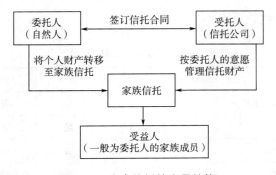

图4-2 家庭信托的交易结构

由图 4-2 可知，家族信托参与人同样对应着委托人、受托人、受益人，信托对象是家族财产。委托人通常为家族中创造财富的长辈，受益人是家族成员。

（二）家族信托的种类

依据不同的标准，家族信托分为可撤销信托、不可撤销信托；固定信托、全权信托、消费信托与永久信托等。不同种类家族信托的比较如表 4-8 所示。

表 4-8　各类家族信托比较

信托种类	内　容
可撤销信托	委托者可以解除信托，课税时委托人被认为是信托财产的实际拥有人
不可撤销信托	委托者放弃对信托财产的控制权，课税时委托人不被认为是信托财产的拥有人，这种信托可以避免对委托人的债务追偿，同样也可避免遗产税等
固定信托	对受益人的分配方案由委托人事先在委托书中约定，受益人不能任意改变
全权信托	由受托人决定对受益人的分配、投资等事宜
消费信托	向年幼的或者无管理能力的家族成员传承财富
永久信托	信托无期限限制，这对高净值人士很有益，因为他们可能永远不用缴纳转让税

由表 4-8 可见，不同的家族信托形式可以满足不同的委托人需求，从而表现出旺盛的生命力。

（三）家族信任可能产生的副作用

虽然家族信托正被越来越广泛地使用，但它并不是完美的股权设置工具，其中的部分设计可能阻塞解决家族争端的出路，还会引起类似吃大锅饭的问题。如果家族成员直接持股，家族成员间可由股权转让解决纷争，内斗总有机会停止，反观家族信托这类机构的规章，往往会明文禁止股权转让，从而阻塞甚至封闭这一出路，而且，要想解散信托基金是相当困难的。

（四）中国家族信托业务发展的瓶颈

信托作为一种财产法律关系在海外已经存在和发展了数个世纪，直到 1979 年中国国际信托投资公司成立，中国才算正式引入信托制度。因此，信托在中国大陆的发展历史比较短，很多方面还不完善，存在不少缺陷：①我国遗产税一直没有出台，家族信托的税务筹划动机不强烈，致使广泛开展此项业务缺乏契机；②人们对信托的接受度不高，家族信托理念相对淡薄，直接影响到此项业务的发展。

2016 年以来，在家族信托方面，信托公司与银行、家族办公室、第三方财富管理机构、律师事务所等机构合作，加强了主动管理型家族信托的开发，推出了标准化、半标准化以及全权委托型家族信托产品。

五、家族信托的收益与分配管理

国外家族信托的管理期一般都在 30 年以上。与国内最常见的集合信托不同，家族信托是为高净值客户专门定制的产品，不设置预期年化收益率，也没有规定好的投资项目，而是根据客户的风险偏好去配置投资产品。此类信托可设置其他受益人，可中途变更受益人，也可限制受益人的权利。在信托利益分配方面可选择一次性分配、定期定量分配、临时分配、附带条件分配等不同的形式。

六、家族信托案例

（一）比尔及梅琳达·盖茨基金会

2000 年，世界首富比尔·盖茨设立了比尔及梅琳达·盖茨基金会，并陆续将其与妻子名下的资产转入该信托基金。该基金会是世界上最大的私人基金会，采用商业化运作模式。基金会设有理事会、职业经理人，整个基金会由全球卫生项目组、全球发展项目组、美国项目组以及运作领导组四个部门组成。

（二）默多克家族信托基金

世界传媒大亨默多克也设立了家族信托，通过 GCM 公司运作。新闻集团发行两种不同的股票，其中，A 类是没有投票权的股票，B 类是拥有投票权的股票。默多克家族持有新闻集团近 40% 的 B 类股票，其中超过 38.4% 的 B 类股票由默多克家族信托基金持有，受益人是默多克的六个子女。默多克与前两任妻子的四个子女是这个信托的监管人，拥有对新闻集团的投票权，而默多克与第三任妻子邓文迪的两个女儿仅享有受益权而无投票权。如此一来，新闻集团的控制权就牢牢掌握在默多克家族的手中了。

比如，太阳能大王施正荣曾是中国首富，但是市场瞬息万变，谁也不会想到，企业最终破产了。财富来得快，去得也快。因此，在富裕的时候，为家族设立家族信托，是家族企业比较可靠的选择。

　　还有离婚影响公司运作的案例。视频网站土豆网（http：//www.tudou.com）将要上市时，公司创业总裁王微与妻子闹离婚。离婚导致 IPO 失败，并且大量股权易手，控制权易手。最终，"土豆"与"优酷"（http：//www.youku.com/）合并，王微被迫 39 岁退休。如果设立家族信托，股东离婚不会分割信托内资产，就不会影响公司大股东投票权的运作。

（三）平安信托家族信托与招商银行家族信托产品比较

　　平安信托家族信托与招商银行家族信托产品的比较详见表 4-9。表 4-9 表明，我国银行业推出的家族信托产品有一定的差异化，试图抓住伴随着财富传承等带来的家族信托发展的机遇。

表 4-9　平安信托家族信托和招商银行家族信托产品的比较

产品情况	平安信托家族信托	招商银行家族信托
产品性质	可撤销、可变更信托	不可撤销信托
期限	50 年	30 年
产品类型	高净值客户单一家族信托	超高净值客户单一家族信托
发行目的	财产继承需要	子女生活保障
主导主体	信托公司	招商银行
委托人参与程度	委托人生前参与、监督、提供意见	委托人生前参与、监督、提供意见
信托收益分配方式	一次性、定期定量（比例）、不定期不定量、随时、附带条件分配	定期、不定期
信托收益预期	预计年化收益率 4.5%+浮动	子女 50 年定期薪金+信托基金提供日常生活开支
受托资金投向	中低高风险组合投资	银行中的信托资产包
主要受托报酬分配	信托资金 1%+超额的 50%浮动	年费及一定比例的超额管理费

第三节　公益信托

一、公益信托的概念

（一）公益信托的定义

公益信托，也称慈善信托，是指出于公益目的，即为整个社会获得利益之目的而设立的信托。此种类型的信托在社会生活中通常表现为：委托人提供一定数额的财产作为信托财产，由受托人管理该项财产，并按照有关信托行为的规定，将信托利益运用于举办某一项或某些公益事业，即科学、教育、文艺、体育、卫生、宗教、环保或社会福利事业。

（二）公益信托的特征

公益信托作为信托的一种，首先具有信托的一般特征——所有权与利益相分离、信托财产的独立性、信托责任的有限性、信托管理的连续性。同时还具有下述其他信托形式所不具备的特征。

1. 信托目的的公益性

各国的信托法律均强调了公益信托目的的公益性，虽然因为各国历史背景和文化环境的差异，"社会公益"范畴存在一定的差别，但是大体上不外乎救济贫困、发展教育、科技、环保等内容。这也是公益信托与其他类型的信托最为重要的区别。

2. 受益人的不特定性

与私益信托受益人的确定性不同，公益信托的受益人是特定范围内的社会公众整体，虽然通过信托契约可以最终确定具体的受捐赠者，但这些受捐赠的个体并不是信托法意义上的受益人，不能享有信托法上受益人的权利。

3. 公益目的的排他性

这是指公益信托中的每一项目的或意图都必须具有公益性，只要信托目的中含有非公益因素，所设立的信托就不属于公益信托。也就是说，要使所设立的信托属于公益信托，就必须使该信托设立的目的完全彻底地属于公益目的，不能包括任何非公益目的。

（三）公益信托的法律关系

公益信托通常由委托人提供一定的财产设立，由受托人依照信托契约约定的公益目的而管理、使用该项信托财产，并将其收益给予特定范围内不特定的受益人或者是特定的公益事业项目。

公益信托是多种法律关系的集合，其中包括：①委托人与受托人之间的法律关系（签订契约与交付财产等）；②受托人与受益人之间的法律关系（确定受益人、给付利益等）；③受托人与信托监察人以及政府监管机构之间的法律关系（目的监察、申请许可、外部监督等）。

（四）公益信托的制度功能

信托业作为资本市场上的资产管理机构，它以专业化的资产管理水准来保障公益基金的正常运作，进而可以保障用于某项特定目的事业的基金增值，使之以充裕的、逐期增长的资金，保证按照基金设立人的理想和预定目标来发展公益事业。

从功能上看，其具有以下几个方面功能：

（1）节约人力物力，以专业水准管理公益基金，提高办事效率；

（2）信托业作为资本市场上的行家，可以保证公益资金的安全，且收益稳定；

（3）由于管理公开、透明，公益信托可以接受社会公众的监督；

（4）由于信托管理的连续性，公益信托可以使公益事业持久发展，从而促进社会进步。

（五）公益信托的业务模式

1. 家族慈善信托+家族基金会

高净值人群在设立家族基金会的同时，也会设立家族慈善信托，由家族慈善信托实现资产的保值增值，源源不断地给家族基金会提供资金支持。该业务模式如图4-3所示。

2. 具有慈善内涵的家族信托

超高净值人群可以将家族信托的部分收益用于公益，由家族信托成立决策委员会确定合作慈善组织，执行慈善信托。该业务模式如图4-4所示。

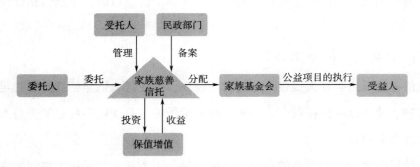

图4-3 家族慈善信托+家族基会

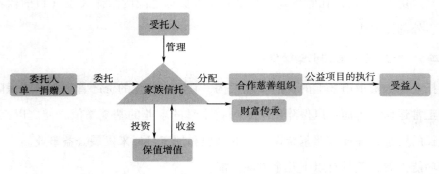

图4-4 具有慈善内涵的家族信托

3. 基金会+慈善信托

该业务模式如图4-5所示。

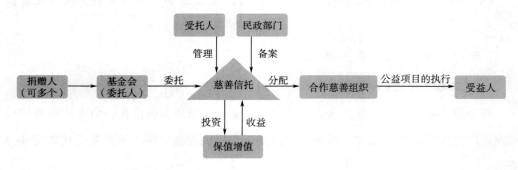

图4-5 基金会+慈善信托

捐赠人将资金赠给基金会，获取捐赠发票，再由基金会作为委托人设立慈善信托。该模式也可募集员工、客户等多方资金，适用于一般客户及员工慈善。

4. 理财产品+慈善信托

该业务模式如图 4-6 所示。

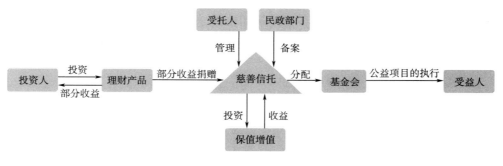

图 4-6 理财产品+慈善信托

理财的部分收益用于慈善，兼顾投资人的个人利益和公益利益，适用于一般客户。

二、公益信托的信托监察人

（一）信托监察人的设置

信托监察人是公益信托的特别设置，私益信托没有这方面的规定。信托监察人既是公益信托受益人的代表，也是对公益信托受托人的活动进行监督的人，其行为目的不是自己的利益，而是保护受益人的利益，促使公益信托目的的实现。

在此，有必要对公益信托和私益信托进行比较。私益信托在信托设立时，受益人已确定，受益人可以通过自己或者其代理人行使对信托的监督权，从而保护自己的利益，无须法律对受益人提供特别的保护制度。而公益信托的受益人是不特定的社会公众，因为受益人的不确定性，要让其直接行使监督信托权利，在操作上是不可行的；除此之外，公益信托的委托人可能对受托人管理信托事务无法实施有效监督，仅依赖委托人的监督来维护公益信托受益人的利益，在法律上是不够的。因此，有必要针对公益信托的特点，对公益信托的受益人提供特殊的保护制度，信托监察人就是一种对公益信托受益人提供特殊保护，以保证公益信托目的充分实现的制度安排。

（二）信托监察人的法律地位

信托监察人作为受益人的利益代表，其权利主要限于受益人依法可以享有的对信托活动的监督权。具体来看，信托监察人享有的权利主要为以下四类。

1. 依公益信托性质享有的信托监督权

公益信托的性质是实现公共利益，其受益人在信托实施前又不能确定，如果信托人不按照信托文件的规定，将信托财产运用于规定的信托目的，则公共利益无从实现。依照这一性质，信托监察人有权监督受托人依照信托文件的规定将信托财产运用于具体的公益目的。

2. 依推定享有的应由受益人行使的信托监督权

信托监察人既然为受益人的代表，依推定当然享有依法由受益人享有的信托监督权。依法理推定，信托监察人可以代位行使受益人享有的信托监督权，即信托管理知情权、信托财产管理办法调整请求权、信托财产处分行为撤销申请权和恢复信托财产原状或赔偿信托财产损失请求权。

3. 依法定由信托监察人直接享有的信托监督权

《信托法》赋予了信托监察人两项公益信托的监督权：一是对公益信托管理报告的认可权；二是对公益信托清算报告的认可权。

4. 依信托文件规定享有的信托监督权

信托监察人既然可以经由信托文件规定加以选任，在法理上信托文件也可以规定信托监察人的权利。

三、公益信托的监管

按照监管措施的不同，公益事业管理机构对公益信托的监管可以分为三类：审核监管、变更监管和检查监管。

（一）审核监管

审核监管是指公益信托设立与管理中的某些事项，须依法报经公益事业管理机构予以批准和核准，公益事业管理机构通过审核该事项对公益信托实施监管。根据《信托法》的有关规定，需要采取审核监管的事项主要有六类：公益信托的设立、公益信托确定受托人、公益信托受托人辞任、公益信托的定期管理报告、公益信托的清算报告、近似原则的适用。

（二）变更监管

变更监管是指公益事业管理机构通过依法直接变更公益信托的有关事项而对公益

信托实施的监管。根据《信托法》的规定，公益事业管理机构有权直接加以变更的信托事项有两类：一是受托人，二是信托条款。在私益信托中，发生需要变更委托人事项时，是由委托人和受益人进行变更；公益信托委托人的变更不通过委托人和受益人进行，而是由公益事业管理机构直接依法予以变更。

（三）检查监管

检查监管是指公益事业管理机构通过检查方式对公益信托实施的管理活动。检查的范围主要包括两项：一是受益人处理公益信托事务的情况，二是信托财产状况。公益事业管理机构检查的方式有两种，即非现场检查和现场检查。现场检查可以定期进行，也可以不定期进行。

四、公益信托的终止和"近似原则"

（一）公益信托的终止

公益信托的终止情形只有四种：

（1）信托文件规定的终止事由发生。公益信托当事人可以依据"意思自治"原则，在信托文件中规定终止事由。

（2）信托的存续违反信托目的。信托的设立与实施在于实现信托目的，如果信托的存续违反信托目的，信托应当予以终止。

（3）信托目的已经实现或者不能实现。如果信托设立时所定的公益目的已经实现或者不能实现，则信托的存续就失去了意义，应当终止。

（4）信托被撤销。如果公益信托的设立损害了其委托人的债权人利益，委托人可以申请法院撤销该信托，信托一经法院撤销，即终止。

公益信托终止时，受托人应当履行以下三项特别义务：信托终止的报告义务、清算报告的公告义务和"近似原则"的适用义务。

（二）"近似原则"的适用

近似原则是指公益信托终止时，没有信托财产权利归属人的，受托人应当将信托财产用于与原公益目的相近似的公益事业。近似原则是公益信托特有的原则。私益信托终止时，如果没有规定信托财产权利归属人，信托财产应当复归于受益人或委托人，不存在上述"近似原则"的适用。

根据法律规定，公益信托适用"近似原则"应具备以下条件：①公益信托发生终止事由。只有公益信托发生终止事由而需要终止时，才可能发生"近似原则"的适用问题。②没有信托财产权利归属人，或者信托财产权利归属人是不特定的社会公众。只有公益信托终止时，信托文件没有规定信托财产的权利归属人，才能适用"近似原则"。③信托财产只能用于与原公益目的相近似的公益事业。信托财产必须用于与原公益目的相近似的公益事业，不能将信托财产用于与原公益目的不相关联的公益事业。

五、部分国家关于公益信托的规定

（一）英国

1. 监管机构

根据英国1993年《公益法》的规定：在英格兰和威尔士地区，由公益委员会负责实施对公益信托的监管；在北爱尔兰地区，由财政部来行使类似的权力；在苏格兰地区，由国家税务总局及大法官共同履行对公益信托的监管职责。目前，英国公益组织（包括公益信托）的主管机关均为公益委员会。

2. 监管权限

根据1853年及1855年《公益信托法》的规定，有关公益信托委员会的监管权限有五项：①对公益信托管理情形加以了解；②令受托人编制账目资料，并予查核；③强化公益信托的管理，并补充受托人权限不足的事项；④确保公益财产的安全控管和适当的投资；⑤控制因公益信托涉讼所产生的有关诉讼费用，并设法节约。

（二）日本、韩国

1. 监管机关

日本信托法第66条规定："以祭祀、宗教、慈善、学术、技艺或其他公益为目的的信托为公益信托，有关其监督，适用后六条规定。"同时，该法还规定，公益信托的受托人、委托人须取得主管机关的许可，并且，公益信托由主管机关进行监督。韩国信托法第66条规定："接受公益信托时，受托人须得到主管官署的许可。"可见，日、韩两国公益信托的监管机关都是主管官署。

2. 监管权限

监管权限的具体内容为：①批准权。就公益信托的承受，其受托者须经主管机关批准。②检查权。主管官署随时都可以检查公益信托事务的处理情况，并且可命令寄存财产和其他必要的处理。受托人须每年一次定期公布信托事务及财产状况。③变更权。关于公益信托，当信托行为当时未能预见的特殊情况发生时，主管官署只要不违背公益信托的宗旨，即可变更其条款。

（三）美国

1. 监管机关

美国是一个联邦制国家，宪法制定之初，大多数有关公共道德、公共安全及照顾老弱病残的立法都设想由美国的州来履行。因此，起初美国各州对公益信托的监管并不统一。1954 年，美国通过《统一公益信托受托人监督法》赋予各州检察长对公益信托的监督权。实务中，公益信托事业因为涉及减免税负，国税部门也有权依法监督。另外，如受托人为金融业，还须由美国货币管理局或联邦储备银行行使部分监督职能。

2. 监管权限

根据习惯法的规定，各州检察长享有监督公益信托财产的管理及运用的权限，负有公益信托制度研究并就监督所发现的具体偏失案件告知法院的义务。具体而言，习惯法所赋予检察长的权限包括：①命令受托人提出账册；②撤换受托人；③命令公益法人解散；④强制移转法人财产；⑤请求法院命令受托人归还因违反受托义务所产生的损失或利用职务上的机会所取得的不当利益；⑥禁止受托人继续特定的行为或不当目的；⑦若检察长认为某一行为与公益无关，可认定交易无效；⑧会同受托人请求法院适用近似原则，变更原信托条款或信托目的。

从上述检察长权限来看，理论上应足以产生适当的监督效果。但事实上，由于检察长对公益信托的监督一向处于被动地位，故其被批评为无能的监督者，这也是美国公益信托监督的不足之处。

六、慈善信托

（一）慈善信托的含义

慈善信托是以慈善为目的的不可撤销的信托，它不只是"慈善机构"的信托。当且仅当信托的目的是慈善时，才可被称为慈善信托。大量慈善信托与法律救助、贫困预防、教育普及和宗教推广的发展有关。例如：济贫信托，推广教育信托，推广宗教信托，推进市民或城市开发信托，推进艺术、文化、遗产信托，推进业余运动信托，推进人权信托，推进环境保护信托，动物福利信托，惠及社会的其他慈善目的的信托。

（二）如何判断虚假慈善

按照英美判例法的解释，法律上的"慈善事业"具有不同于字面含义的内容：某些有营利意图和不以社会公众为受益人的信托可归入慈善信托分类，而某些基于慈善目的而设立的信托并不属于慈善信托。因此，慈善信托或公益信托应以立法或判例为准。只有当所有的目的都是慈善的时候，信托才算是慈善的。这意味着信托不能有慈善和非慈善目的的混合。如果一个信托目的是"慈善或乐善好施的"，这将意味着受托人可以将基金运用于非慈善目的。然而，如果信托提供资金用于"慈善和乐善好施目的"，这将是慈善的，因为任何目的都必须是慈善的，即使它也是乐善好施的。因此，在起草慈善信托时，务必非常小心。一般来说，直接或间接给特定个体带来利益的，一般不是慈善目的。例如，动物福利信托将是一个有效的慈善信托，但为某一个动物而设立的信托则不是慈善信托。

自 2008 年汶川大地震以来，对慈善事业立法的呼声不断，对慈善基金会进行改革的民间诉求十分强烈。随着 2016 年 9 月 1 日《中华人民共和国慈善法》的实施，慈善信托发挥了信托制度安全、灵活、高效、透明、持久等优势，以信托公司受托管理和资产管理的专长，与慈善组织紧密合作。

公益信托案例分析

"5·12"汶川大地震后，社会各界纷纷伸出了援助之手，A 学院以及全体教职工立即决定捐赠 20 万元人民币，用于受灾最严重地区之一的汶川县映秀小学的灾后重建。为此，5 月 16 日，A 学院与汶川县教育局订立公益信托协议，A 学院将 20 万元人民币支付给汶川县教育局，汶川县教育局作为受托人按照 A 学院的指示，为重建映秀小学管理和处理该笔捐赠款。此后，很多单位和个人都向汶川县教育局捐款并要求将捐款用于映秀小学的灾后重建，且捐款已超过 2 000 万元，而根据汶川县建设局组织的专家论证，重建能抗 8 级地震的映秀小学，只需 1 000 万元。对此，A 学院捐赠的 20 万元便被汶川县教育局安排他用。

此案例的当事人有：①委托人——A 学院；②受托人（信托管理人）——汶川县教育局；③受益人——汶川县映秀乡小学。

汶川县教育局对 A 学院以及全体教职工设定的公益信托捐赠款 20 万元，在符合特定条件下，可以用于其他目的，即要遵循公益信托的"近似原则"来使用该笔捐赠款。由于"很多单位和个人都向汶川县教育局捐款并要求将捐款用于映秀小学的灾后重建，且捐款已超过 2 000 万元"，足够用于重建能抗 8 级地震的映秀小学，所以，该公益信托捐款的 20 万元可以不再用于重建映秀小学的目的，作为公益信托的受托人——汶川县教育局，可以终止该公益信托。但是由于在公益信托协议中没有约定该笔公益信托捐赠款的权利归属人，故该公益信托的捐赠款（20 万元）属于不特定的社会公众（这是公益信托的特点之一），既不是 A 学院即全体教职工的，也不是汶川县教育局的。该公益信托的捐款只能用于其他的、类似的目的（例如，重建汶川县其他受地震破坏的小学，或者重建汶川县受地震破坏的幼儿园等教育设施），这就是公益信托的"近似原则"，即在一定条件下，终止公益信托后，受托人应当将信托财产用于与原公益目的相近似的目的，或者将信托财产转移给具有近似目的的公益组织或者其他公益信托。

七、我国公益信托模式的探索及《中华人民共和国慈善法》的颁布

（一）公益信托依托基金会还是信托机构

很多学者认为我国发展公益信托最好的路径是走基金会与信托机构合作发展公益信托之路，因为基金会在我国起步较早，而且发展较为成熟。首先，基金会的活动宗旨是"通过资金资助推进科学研究、文化教育、社会福利和其他公益事业的发展"，其理所当然地承担起了促进公益事业发展之重任。在《信托法》出台以前，1988 年国务院颁布了《基金会管理办法》，中国人民银行总行发布了《关于进一步加强基金会管理的通知》，基金会成为民间公益事业发展的规范和参照。虽然当时没有信托法的确认，然而基金会的操作过程实质上已构成一个完整的公益信托。以专项基金为例，专项基金的设立需要基金会与捐赠人之间约定基金的使用目的、财产的管理方法；有受益人的，还要约定受益人范围以及受益人取得信托利益的方式。上述专项基

金的运作完全符合信托成立的要件，即信托三方当事人、明确的信托目的、确定的信托财产和成立信托的意思表示。

但是，《信托法》颁布后，基金会作为受托人，无论在理论上还是实践中，均存在不足之处：一是资产难以保值增值。基金会的成员大多是社会知名人士和文化人士，他们理财经验相对欠缺，在管理和运用信托财产方面缺乏科学性的指导，难以使公益基金保值增值。二是存在滥用基金会资金的现象。已有法律对基金会的各种活动缺乏有效监控，容易产生贪污或挪用基金会资金的行为。三是对基金会的公益性质没有权威认定。基金会可以募集和接收社会捐赠资金，并利用该资金从事公益事业，但是长期以来没有明确对捐赠和信托两种行为做出界定，对基金会接受的资金究竟是捐赠财产还是信托财产存在争议。

信托投资公司与基金会相比，具有更严密的组织管理结构和监管体系。《信托法》对公益信托的受托人提出了更严格的监管要求，包括每年一次的信托事务处理报告、信托终止后的终止报告和清算报告等。较之基金会而言，信托投资公司有更严密的财务系统和更可信的信息披露能力，有能力成为合格的受托人。信托投资公司的公益信托业务以信托产品形式，通过公示信托计划、信托合同等较为成熟的方式进行，明确约定各方当事人的权利和义务，从而避免了基金会作为受托人产生的定性模糊及未签订信托合同等现实问题。

中国是一个大国，社会事业仅靠政府是无法全部解决的，因此，公益信托是一个很好地解决社会公益问题的路径，既能吸纳社会上的公益基金，又能解决很多老百姓急需解决的困难和问题，因此值得我们认真研究和探索。

（二）《中华人民共和国慈善法》

《中华人民共和国慈善法》（以下简称《慈善法》）2016年9月1日正式实施，包括总则、慈善组织、慈善募捐、慈善捐赠、慈善信托、慈善财产、慈善服务、信息公开、促进措施、监督管理、法律责任与附则等十二章。《慈善法》第四十六条规定，慈善信托的受托人可以由委托人确定其信赖的慈善组织或信托公司担任。

《慈善法》对慈善信托中受托人的约定，包括受托人要按照信托合同来履行职责、受托人对一些慈善信托管理事务情况披露的要求，还有受托人可以根据委托人需要，确定信托监察人，进一步保障信托监察人对受托人行为进行监督，明确保障受托人按照委托人约定的慈善目的履行这些职责。

第四节 资金信托

一、资金信托的含义及分类

资金信托也称"金钱信托"，其最显著的特点是信托投资机构接受委托人的财产和最终对受益人的支付皆为货币资金。资金信托是各国信托业务中运用比较普遍的一种信托。总体来说，资金信托包括单一资金信托（受托人接受单个委托人委托，单独管理和运用信托资金的形式）和集合资金信托（受托人将两个或两个以上委托人的信托资金汇集起来，按照事先约定的方式运用和管理信托资金的信托形式）。根据委托人和委托资金用途的不同，资金信托又可分为单位资金信托、公益基金信托、劳保基金信托、特约信托等，如图4-7所示。

图4-7 资金信托分类

（一）单位资金信托

单位资金信托是指单位或主管部门将长期不用的各种基金、利润留成、税后积累等，通过委托金融信托机构代为经营管理，以取得收益的业务。

1. 单位资金信托的操作流程

（1）签订协议。委托方与金融信托机构双方经洽谈，同意办理资金信托后，签订书面协议或由委托方出具授权证书，经金融信托机构以书面确认方式受理。协议书或授权和确认书的内容应写明：信托金额、起止日期、收益率、收益方式、受托方的劳务费及其收取方式，双方的责权与违约责任等。

（2）开户。委托方在与金融信托机构达成协议后，应在金融信托机构开立"单位资金信托"账户，并预留印鉴。

（3）划款和落实款项用途。开户后，委托方即将款项划入金融信托机构账户，金融信托机构收账后，应向委托方开具"单位资金信托受益凭证"。金融信托机构同时应立即落实款项用途，是贷款、投资，还是拆借、购买有价证券等，并且从产生收益之日起为委托方计算其应得收益。金融信托机构也可以与委托方协商落实用途工作的时间，一般不应超过7天。

2. 收益和劳务费的计算与支付

金融信托机构向受益人支付的平均收益率略高于同期银行存款利率，收益率加劳务费率应与营运资金获得收入基本相等。劳务费率多少，可由双方自行商定，目前我国金融管理部门尚无统一规定。支付方式可按月、季、年度支付，也可到期后一次归还资金及收益。

3. 单位资金信托不允许提前支取

如果委托方临时急需用款，可以凭"单位资金信托收益凭证"向受托的金融信托机构办理抵押贷款，待委托方还清抵押贷款后，银行将"单位资金信托受益凭证"归还委托方。

4. 单位资金信托的期限一般在一年以上

信托期满后，委托方"单位资金信托受益凭证"及预留印鉴交受托金融信托机构，经核对无误，金融信托机构将原信托资金及其应得收益划回委托者的银行账户。委托方也可以重新约定期限，由双方签订"延期协议"作为原协议的补充，继续信托。

（二）公益基金信托

在公益信托的业务模式介绍中，已经涉及公益基金与公益信托的概念差异及合作模式问题。这里将常见的与公益有关的概念做一个简单梳理。

1. 公益信托、公益基金、公益基金会、公益信托基金与公益基金信托

（1）公益基金会已经向社会开放申请。在我国，慈善组织、基金会等行政审批

程序由民政部负责①。在网上能查到阿里巴巴公益基金会、腾讯慈善公益基金会、顺丰公益基金会，等等，说明我国对于法人申请成立公益基金会事宜已经放开，这调动了有实力的企业参与公益事业的积极性，符合世界潮流。

（2）在我国，公益基金是隐性信托，而公益信托是显性信托。公益基金可以由银行、保险等金融机构，甚至非金融机构发起设立，可以是公募，也可以是私募，可以是封闭式的，也可以是开放式的。公益基金设立后，可以交给信托公司、公益基金会、政府民政部门等进行运作。所以，公益信托作为显性信托，就是公益基金的信托化运作，是公益基金运作的方式之一。

（3）公益基金信托与公益信托基金。截至2021年6月3日止，在期刊网（cnki）上无法模糊查询到篇名包含"公益基金信托"的核心期刊论文，只有一篇"公益信托基金"的核心期刊论文。公益基金信托是公益基金设立时，信托公司就已经深度介入，按照信托流程进行运行的基金。可以说是先有信托，后有基金。而公益基金信托是先有基金，后有信托机构介入。二者的最终形态是信托与基金相融合，并受到相关法律和机构的制约与监管。

2. 公益基金信托运作模式

公益基金信托管理方式诞生于英国，快速发展于美国，在日本目前已经非常普及。作为一种已经存在了100多年的非营利基金的增值方式，英、美、日等国家有很多专业理财的基金管理公司，采用公益基金信托受理模式，各有侧重地管理着养老、医疗、卫生、文化等公益基金②。

（三）劳保基金信托

劳保基金信托是指以管理劳保基金为目的而设定的信托业务。信托机构受工商企业或政府机关、学校的委托，筹集和管理退休基金，并运用所得收益支付退休职工的生活费。这是一种在西方国家较为常见的信托业务。采用这种方法，公司职员的生活有了保障，使其能更好地为公司服务，对整个社会而言，也减少了社会经济负担。因此，办理劳保基金信托，无论对个人、企业还是对国家，都是有利的。

劳动保险基金具有资金稳定、独立性强、财产可转移及保值的特点，金融信托机

---

① 见民政部网站 http：//www.mca.gov.cn/。
② 张娜，我国公益信托基金设立研究［J］. 河南社会科学，2012（3）：39-40.

构利用融资和服务功能,既可以帮助委托方形成独立的基金,又能起到保值作用。

（1）根据委托方劳保基金的提留和积累制度,享受劳保基金的职工人数和金额,与委托方商定劳保基金信托的管理方法,并签订信托协议。在管理办法和协议中应明确规定：委托方各期劳保基金的交付时间、交付金额、交付办法、收益率；受托方向受益人支付劳保金的金额、年限、方式等；受托方支付给受益人的金额总数,应不高于委托方交付给受托方的劳保基金总额加收益。

（2）委托方在受托金融信托机构开设劳保基金账户,并按协议规定将款项划交给受托方；劳动保险基金信托的统筹部门也可在受托方开立代理收付账户,由受托方代理收款。

（3）受托的金融信托机构应根据协议中委托方交付款项的金额和时间,安排好运用计划,确保资金得到安全、高效的营运,实现预期的收益。

（4）按协议规定的收益率和结转期限,将其应得收益转入基金。

（5）受托方根据协议规定的支付年限、支付方式和支付金额,向指定的受益人支付各项劳保金。

（6）在营运和支付过程中,受托方定期向委托方汇报劳保基金支付和积存情况。

（四）特约信托

特约信托是指信托公司接受个人或单位的特约,代为经营和管理有特定要求的财产信托业务。特约信托的方式较多,主要的特约信托有以下几种：①遗嘱信托。②监护信托。③抚恤信托。信托部门受托为享受抚恤费的伤、残、废、亡等人员及其家属管理和处分抚恤金事务。④赠与信托。信托部门受托代为管理赠与、资助给个人的资财或捐赠给社会、集体福利事业的基金等事务。⑤赡养信托。信托部门受托为成年子女代行供养其父母,或代有关亲属行使经济上赡养职责的事务。

此外还有其他议定的特约事项等。各种特约信托事务的标的物为现金、存款及其他议定的流动资产。委托人申请办理这项业务时,应将上述财物交信托部门,由信托部门按委托人指定的对象、时间、用途、数额或份额,办理支付、支配或分割手续。信托部门对信托财产中的现金,比照活期储蓄计息规定,付给受益人收益；也可根据委托,将现金中长期不用的部分,代存各种定期存款。特约信托一般按委托金额的一定比率计收费用。

二、资金信托的运作管理

（一）资金信托合同的特点

1. 资金信托合同是无名合同

有名合同是法律上规定有确定名称和规则的合同，又称典型合同，如买卖合同、赠与合同、借款合同和租赁合同等；无名合同是法律上未规定确定名称与规则的合同，又称非典型合同。这种分类的意义在于两种合同的法律适用不同。对有名合同可直接适用我国《民法典》第三编合同法中关于该类合同的具体规定。资金信托合同是无名合同，信托合同的名称与调整规则在法律上没有专门规定，解决资金信托合同的纠纷应主要依照第三编合同第一分编通则中的一般规则及其他相关法规。

2. 资金信托合同是不要式合同

根据法律是否要求合同必须符合一定的形式才能成立，可将合同分为要式合同与不要式合同。要式合同是必须按照法律规定的特定形式订立方可成立的合同；不要式合同是法律对合同订立未规定特定形式的合同。资金信托合同是不要式合同。有的信托合同只要委托人和受托人达成一致的意见，委托人将信托财产交付给受托人便可成立。

3. 资金信托合同是实践合同

根据合同是自当事人意思表示一致时成立，还是在当事人意思表示一致后，仍须有实际交付标的物的行为才能成立，可将合同分为诺成合同与实践合同。诺成合同是在当事人意思表示一致时即告成立的合同；实践合同则是在当事人意思表示一致后，仍须有实际交付标的物的行为才能成立的合同。资金信托合同必须将信托资金交付给受托人，资金信托合同才成立。

4. 资金信托合同是双务合同

根据合同当事人是否互相享有权利和承担义务，可将合同分为单务合同与双务合同。单务合同是指仅有一方当事人承担义务的合同，如典型的赠与合同；双务合同是指双方当事人相互享受权利、承担义务的合同，如买卖合同、承揽合同、租赁合同等。这种分类的意义在于，因两种合同义务承担的不同，从而使它们的法律适用不同，如单务合同履行中不存在同时履行抗辩权等问题。资金信托合同中合同双方均同时享有权利、承担义务，因而是双务合同。

（二） 资金信托合同的主要内容

信托投资公司办理资金信托业务，应与委托人签订信托合同。采取其他书面形式设立信托的，按照法律、行政法规的规定设立。根据《信托投资公司资金信托管理暂行办法》的规定，资金信托合同应当载明信托目的、信托期限、风险的揭示等事项。

（三） 资金信托合同的生效条件

资金信托合同生效是指信托合同发生法律效力，只有生效的资金信托合同才能得到法律的保护。

（1） 信托目的应该遵守国家的相关法律规定，不得违反国家利益和社会公共利益，不得采取胁迫、欺诈等手段签订信托合同。

（2） 信托财产必须有效。信托财产必须具有财产权，人身权不可成为信托财产；信托财产必须属于委托人所有，对应登记或注册的财产权，其信托非经登记或注册，不得以之对抗善意的第三人；信托财产应能与委托人自己的财产分离，交付给受托人管理经营。

（3） 信托主体即信托当事人的资格应满足有关规定。比如，要求委托人应具备完全民事行为能力；受托人是由有关部门批准和确认的信托投资公司；对于受益人，依照法律的规定，不能享受一定财产权的人不能作为受益人而获得其权利和享受相应的利益。

（四） 资金信托运作风险申明

信托投资公司办理资金信托业务时，应当于签订信托合同的同时，与委托人签订信托资金管理、运用风险申明书。例如，根据《信托投资公司资金信托管理暂行办法》的规定，受托人制定信托合同或者其他信托文件，应当在首页右上方用醒目字体载明下列类似文字："受托人管理信托财产应恪尽职守，履行诚实、信用、谨慎、有效管理的义务。依据本信托合同规定管理信托资金所产生的风险，由信托财产承担，即由委托人交付的资金以及由受托人对该资金运用后形成的财产承担；受托人违背信托合同、处理信托事务不当使信托资金受到损失，由受托人赔偿。"

（五） 资金信托运作管理的报告书

资金信托运作管理报告书应当载明如下内容：①信托资金管理、运用、处分和收益情况；②信托资金运用组合比例情况；③信托资金运用中金额列前十位的项目情况；④信托执行经理变更说明；⑤信托资金运用重大变动说明；⑥涉及诉讼或者损害信托财产、委托人或者受益人利益的情形；⑦信托合同规定的其他事项。信托投资公司应当妥善保存资金信托业务的全部资料，保存期自信托终止之日起不得少于规定的年限。

三、资金信托的主要方式

（一）贷款信托

贷款信托是指信托投资机构运用受托的信托资金，对自行审定项目发放的贷款。贷款信托具有灵活、方便、及时的特点。贷款信托按其性质可分为固定资金贷款信托和流动资金贷款信托。根据现行规定，固定资金贷款必须符合国家的固定资产贷款要求，流动资金贷款一般限于向投资企业发放，对其他企业只可发放临时性周转贷款。

通常采用的贷款方式有以下几种：

（1）信用贷款信托。

（2）保证贷款信托。一旦借款人到期不能归还贷款本息时，保证人必须无条件地代借款人还清未能偿还的债务。保证贷款信托可以分散贷款信托的风险，保证贷款信托到期足额收回。

（3）质/抵押贷款信托。借款人提供必要的动产、不动产作为质/抵押品，当借款人到期无力归还全部贷款本息时，信托投资公司有权依法处理质/抵押品，以补偿未能收回的贷款本息。

（4）卖方信贷。卖方信贷是指信托投资公司对卖方企业在国家政策范围内赊销商品而产生资金需要时发放的贷款。

（5）票据贴现。票据贴现是指信托投资公司以汇票面额扣除贴现日至汇票到期日的折现利息后的相应金额向企业提供融资。

（二）投资信托

投资信托是指信托投资公司将信托资金投资于股权或受益权等，从而获取投资收益的一种信托业务。在投资信托过程中，信托投资金融机构可以直接参与投资企业经营成果的分配，并承担相应的风险。

1. 投资信托的种类

（1）按投资信托期限的长短，可分为长期和短期两类。长期投资信托又分为规定年限投资信托和不规定年限投资信托两种，规定年限投资信托一般指 10 年以上的投资，不规定年限的投资信托则与投资企业的存在相伴随。短期投资信托是指一年以内的投资。我国投资信托目前的年限规定为不能短于一年。

（2）按投资信托的实现方式，可分为直接投资信托和间接投资信托。直接投资信托是由信托投资机构将资金直接投入企业，组成合资企业、合作企业，参与补偿贸易、来料加工、来件装配及海外投资等，参与企业的经营管理。其实质是信托投资机构从事产业活动和贸易活动取得投资收益。间接投资信托则是信托投资机构以购买股票或债券的形式实现投资，通过股权和债权间接参与企业的组织管理，求得股息红利、债息以及差价的投资活动。

（3）按投资信托的投资对象，可分为证券投资信托、房地产投资信托、基本建设投资信托、风险投资信托等。具体内容为：①证券投资信托可分为股票投资信托和债券投资信托等，其特点是能充分体现"集合资金、专家理财"的优势，信托财产的独立性得到保障，并具有高度的灵活性。②房地产投资信托投资于房地产或房地产抵押贷款。中小投资者参与房地产投资信托，通过专业管理和多元化投资组合，能够有效降低房地产投资的风险，取得较高的投资回报。③基本建设投资信托是向社会（委托人）公开发行基础设施投资信托产品，募集信托资金，并由受托人将信托资金按经批准的信托方案和国家有关规定，投资于基础设施项目的一种自益型资金信托。④风险投资信托是以高科技产业为投资对象，以追求长期收益为投资目标所进行的一种直接投资方式。其特点是封闭期限一般较长，高风险，高收益。

2. 投资信托的方式

投资信托要么是参与经营的"股权式投资"，要么是不参与经营的"契约式投资"。

（1）长期合作投资。信托机构是企业的长期合作者，只要投资企业生产经营正常，投资合作关系就一直存在，信托投资机构与企业共享利润、共担风险。

（2）定期合作投资。信托投资机构事先与企业商定投资期限，并与企业按照各自的投资比例分享经营效益，共同承担风险。定期合作投资多用于投资少、见效快、收益大的企业或项目。

（3）固定分红投资。企业经营发生亏损时，信托投资机构不承担风险，但企业实现超额利润时，信托投资机构也不能参与利润分配。

（4）保息分红投资。这是目前比较受欢迎的一种融资形式。

（5）其他方式。根据《信托投资公司管理办法》，依照信托文件的约定，可以采取租赁、同业拆放、并购重组的方式进行运作，以获取收益。

复习思考题

1. 什么是生前信托？什么是身后信托？生前信托和身后信托各有哪些类型？

2. 什么是家族信托？家族信托产品有哪些要素？我国为什么有家庭信托的现实需求？

3. 什么是公益信托？我国公益信托是如何监管的？公益信托如何终止？

4. 什么是资金信托？资金信托有哪些类型？该信托合同有哪些特点？

5. 查阅资料，分析一下我国的家族传承与西方的家族传承有什么异同。

第五章

矿产能源信托、艺术品投资基金和动产信托

学习要点

　　矿产能源信托、艺术品投资基金、动产信托和不动产信托都是以信托财产的形态来区分的，具有较强的专业性。这些信托处理得好，能够带来超常利润；处理不好，损失也很大。不动产信托在国外规模庞大，我国也多次推广，我们将用专门的章节来介绍。信托财产的增值在我国信托业务中起着重要作用，信托投资的这种趋利本性如果与实体经济发展结合得好，可以促进经济发展，实现金融与实体经济的良性互动、协调发展。

第一节　矿产能源信托

一、矿产能源信托概述

（一）矿产能源信托的概念

矿产能源信托，是指信托资金的用途是为煤炭、石油等能源类企业提供各项所需资金的信托计划。

（二）矿产能源信托的投资方式

现行法律法规对信托投资矿产能源行业的限制条款比较少，因此，信托公司推出的矿产能源信托资金投向及运用方式都比较灵活，主要有信托贷款、股权投资、权益投资、组合投资等，其中又以信托贷款和权益投资最为常见。

1. 信托贷款

（1）信托贷款的具体操作。首先由矿产企业提出融资需求，然后信托公司通过发行信托计划募集资金，之后用信托资金向矿产企业发放贷款，并要求矿产企业提供采矿权抵押、权益质押、连带责任担保或者第三方担保等保障措施，确保其能够偿还贷款本息。

（2）信托贷款的特点。信托贷款是最常见的信托方式，操作方式较为简便。一般而言，只要企业还款来源有保证，担保物足额、充分，能保证按期偿还贷款本息，风险就相对较低。

2. 股权投资

（1）股权投资的具体操作。将矿产企业的股权作为投资标的，信托公司作为受托人，用信托计划筹集的资金向企业增资或受让原股东持有的矿产企业股权，待信托计划到期后由原股东或者第三方溢价回购，或者通过分红、清算、公开转让股权等方式实现信托退出。信托期间，信托公司可向被投资的企业派驻董事、监事、财务人员等，监督、参与企业的管理与经营。

（2）股权投资的特点。由于股权投资涉及企业的经营管理，收益高，风险也相对较高，一般较多采用结构化信托计划，即根据不同的风险承担能力，分层设计优先、劣后信托受益权，通过让矿产企业参与劣后受益权，为参与优先受益权的信托资金提供信用增级，提高信托资金的安全性。

3. 权益投资

（1）权益投资的具体操作。信托公司用信托资金受让矿产企业各种权益，如矿产企业的股权收益权、采矿权收益权、经营性收益权等，作为矿产企业融资的方式，到期由矿产企业或者第三方溢价回购等方式实现退出。

（2）权益投资的特点。权益投资不需要进行财产所有权的转移，因此减少了相关税费，操作更为灵活。

4. 组合投资

由于信托公司灵活的操作模式，可以将信托资金根据不同的融资需求进行组合投资。例如：可以先以募集的部分信托资金对融资主体进行股权投资，之后再以剩余资金对其发放信托贷款，这种投资结合了信托贷款和股权投资，保障了项目的收益率和安全性。

二、矿产能源信托的产品要素

投资者考察矿产能源信托，要重点关注如下五种产品要素。

（一）融资金额

（1）矿产企业因其在设备购置、矿产开采、技术升级及兼并重组等各个方面均需巨额资金，所以它的融资具有金额大的典型特点。

（2）对融资金额，主要通过企业的现金流情况及融资期限内到期资金偿还情况来综合判定。

（3）对集团客户多次申请融资的情况，投资者在投资决策过程中应综合了解及评判信托公司的总体授信规模，关注授信额度合理与否，防范集中度风险。

（二）资金投向

（1）投资者应核查分析项目资金需求的合理性，重点关注融资主体是否涉足非矿产的热点行业，防止资金出现挪用的情况。

（2）对综合类的矿产企业，投资者需要了解产品的方案设计中是否对资金使用及监管采用封闭方式进行管理。

（三）融资期限

投资者需要详细分析融资期限的合理性。一般情况下，对采矿权类项目，项目对应土地出让年限、可供开采剩余年限、矿权出让年限以及采矿许可证剩余年限均应超过投融资年限不得少于 3 年（包括可展期年限）。

（四）还款方案

（1）对信托存续期较长的信托计划，应询问该产品是否设置了分期偿还贷款机制，并采用季度付息方式，以便降低现金流到期集中支付压力。

（2）还款来源依赖乐观的假设前提条件的，还需关注该产品是否就假设前提条件的如期落实安排了相应的违约条款。

（五）增信措施

矿产能源信托项目主要采用的增信措施为采矿权抵押及股权质押，因此，采矿权及股权的价值及变现能力是保障资金安全回收的关键因素。对增信措施的分析应重点关注：①合理选择抵押物或质押物；②审慎选择评估公司；③注意抵押物或质押物的流动性。

第二节　艺术品投资基金

艺术品投资基金本质上是一种隐性信托。

一、艺术品投资基金的概念

（一）艺术品投资基金的定义及市场发展

从广义上说，艺术品投资基金是艺术品投资管理机构为艺术品投资市场建立的一种资本投资与运作形式，是指在艺术品投资市场有特定目的与用途的资金投资形式，是一种间接化的证券投资方式。艺术品作为投资品，是因为它除了拥有文化属性以外，还具有经济属性、金融属性。就银行的很多高端客户而言，财富的增长对他们来说只是一个数字的变化。艺术品投资既有财富投资的收益，又有精神审美的享受，还是一种时尚的生活方式，能够满足这些高端客户的需求。

艺术品投资基金的市场发展大致经过三步：第一步是散户时代；第二步是机构阶段，投资者通过机构来买基金，并通过变现艺术品获利；第三步是通过购买艺术品衍生品来实现投资。艺术品金融化研究如何将艺术品作为金融资产纳入个人和机构的理财范围，以及使艺术品转化为"金融工具"，将艺术品市场金融化，如艺术品投资基金、艺术品金融理财投资产品、艺术品保险等。其中，艺术品投资基金是最广泛、风险较小、收益良好的金融工具。瑞士联合银行和荷兰银行等金融机构都涉猎并已经形成了一套完整的艺术银行服务系统，下设专门的艺术银行部。银行的艺术银行服务项目包括鉴定、估价、收藏、保存、艺术信托、艺术基金等专业的金融手段。藏家将艺术收藏品保单交由银行保管，就可以以艺术品为担保从银行领取资金，作为其他类型投资的杠杆；藏家还可以将收藏品"租借"给银行举办展览等，获取额外的收入。银行见到保单，才可防范艺术品损坏的风险，才愿意提供保管、租借、贷款等服务。艺术银行在这个过程中，通过提供服务来获取利益。这是一种典型的双赢局面。

（二）艺术品投资的特征

1. 艺术品是一种特殊的商品

艺术品是一种特殊的商品，首先表现为其价值无法准确测量；其次，艺术品具有可替代性差和稀缺性的特点；最后，艺术品购买既是一种消费行为，也是保值和增值的投资行为。

2. 艺术品投资的安全性好

艺术品包含着艺术家的思想、激情、灵感、技艺以及材料等时代符号，稀缺性有利于保值和增值，可以对抗通货膨胀。

3. 艺术品投资回报率高

虽然艺术品投资的收益周期较长，但投资回报常常超过其他投资，年回报率平均保持在30%左右，最高每年可达180%。

4. 艺术品市场流动性弱

艺术品市场的流动性相对较弱，对冲价值正逐渐显现。艺术品市场呈现多品种、少数量、慢周期、独立性的特征，艺术品市场的波动周期与国民经济或资本市场的周期之间没有必然的线性关系，甚至存在互补性和非同步性。

二、艺术品市场的发展趋势和原因

（一）艺术品市场的发展趋势

1. 交易量和交易额逐渐走高

2017 年 2 月，国家"十三五"规划提出扶持艺术品交易市场的发展。艺术品已成为当今世界公认的三大投资领域之一（金融、地产、艺术品）。中国的艺术品市场开始迅猛发展，众多收藏者从观望逐渐开始进场收藏。在我国市场环境、经营模式以及市场构成逐渐完善的条件下，交易量和交易额将会逐渐走高。

2. 艺术品市场文化内涵日益突出

境外瓷杂类艺术品占据绝对优势，而从近几年的发展形势看，国内收藏则是继续以中国书画为主的格局。中国书画占成交额的 60%（其中近现代书画又占据绝对主体地位），体现了书画作为集历史、文学、传记人物的载体所体现出的文化价值，无论从学术上还是市场上都得到了认可。相对于陶瓷杂玩、古籍善本、钱币邮品等艺术品，中国书画更显历史悠久、博大精深，具有不可再造性、不可替代性的特点。内涵深奥的中国传统哲学和美学拥有更加广泛的受众群体，更契合社会日益成长的精神需求。

3. 艺术品市场投资主体更加多元化

艺术品交易的有形市场由交易渠道构成，无形市场由馈赠、交换、抵押等构成。两种市场共同作用，搭建艺术交易环节的网状体系，为艺术家、收藏者、投资者实现各自理想及获取成果，承载着价值实现的使命。在整个艺术品市场中，拍卖业基本占到市场交易额的 60%，剩下的 20% 被画廊、各类博览会等瓜分，还有 20% 为私人或机构的非公开交易。

除了艺术家投资收藏艺术品之外，现在的投资主体逐渐多元化了。首先，部分房地产领域的财富个人、机构投资者以及炒作投机者成为新的主力军，将资金纷纷转投艺术品市场，成为市场的"兴奋剂"。其次，金融界也大举进入艺术品投资，自 1995 年建设银行以 550 万元从嘉德拍卖会上购得《毛主席去安源》油画以来，机构的投资热情随之高涨，各类机构频频入场。雄厚的金融资本推动艺术品价格持续上涨，动辄千万级的竞拍出价，大有把个人买家"边缘化"的趋势。

（二）艺术品市场走势向好的原因

艺术品市场走势向好的原因主要有三点：

一是艺术品作为资产配置的另类投资渠道已经成为公众共识。艺术品所特有的文化价值、美学价值和史学价值逐渐被揭示和评估，权威机构和机构投资者的参与则使艺术品市场的深度和效度得到显著改善。

二是艺术品的保值功能在通胀和投机限制政策环境下尤其凸显。流动性过剩会导致通货膨胀日益严重，而股市低迷和房地产限购使越来越多的资金涌入日益兴旺的艺术品市场。

三是随着我国综合国力的提高，国内外对中国艺术品的需求最终必然会不断上升。

三、艺术品投资基金的主要类型

（一）持有艺术品物权的投资基金

投资基金主要持有艺术品的物权，通过真实买入艺术品来建立资产池，在经营运作之后将其在市场上卖出，收益主要来自艺术品实物资产的价值增值和使用回报。信托公司通常会聘请实力较强的投资顾问，依据专业建议进行买卖操作。由于艺术品本身对存储条件有较高要求，这些艺术品资产通常会托管于美术馆等专业的收藏机构，并购买专项财产保险。由于直接持有艺术品物权，这类投资基金具有较高的透明度，投资人很容易理解其运作方式和资产状况，艺术品清单也能够清晰展现该基金的投资风格。

（二）持有艺术品及市场经营主体相关权益的投资基金

投资基金采取丰富的权益组合方式来分散投资、降低风险。投资范围可以涵盖艺术品市场经营价值链上的各个环节，利用一切可操作的金融工具和组合获取超额回报，非常适合于我国艺术品领域融资渠道匮乏的现状。具体形式包括：艺术品质押融资的债权；艺术场馆的建设贷款和经营贷款；艺术品经营机构的贷款；艺术品的真实物权；艺术品基金或文化交易所基金的股权份额；艺术品经营机构的股权；各类艺术品投资基金的受益权。该类投资基金具体采取何种投资方式和投资内容，依赖于所处的经济环境、市场机会、专业能力和合作伙伴，前台通过主动管理投资来谋求艺术品市场不同环节的最高投资收益，后台则通过组合管理的监控审查来规避整体的市场风险。

（三）持有 LP 股权份额的投资基金

依据《中华人民共和国合伙企业法》，信托公司设立的艺术品投资基金充当有限合伙人（LP），与普通合伙人（GP）组成合伙企业。为合理控制运营风险，信托公司通常要求派代表参与艺术品基金管理公司的管理团队，股东或投资公司通常也会认购艺术品投资基金的次级部分，以提供信用增级并获取高收益。由于有限合伙制下股东进出的便利，信托公司可以分期滚动发行艺术品投资基金，为投资人提供更具吸引力的财富增值和优化配置方案。毋庸置疑，信托公司更偏爱那些已经成熟运作并存在良好业绩的投资团队。这种方式使信托公司在中期介入艺术品投资成为可能。同时，由于《合伙企业法》规定合伙企业不缴纳企业所得税，而税法没有规定信托公司为信托计划投资人所得税的代缴义务，因此，独特的纳税体系也能有效提高运作效率。

四、艺术品投资基金的运营策略

相对于传统信托业务而言，艺术品投资基金的运营是非常复杂的，不仅涉及的市场主体较多，交易结构具有较大的差异性和灵活性，而且由于艺术品本身的独特属性，基金运营不可避免地会涉及更加专业化、综合化、个性化的操作环节，其投资、建仓、保管、监督和交易等运营策略具有较高技术含量。以下结合投资基金的共性特征，着重研究几种较为普遍的运营策略。

（一）投资策略

尽管艺术品投资基金在募集时都会宣扬其独特或多样的投资策略，但长久以来，基本的投资策略仍然不外乎两种：

一是面向价值的投资，或称为学院派投资，即凭借对艺术品市场的深入研究和专业眼光，投资于具有成长性和价值性的艺术品，通过富有成效的市场运作和策划宣传，提升该种艺术品的市场认同度，最终实现增值退出。由于大部分颇具成长潜质但知名度较低的艺术家集中在各类专业学院，因此，基金管理人同专业学院、策展人和收藏机构的沟通协作更多。

二是面向交易的投资，或称为拍卖系投资。即利用不同地域、不同场所、不同时间和不同客户等方面的市场分割，谋求各种交易性的套利机会，获得买卖价格差，如南买北卖、春买秋卖、小场买大场卖和场外买场内卖等。由于该投资策略对市场的流动性要求较高，通常投资于市场认同度很高且价值较高的艺术品，而且拍卖行要有较好的议价能力和协调能力。因此，基金管理人与拍卖行、市场参与机构和投资人的沟通协作更多。

（二）分散策略

保持结构分散是艺术品投资的法则，这种分散体现在两个方面：

一是在艺术家或者艺术品的类别、风格和年代上进行分散，如油画与国画相结合、印象主义与现实主义相结合、当代与近代相结合。但是，标的选择也不能过于庞杂，否则风险与管理成本将迅速上升。毕竟，专业人士对市场状况及作品真伪性的高度掌握与辨识能力不可能涉及所有领域。而且，明确的主题和风格对基金也是重要的，对具体领域的专注也容易获得投资人的认同。

二是在资金分布上进行分散。艺术品买入价格通常处于相对宽泛的区间，投资作品的价格分布曲线呈正态分布，单幅作品或单个艺术家的最高投资金额也会有适当的限制。

（三）建仓策略

由于国内的艺术品投资基金仍处于成长初期，投资期普遍较短，采取集中式建仓的情形较多。从国际运作经验来看，投资建仓应以分散风险为原则，长仓与短仓适当搭配，避免购进被炒作的市场价格较高的艺术品。短仓变现能力较强，可弥补损失或满足部分流动性。由于当代艺术家都还在世，作品通常无真伪性问题，加上创作量大且选择性多，当代艺术作品的可获得性及流动性皆较高。因此，具有升值潜力的当代艺术品普遍被作为短仓持有。在建仓节奏方面，基金通常设有封闭期，避免资金在进场后被投资人大量赎回，影响基金布局。总体建仓期一般不超过2年，每年的春拍和秋拍是适宜建仓的窗口期，每个窗口期的资金支出要保持基本的均衡。

（四）投后策略

投资后的运营管理主要包括四个方面：

一是对已投资艺术品进行市场跟踪，分析同类、同时代艺术家书画的市场表现，根据市场动向及时调整投资方案，定期组织跟踪评估及市场预测，把握交易性机会。

二是通过可行有效的方式提升已投资项目的市场认同度和市场价值，如策划展览、媒体宣传、酒会品鉴等，这需要基金管理人与艺术家、策展人、评论人、画廊和博物馆等收藏机构建立良好的协作氛围和机制。

三是通过租赁和使用，将不能产生现金流的藏品转变成能够产生租金收入的艺术资产。例如，将名画和瓷器租赁给企业，为主办方展会充实精品，为其他机构提供复制品或宣传印制等。

四是对已投艺术品的不同投资风险进行定期评估，对风险上升的项目要及时制定并组织实施退出方案或风险规避方案。

（五）退出策略

投资与收藏是截然不同的目标，缺乏流动性始终是艺术品投资的主要障碍。很多基金都会利用多种方式实现艺术品的退出。

一是开展外部销售。卖出以实现增值是最普遍的方式，具体包括拍卖行拍卖、美术馆收藏、公共收藏、画廊代销和基金间交易等。

二是开展内部拍卖，即首先满足基金投资人自身的需求。由于基金下的艺术品通常也符合投资人的收藏偏好和艺术理解，因此，低交易成本的内部拍卖也是有效的退出方式。

三是交易所上市。由于投资窗口刚刚打开，市场容量还非常小，因此艺术品上市后期往往能够获得较高的溢价。

五、艺术品投资基金案例：龙藏1号艺术品投资基金募集计划

（一）基金内容

中科智文化产业投资管理公司（以下简称"中科智文化投资"）拟发起设立一只规模为1.5亿元人民币的艺术品投资保本基金。该基金是目前中国基金市场上规模较大的艺术品基金，旨在通过投资艺术品市场，做当代艺术品投资市场的做市商，获得资本增值，赚取超额利润，使信托投资人获利。

（二）基金的募集

基金以中科智文化投资签约的50~100位极具潜质但尚未出名或小有名气的当代中青年画家（以油画作品为主）、艺术家、剧作家的作品为投资标的资产；最少认购

1 份，每份额度为 100 万元人民币；基金的发起人将在确认 8 000 万元人民币认购额后创立基金。

（三）基金存续期限

基本存续期限 3 年，可顺延期限 2 年。

（四）基金的资本增值策略

基金有以下几种增值策略：

（1）基金为签约的中青年画家和艺术家提供作品拍卖通道和市场定价机会，通过分享超过拍出作品建仓价的利润，实现基金的资本增值。

（2）基金通过向电影、电视剧等制作方出售优秀签约剧作家作品的方式，获取剧本版权，分享超过剧本建仓价的收益，从而实现基金的资本增值。

（五）基金的建仓策略

基金有以下主要建仓策略：

（1）由各大拍卖公司通过画廊选择基金签约艺术家作品，并与画廊和艺术家本人商定收购价格，先行收购艺术家作品。

（2）基金通过与这些拍卖公司议价，收购所选标的艺术品。

（3）基金建仓价公开、透明。

（六）基金管理运营

1. 投资管理人/发起人

中科智文化投资负责选择投资标的，协助信托公司发行信托计划，并协调提供投资标的的价值实现通道。

2. 信托管理人

信托公司负责发行信托。

3. 专业管理人

北京华辰拍卖有限公司（以下简称"华辰拍卖"）负责基金投资标的的专业鉴定和保管，并提供拍卖通道。

4. 市场运营人

高石联合投资负责市场营运，为基金的投资标的的提供博物馆收藏和展示渠道。

5. 战略合作人

金陵书画院和南京书画院负责资源配置，为基金推荐符合投资要求的艺术家。

6. 本息担保人

中科智担保集团为基金提供本息担保。

（七）信托费用

1. 信托资产管理费用（通道费用）

信托公司每年收取基金资本额度的 2% 作为信托通道费用，该笔费用每年末支付。

2. 信托基金份额的认购费用

信托投资人在认购信托时，需一次性缴纳 1.5% 的申购费，该笔费用在基金成立时暂由中科智文化投资垫付，在基金清算时由信托财产支付。

3. 基金资产（艺术品）托管费用

基金每年向专业管理人（华辰拍卖）支付 0.3% 的标的资产保管费用，该笔费用由中科智文化投资代垫，在基金清算时由信托财产向中科智文化投资支付。

4. 基金资产（艺术品）保险费用

基金每年向保险公司支付 0.2% 的艺术品保险费用，该笔费用由中科智文化投资代垫，在基金清算时由信托财产向文化公司支付。

5. 基金资金托管费用

基金每年向资产托管银行支付 0.1% 的资金托管费用，该笔费用由信托公司代垫，在基金清算时由信托财产向信托公司支付。

6. 担保费用

基金向中科智担保集团每年支付 1% 的担保费，该笔费用从基金年收益中直接扣除。

（八）收益分配

1. 信托基金基本存续期限内（3 年）

（1）本息保证。信托投资人享有本息担保，即在信托基金年收益率小于收益分配日的 3 年期同期存款基准利率时，信托投资人获得本金以及按照收益分配日实施的 3 年期同期存款基准利率计算的利息。

（2）优先受益。信托投资人为信托基金的优先受益人，享有基金在收益分配日实施的"3 年期同期存款基准利率+6%"的收益。

（3）超额分成。基金年回报率超过收益分配日的"3 年期同期存款基准利率+6%"的超额收益部分，由信托投资人与中科智文化投资以 3∶7 的比例分享。

2. 信托基金顺延期限内（2 年）

（1）本息保证。信托投资人享有本息担保，即在信托基金年收益率小于收益分配日的 2 年期同期存款基准利率时，信托投资人获得本金以及按照收益分配日实施的 2 年期同期存款基准利率计算的利息。

（2）优先受益。信托投资人为信托基金的优先受益人，享有基金在达到年优先回报基点（收益分配日的"2 年期同期存款基准利率+8%"）之前的所有收益。

（3）超额分成。基金年回报率超过收益分配日的 2 年期同期存款基准利率+8% 的超额收益部分，由信托投资人与中科智文化投资以 3∶7 的比例分享。

3. 信托基金提前分红

在收益覆盖投资人 3 年利息的前提下，基金提前分红一次。基金一次性全额向投资人支付 3 年的基本利息部分，即：投资金额×3 年期同期存款利率×3。

4. 信托基金清算付息

信托基金清算时一次性归还本息并分配信托投资人收益（中科智文化投资的股东分红比例参照投资比例进行）。

（九）风险控制

1. 投资标的多样化

在投资艺术品的同时，基金投资剧本版权市场这样的中长线，通过稳定的剧本版权收益来分散艺术品市场的波动风险。

2. 本息担保

中科智担保集团对信托基金提供本息担保，确保信托投资人本金的安全。

3. 建仓价透明

基金通过拍卖公司收购标的艺术品，建仓价公开、透明。

4. 专业的投资顾问

华辰拍卖和高石联合投资拥有艺术品鉴定、估值能力的专业团队来进行真假鉴定、估值、保管工作，从根本上保证了对投资品出价的配对合理，有效地解决了信托标的保管和安全问题。

5. 信托公司监督

信托公司派代表担任中科智文化投资的独立董事，对中科智文化投资的运营进行监督。

6. 完善、领先的定价体系

基金在定价体系中除应用艺术家的专业度、艺术品市场成交量/价等传统指标外，创新性地引入艺术家作品换手率来测算艺术家作品的流通性，进而长期追踪艺术家作品的生命力。

（十）退出机制

信托计划在基金的基本存续期限（3 年）到期时，通过第三方审计报告做一次性清算调整，信托投资人有权选择退出或在与基金管理人一致同意下，顺延信托计划2 年。

信托基金期满时，由基金财产清算组统一接管基金财产，对基金财产进行审计，并对基金剩余财产进行分配，分配方式参照基金存续阶段的收益分配原则。

（十一）基金清算

信托计划清算包括对现金的清算和对存货（艺术品）的处置。信托计划中存货的处置条款包括：①存货（艺术品）将以招标形式打包卖出，打包定价由拍卖行设定（起拍价），每流标一次拍卖价自动下浮 10%。②信托组织仅对信托投资人开放的预拍卖会，拍卖库存艺术品之后，未拍出的艺术品将进行公开拍卖。③设立"新"艺术品投资信托基金，买下"旧"基金的资产包。

第三节　动产信托

一、动产信托的含义和意义

（一）动产信托的含义

动产信托，也称设备信托，是由设备的所有者（多为设备的生产商）作为委托人，将设备委托给信托机构，同时将设备的所有权转移给受托人，后者再将设备出租或以分期付款的方式出售给购买企业的一种信托方式。设备信托是一种以管理和处理动产为目的的信托，在本质上起到了融资的作用。

（二）动产信托的意义

动产信托的主要目的，是对动产设备以信托方式进行积极的管理和处理，为设备的生产和购买企业提供长期资金融通。动产信托业务对设备生产商与用户都有较大的好处：

1. 从设备生产商角度来看

（1）扩大销售。在客户资金不足的情况下，动产信托可以采用分期付款的方式扩大客户对动产设备的需求，让企业能更多地销售产品。

（2）降低成本。在动产信托业务中，信托公司可以代委托人办理延期收款等事务，从而减轻了厂家自己销售的负担。

（3）及时收回资金。企业可以通过在市场上出售"信托受益权证书"（见动产信托的种类），尽早收回动产的款项。

2. 从用户的角度来看

（1）减少一次性投资。在动产信托中，用户可以通过交纳租金或分期付款的形式，取得设备的使用权甚至所有权，缓解因自有资金不足而无法购买设备的困难。

（2）还款方式灵活。用户可以选择多种方式，如交纳租金或分期付款的形式来偿还货款，还款期限也较长，一般可达5~10年。

（3）增加收益。利用动产信托，可以节省通过借款和发行债券筹资而取得设备的利息成本，并达到同样的效果。这是因为有些国家规定，用户分期付款的利息和费用可以作亏损处理，免税。另外，用户也能利用设备投产后的收益、折旧费用等资金来源有计划地偿还货款。

二、动产信托的特点

（一）动产信托的主体

动产信托一般涉及设备用户、生产单位、信托机构与社会投资者等主体。其中，生产单位是委托人和最初的受益人，生产单位为了更好地销售产品，将设备委托给信托机构进行管理与处理，同时，它又得到一定的证券，可以在市场上进行转让，获得收益；信托机构是受托人，负有妥善管理与处分设备、为受益人谋利的义务；设备用户作为承租人，需定期地支付租金；社会投资者是第二位受益人，通过购买相关有价证券从中获得投资收益。

（二）动产信托的客体

动产信托的客体即动产信托的标的物，一般是价格昂贵、企业无力一次购买的商品，如大型电子计算机、火车、飞机、炼钢厂的主要设备等。日本东洋信托银行的《业务种类及方法》一书中所规定的动产主要有两类：第一类是车辆及其他运输用设备，具体包括车辆、船舶、汽车、海上运输用集装箱；第二类是机械用设备，如电子计算机、建筑机械、机床、电梯、药品机械和停车场设备等。

（三）动产信托与其他业务的比较

1. 动产信托与租赁的区别

动产信托与租赁都涉及设备的出租业务，但两者存在较大区别，具体表现在以下几个方面：

（1）当事人及其关系不同，动产信托作为一种信托业务，至少涉及委托人、受托人与受益人，而且关系到诸多分散的社会投资者，是一种多边的经济关系；而租赁关系相对简单，一般只涉及出租人与承租人。

（2）动产的最终归属不同，动产信托的信托财产在信托结束时一般归最终用户，而租赁业务中的设备资产一般要归还租赁公司。

（3）租金交纳的方式不同，动产信托中的租金交纳方式十分灵活，可以由用户与受托人协商，在信托合同中加以约定；而租赁业务中的租金一般是固定的，要每期交纳。

2. 动产信托与抵押贷款的区别

（1）目的不同。动产信托的目的是借助信托机构实现动产的出租或出售，而抵押贷款的目的是通过抵押设备取得资金，债务人实际上并不想把设备转让出去。

（2）产权转移不同。动产信托一旦成立，受托人即取得设备资产法律上的所有权，它有权按照信托合同对设备进行管理与处分；而抵押贷款的设备只是作为一种担保，仅在借款人不偿还银行贷款时银行才能获得设备的产权，对设备进行拍卖，以补偿自己的本息。

（3）财产管理方式不同。动产信托的信托财产具有物上代位性，其形态在信托期间可以发生变化；而抵押贷款的设备在抵押期间要保持财产原有的形态，银行不得改变其形态。

三、动产信托的种类

（一）根据所运用的信托财产不同进行分类

根据所运用的信托财产的不同，动产信托可分为如下两种类型。

1. 车辆及运输设备信托

车辆及运输设备是动产信托中运用较多的财产，具体又可分为车辆信托、船舶信托、汽车信托等。在这些信托中，最早运用的是铁路车辆信托，其目的是铁路公司利用信托形式来购买车辆，一般的做法是铁路公司在 10~15 年内分期付款交纳租金，到期时车辆归铁路公司所有。后来造船企业通过船舶信托的方式来销售船舶，及时收回资金。目前，船舶信托已成为动产信托最主要的业务。

2. 机械设备信托

机械设备主要包括建筑机械、机床、医疗器械与计算机等可以独立使用、单位价值相对较高的设备，其中计算机信托已成为动产信托中的第二大种类。

（二）根据对动产处理方法不同进行分类

按照对动产的不同处理方法，动产信托可分为管理方式的动产信托、处理方式的动产信托和管理处理方式的动产信托三种类型。

1. 管理方式的动产信托

管理方式的动产信托也称出租型动产信托，是指信托公司接受委托人的信托，将动产出租给用户的业务，所获得的收入作为信托收益交给受益人。在信托期间，用户只获得设备的使用权，到期时信托财产交还给委托人。

2. 处理方式的动产信托

处理方式的动产信托也称为即时处分型动产信托，它是指信托机构接受委托人的委托，以分期付款的方式完成动产的出售。

3. 管理处理方式的动产信托

管理处理方式的动产信托则结合前面两种形式，是一种先出租再出售的做法。信托机构接受委托后，不仅要在信托期间管理设备的出租，还要在信托到期时将动产的所有权转给客户，这是动产信托中最基本也最具普遍意义的形式。

根据融资方式不同，管理处理方式动产信托又可分为以下两种方式。

（1）出让信托受益权证书方式。受益权证书是一种由信托机构根据设备厂商转移的信托财产开立的有价证券，持有者可以在金融市场上转让，到期可凭此证书要求信托机构偿还本金并支付利息。

在出让受益权证书方式的动产信托中，信托机构在接受委托人的动产设备后，签发信托受益权证书给厂商，后者通过在市场上将信托受益权证书出售给社会投资者从而收回货款。

（2）发行信托证券方式。信托证券是由信托机构向社会投资者发行的一种有价证券，筹措的资金用于支付生产厂商的货款。

在发行信托证券方式的动产信托中，信托机构直接向社会公众发行信托证券筹集资金，先支付生产厂商的货款，再通过定期收回租金的方式向社会投资者支付证券的本息。与出让信托受益权证书方式相比较，这种方式可以免去生产厂商在市场上寻找社会投资者的麻烦，可以更快地实现货款的回笼。

复习思考题

1. 什么是矿产能源信托？其产品要素有哪些？如何控制风险？

2. 什么是 PE？PE 的风险有哪些？

3. 什么是艺术品市场？其运营策略是什么？

4. 什么是动产信托？动产信托有什么特点？有哪些类型？

第六章

我国的分级基金
及英国的分割资本信托

 学习要点

　　我国分级基金迅猛发展，已经引起众多投资者的重视。分级基金，在英国称作分割资本信托，在美国即是一种结构化的信托产品。结构化信托产品在 2008 年前后的美国次贷危机中扮演了重要角色。分割资本信托在英国也曾爆发危机。英国的分割资本信托与美国次贷危机中的结构化信托产品的信托机制是一样的。为此，本章介绍了英国分割信托危机的成因，并从道德、公司治理和声誉的角度予以考察，以供我国金融监管机构借鉴。分级基金是我国国内的对应产品，鉴于金融危机的巨大破坏力，我们也予以介绍。

第一节　我国分级基金的发展

与英国分割资本信托类似，我国分级基金最初也是作为一种杠杆型封闭式基金出现的。自 2007 年国内第一只分级基金——国投瑞银分级证券投资基金发行上市以来，国内分级基金经过十多年的发展，已经在资金募集、分级结构、运作方式等方面取得重大突破。

一、国内分级基金简介

（一）国内分级基金的概念

国内分级基金的分级结构较英国分割资本信托略为简单，但基本要素是一致的。英国分割资本信托的许多分级结构对投资者具有很大的吸引力，如零息优先份额。格莱尔（2001）的研究表明，分级结构本身能够提升基金的市场价值，这可以理解为投资者多样化需求被满足后其愿意支付更高的溢价。

分级基金（structured fund）又称"结构化基金"，是指在一个投资组合下，通过对基金收益或净资产的分解，形成两级或多级风险收益差异化的基金品种。它的主要特点是将基金产品分为两类或多类，并分别给予不同的收益分配方式。分级基金各个子基金的净值与份额占比的乘积之和等于母基金的净值。

假设某基金产品拆分为两类份额 A 和 B，那么，

$$母基金净值 = A 类子基金净值 \times A 份额占比 + B 类子基金净值 \times B 份额占比$$

如果母基金不进行拆分，它本身就是一个普通的基金。

（二）我国分组基金的运作模式

我国的分级基金主要为融资型，也称股债模式，分为优先级份额（A 类份额）和劣后级份额（B 类份额）两类基金子份额。

一个简单的分级基金设计如下：在基金分级运作期初设置有两个重要参数：阈值

（类似于期权条款中的"执行价"）和定期折算日（类似于期权条款中的"到期日"）。在定期折算日，如果基金净值高于阈值，则A份额获得本金和约定的利息收入，剩余收益全部归B份额所有；如果基金净值低于阈值，则B份额一无所有，剩余收益全部归A份额，同时A份额也有损失本金的风险。所以，B份额类似一份看涨期权，可获得杠杆化的超额收益。

（三）我国分级基金的分类

按分级模式，我国分级基金主要分为"双高"分级模式、"转债"分级模式和"股债"分级模式。

1. "双高"分级模式

该模式挂钩一定权益类资产表现的风险性。以瑞和沪深300指数分级基金为例，其母基金单位净值达到1.10元为阈值，处于1.00~1.10元时，瑞和小康份额取得80%的收益，瑞和远见份额取得20%的收益；当母基金位单位净值高于1.10元以上时，瑞和小康份额获取20%的收益，瑞和远见份额获取80%的收益；当母基金单位净值低于1.00元时，两类子份额均无杠杆体现，净值变动幅度与母基金一致。

2. "转债"分级模式

该模式优先份额的风险收益特征与可转换债券的性质较为类似。以兴全合润分级基金为例，在产品运作期内，当基金份额净值高于0.50元但小于1.21元时，A类份额获得期初1元净值水平，B类份额获得剩余收益或承担相应损失；当母基金份额净值水平高于1.21元之后，两类子份额享有与母基金份额同等的净值增长率；当母基金份额净值水平小于等于0.50元时，则产品触发提前清算。

3. "股债"分级模式

该模式结合了两种不同风险承受能力的投资者：优先级份额投资者风险承受能力较低，期望获取稳定收益；劣后级份额投资者风险承受能力相对较高，期望通过杠杆投资在承受一定风险的情况下获取超额收益。"股债"分级模式通过对母基金风险和收益的分割较好地满足了这两类投资者的需求。

分级基金的模式与特点详见表6-1。

表 6-1　分级基金的模式与特点

分级模式	子基金类型	子基金特点	分拆比例、初始份额杠杆
融资型分级（股债分级）	约定收益 A 类	有约定收益、定期折算分红	股票型一般 A：B 比例为 50：50（B 类 2 倍初始杠杆）或 40：60（B 类 1.67 倍杠杆），债券型 A：B 比例为 70：30（B 类 3.33 倍初始杠杆）
	杠杆份额 B 类	当净值小于或大于某数值时不定期折算，大部分没有定期折算	
多空型分级（蝶式分级）	杠杆份额 B 类	有定期折算（每 3 个月到 1 年），当净值小于或大于某数值有不定期折算	主要为指数型。B：C 比例为 2：1（B 类初始杠杆 2 倍，B≤0.3 元或 B≥2 元不定期折算；C 类初始杠杆 −1 倍）或 3：1（B 类初始杠杆 2 倍，B≤0.3 或 B≥1.5 元不定期折算；C 类初始杠杆 −2 倍）
	反向杠杆 C 类	有定期折算（每 3 个月到 1 年）和不定期折算，与母基金涨跌成反比	

不同分级基金的杠杆及净值计算公式如下：

（1）融资型分级：

份额杠杆=（A 份额份数+B 份额份数）÷B 份额份数

净值杠杆=（母基金净值÷B 份额净值）×份额杠杆

价格杠杆=（母基金净值÷B 份额价格）×份额杠杆

（2）多空型分级：

份额杠杆=约定系数（如 2 倍、−1 倍、−2 倍等）

净值杠杆=（母基金净值÷B 份额净值）×份额杠杆

价格杠杆=（母基金净值÷B 份额价格）×份额杠杆

（3）指数型母基金实时净值：

指数型母基金实时净值=母基金昨日净值×（1 + 所跟踪指数涨跌幅）×仓位

融资杠杆 B 类实时净值=（母基金实时净值−A 类净值×A 类占比）÷B 类占比

多空分级 B 类实时净值=1+（母基金实时净值−1）×份额杠杆

二、金融创新要适度监管

金融创新必定伴随着风险，其中，道德风险尤其需要关注。以制度规避为目的的金融创新使道德风险失去了有效的控制机制。

金融创新通常意味着金融风险的转移，国内分级基金所谓的高风险份额和低风险份额正是此意。如果众多投资者都对此有着理性认识，金融市场将保持稳定。作为一种高杠杆工具，分级基金的发展需要引起投资者、基金公司、监管层的审慎考量。

复杂的分级结构和银行负债是分割资本信托风险不断累积的重要因素。然而，分级结构本身并不必然促成分割资本信托危机。因此，我们仍然要鼓励国内分级基金的进一步创新，但是这种创新一定是在风险可控和审慎的原则下进行的。出于保护中小投资者利益的目的，我国分级基金份额的风险收益特性应当易于掌握。相比英国分割资本信托，国内契约型基金一般都不能把银行贷款纳入其资本结构，这降低了国内分级基金的杠杆化程度，也使国内分级基金份额的安全边际相对较高。

三、避免误导性销售

在英国分割资本信托的零息优先份额发展过程中，其风险特性被不断看低，各个参与者都没有充分意识到零息优先份额所蕴含的风险。在大规模的银行负债被纳入分割资本信托资本结构以后，零息优先份额并不具有其表面所夸耀的那种低风险和确定收益。这种误导销售源自基金公司对利润最大化的追逐，导致投资者对零息优先份额盲目信任。

鉴于我国投资者群体的实际情况，误导销售所带来的后果可能较发达国家更为严重。目前，国内分级基金的招募说明书对一般投资者来说仍然晦涩难懂，特别是对杠杆率的变动趋势等重要信息的披露仍不充分。另外，羊群效应和过度自信普遍存在于证券投资者群体中。分级基金的杠杆特性使它非常适合作为追逐单边上涨或下跌市场的工具，虽然满足了投资者的差异化需求，但也使该工具具有较大的投机性质。这就要求投资者对该类产品具有更加完备的认识，且有必要清晰了解自身的风险承受能力。

误导销售本质是一种欺诈，销售者需要承担法律责任。2007年次贷危机中，由于向投资者误导销售，最终在投资者发起诉讼时，高盛以高额的赔偿与投资者达成和解。

四、监管机制的完善

英国分割资本信托危机的爆发，源自其信息披露的不完善、广泛的交叉持有和分级结构的复杂化，其中，前两者最为显著。信息披露的不完善使投资者难以认识到各个级别份额真实的风险收益特性。广泛存在的交叉持有问题则使整个分割资本信托网络牵一发而动全身，从而诱发分割信托基金业内的系统性风险。

有效的市场监管需要完善的信息披露机制。国内基金管理公司需要对分级基金的持有组合等重要信息进行披露，避免类似英国分割资本信托因为交叉持有而造成的真实资产组合不明的现象，从而避免对投资者的误导。大范围的交叉持有问题是导致英国分割资本信托危机爆发的重要原因，虽然国内分级基金暂时不存在类似问题，但是困扰我国基金业的内幕交易、老鼠仓和利益输送等问题依然值得警惕。

金融监管不仅能够维持正常的金融秩序，还能够提升公众信心，从而推动金融业的持续发展。因此，对我国分级基金而言，有效的金融监管既要纠正其发展过程中的失误和缺陷，也要促使其朝着有利于金融创新深化和金融市场稳定的方向发展。

五、我国证券交易所上市的分级基金的特点

我国证券交易所上市的分级基金有以下主要特点：

（1）分级基金是一种构成技术，凡是能够形成基金的，就可构成对应的分级基金。

（2）分级基金可以是由概念板块、行业板块、区域板块、指数、风格等形成。

（3）每种分级基金各有特色，适应不同的情形。如果选择得好，在一定条件下，某种分级基金的收益会显著高于其他基金。

（4）分级基金在控制杠杆的基础上能够满足人们的风险偏好，从而有较好的发展空间。

第二节　分级基金的定价模型与风险度量

一、两种类型求偿权的信托的价值

分级基金将最终的投资组合收益分成两部分：一是债券型的固定收益，二是股票型的风险性收益。我国的分级基金类似于英国的分割资本信托。假设最终投资组合的

收益为 St，可分成两部分：一部分是收入型的恒定收入 50，另一部分为股本型的风险收入 $St-50$。

（一）投资组合模型的未来价值计算

假设每年投资组合都是以预定的方式只涨或者只跌，U 是涨幅，D 是跌幅，虽然不知道下一步是涨还是跌，4 年后资产组合有 5 个可能的价值，如图 6-1 所示。当然，这个计算投资组合价值的模型是理想型的，若让它符合现实，应该增加计算涨跌幅的频率。

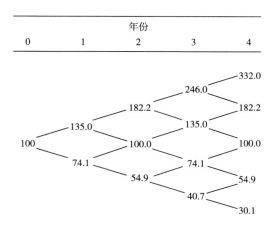

图 6-1 投资组合未来可能的价格分析树

图 6-1 中的数据演绎依据是：每年价格或者上涨 30%，或者维持不变，或者下跌 30%。以第 1 年的数据 135.0 与 74.1 为例，有以下计算：

第一年　135=100×exp（0.3/1）　　0.3/1 意味着 1 年内，价格上涨 30%；

　　　　74.1=100×exp（−0.3/1）　　−0.3/1 意味着 1 年内，价格下跌 30%。

第二年　182.2=135×exp（0.3/1）　　100=135×exp（−0.3/1）　　54.9=74.1×exp（−0.3/1）

第三年　246=182.2×exp（0.3/1）　　135=182.2×exp（−0.3/1）　　74.1=100×exp（−0.3/1）

　　　　40.7=54.9×exp（−0.3/1）

第四年　332=246×exp（0.3/1）　　182.2=246×exp（−0.3/1）　　100=135×exp（−0.3/1）

　　　　54.9=74.1×exp（−0.3/1）　　30.1=40.7×exp（−0.3/1）

（二）到期日分割债券的支付

到期日信托产品投资组合的收益及支付数据见表 6-2。

表 6-2　到期日信托产品投资组合的收益分配

到期日信托产品 投资组合收益	支　付	
	优先求偿权	剩余求偿权
332.0	50.0	282.0
182.2	50.0	132.2
100.0	50.0	50.0
54.9	50.0	4.9
30.1	30.1	0.0

表 6-2 第一列为 4 年后资产组合的 5 个可能的价值，在分配收益时先支付优先求偿权，剩下的收益为剩余求偿权。剩余求偿权的计算方法为：用第四年的投资组合收益，减去优先求偿权的固定收益 50。当投资收益不够优先求偿权分配时，剩余求偿权的收益为零；同时，优先求偿也承担了损失。以表 6-2 中最后一行为例，收益仅为 30.1，不够偿还优先求偿权，优先求偿权遭受了 19.9 的损失。它即是图 6-2 右下角的看跌期权的价值，其意义为优先求偿权持有者在第 0 年以 50 将看跌期权卖给剩余求偿权持有者。若产品连续多年下跌，在第四年的价值为 30.1，那么卖出方（优先求偿权持有者）得到 19.9 的收益。

（三）看跌期权的价值

如图 6-2 所示，债券到期后，从收入优先型信托来看，如果每次都跌，那么最终只会收获 30.1，比原来的 50 少了 19.9。在第 0 年，优先求偿权持有者若要维持第 4 年的固定收入 50，就需在第 0 年卖出看跌期权给剩余求偿权持有者。现在已知第 4 年的期权价值是 19.9，求第 3 年乃至第 0 年的期权价值。

图 6-2 中期权价值 19.9、11.2、6.3、3.6、2.0 分别计算如下：

1. 第 3 年看跌期权的价值

要从第 4 年的看跌期权价值倒推第 3 年的看跌期权价值，需要知道第 3 年价格上升和下降的概率，以求得第 4 年看跌期权的期望价值。这需要根据无风险收益率来计算。

根据投资组合第 4 年的价值计算，第 4 年预期价值 = 40.7×（1+无风险收益率 5%-股份分红比例 6%）= 40.3。式中 6% 的分红由剩余求偿权持有者获得。这样一来，第 3 年最差情况的投资组合收益为 40.7，到了第 4 年产生了无风险投资收益 40.3。

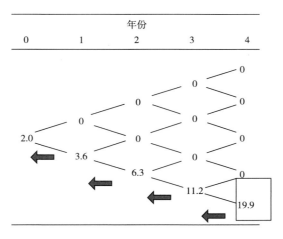

图 6-2　对应的看跌期权每年的价格

假设投资组合上涨概率为 P_3，第四年的预期价值 40.3 应该等于用概率计算的价值的期望值，即 $P_3 \times 54.9 + (1-P_3) \times 30.1 = 40.3$，求出 $P_3 = 0.41$，即第三年价格上涨概率为 41%。第 4 年看跌期权的价值为 $0 \times 0.41 + 19.9 \times (1-0.41) = 11.74$。将第 4 年看跌期权的期望价值[①]按 5% 折现到第 3 年，即 $11.74 \div (1+5\%) = 11.2$。11.2 即图 6-2 中第 3 年看跌期权的价值。

注：此处看跌期权的价值是倒推的。

2. 第 2 年看跌期权的价值

根据第 2 年的价格计算第 3 年的无风险收益为

$$54.9 \times (1+5\%-6\%) = 54.35$$

设 P_2 为价格上升的概率，则有

$$74.1 \times P_2 + (1-P_2) \times 40.7 = 54.35$$

得 $P_2 = 40.87\%$。

第 3 年的看跌期权期望价值为 $0 \times P_2 + 11.2 \times (1-P_2) = 6.62$，倒推第 2 年的期权价值为

$$6.62 \div (1+5\%) = 6.3$$

----

① 看跌期权的期望价值，是以不同情形的发生概率为权重对期权价值的几种情形进行加权混合计算得出的结果。参考概率统计理论上的专业名词期望。

3. 再倒推第 1 年看跌期权的价值

根据第 1 年的价格算第 2 年的无风险收益为

$$74.1 \times (1+5\%-6\%) = 73.36$$

设 P_1 为第 1 年到第 2 年价格上升的概率，则有

$$100 \times P_1 + (1 - P_1) \times 54.9 = 73.36$$

得 $P_1 = 40.93\%$。

第 2 年看跌期权的期望价值为 $0 \times P_1 + 6.3 \times (1-P_1) = 3.72$，倒推第 1 年看跌期权的贴现价值为

$$3.72 \div (1+5\%) = 3.6$$

4. 第 0 年看跌期权价值

根据第 1 年的价格计算第 2 年的无风险收益为 $100 \times (1+5\%-6\%) = 99$。设 P_0 为第 0 年到第 1 年价格上升的概率，则有 $135 \times P_2 + (1 - P_0) \times 74.1 = 99$，得 $P_0 = 40.89\%$。第 1 年看跌期权的期望价值为 $0 \times P_2 + 3.6 \times (1-P_2) = 2.09$，倒推第 0 年看跌期权的贴现价值为 $2.09 \div (1+5\%) = 2.0$。

（四）具有看跌期权的 0 期优先求偿权的价值

具有看跌期权的 0 期优先求偿权的价值见表 6-3。

表 6-3　具有看跌期权的 0 期优先求偿权的价值

价值要素	
以无风险利率折算的现值	41.1
看跌期权现值	2.0
以股票分红率折算的现值	39.2
分红收益率	6.30%
减去无风险利率后的收益率	1.30%

其中：

(1)
$$41.1 = \frac{50}{(1 + 5\%)^4}$$

(2)
$$39.2 = \frac{50}{(1 + 6.3\%)^4}$$

(3)
$$6.3\% - 5\% = 1.3\%$$

（五）剩余求偿权的价值分析

用同样的方法可以算出剩余求偿权对应价值的现值，如图6-3所示。

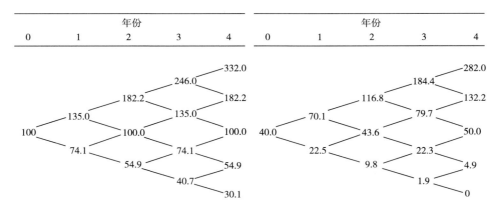

图6-3　剩余求偿权的价值分析图

计算过程如下：

第3年最好情况：

$246 \times (1 + 5\% - 6\%) = 332 \times P + 182.2 \times (1 - P)$，得$P = 41\%$。

$M \times (1 + 5\%) = 282 \times P + 132.2 \times (1 - P)$，得$M = 184.4$。

第3年次好情况：

$135 \times (1 + 5\% - 6\%) = 182.2 \times P + 100 \times (1 - P)$，得$P = 41\%$。

$M \times (1 + 5\%) = 132.2 \times P + 50 \times (1 - P)$，得$M = 79.7$。

第3年再次好情况：

$74.1 \times (1 + 5\% - 6\%) = 100 \times P + 54.9 \times (1 - P)$，得$P = 41\%$。

$M \times (1 + 5\%) = 50 \times P + 4.9 \times (1 - P)$，得$M = 22.3$。

第3年最坏情况：

$40.7 \times (1 + 5\% - 6\%) = 54.9 \times P + 30.1 \times (1 - P)$，得$P = 41\%$。

$M \times (1 + 5\%) = 4.9 \times P + 0 \times (1 - P)$，得$M = 1.9$。

第2年最好情况：

$182.2 \times (1 + 5\% - 6\%) = 246 \times P + 135 \times (1 - P)$，得$P = 41\%$。

$M \times (1 + 5\%) = 184.4 \times P + 79.7 \times (1 - P)$，得$M = 116.8$。

第2年次好情况：

$100 \times (1 + 5\% - 6\%) = 135 \times P + 74.1 \times (1 - P)$，得 $P = 41\%$。

$M \times (1 + 5\%) = 79.7 \times P + 22.3 \times (1 - P)$，得 $M = 43.6$。

第 2 年最坏情况：

$54.9 \times (1 + 5\% - 6\%) = 74.1 \times P + 40.7 \times (1 - P)$，得 $P = 41\%$。

$M \times (1 + 5\%) = 22.3 \times P + 1.9 \times (1 - P)$，得 $M = 9.8$。

第 1 年最好情况：

$135 \times (1 + 5\% - 6\%) = 182.2 \times P + 100 \times (1 - P)$，得 $P = 41\%$。

$M \times (1 + 5\%) = 116.8 \times P + 43.6 \times (1 - P)$，得 $M = 70.1$。

第 1 年最坏情况：

$74.1 \times (1 + 5\% - 6\%) = 100 \times P + 54.9 \times (1 - P)$，得 $P = 41\%$。

$M \times (1 + 5\%) = 43.6 \times P + 9.8 \times (1 - P)$，得 $M = 22.5$。

第 0 年：

$100 \times (1 + 5\% - 6\%) = 135 \times P + 74.1 \times (1 - P)$，得 $P = 41\%$。

$M \times (1 + 5\%) = 70.1 \times P + 22.5 \times (1 - P)$，得 $M = 40$。

依据图 6-3，我们可以计算出第 0 年的分割资本信托投资收益的分解情况，详见表 6-4。

表 6-4　具有优先求偿权信托的价值分析

待分解因素	价值
股本型收益	55.6
剩余求偿权现值	40.0
红利现金流现值	15.6
优先求偿权现值	39.2
分割资本信托总价值	94.8

使用适用于剩余求偿权的估值方法可算出预期股息流的现值是 15.6 元，加上资本本金 40 元，共计 55.6 元，为股本型收益。再加上债券收入型的价值 39.2 元，即 94.8 元，为分割资本信托在第 0 年的总价值。

二、英国分割资本信托的风险分析

英国分割资本信托的繁荣周期早在 1888—1989 年、1927—1928 年、1972 年和 1993—1994 年都出现过。那么，2001 年的危机有哪些特点呢？

（一）影响分割资本信托风险的主要因素

1. 资产组合的属性

资产组合有自己的特征和风险。在对资产组合进行积极管理时，这些特征和风险会不断变化。分割资本信托的投资者通常并不知道组合的全部属性，但可以基于由信托公司提供的年报和中期报告，产生大概的想法。资产组合的成分多种多样，如全球平衡投资组合（global balanced portfolio）、英国公司债券和股票（UK corporate bonds and equity）、美国私募股权（US private equity）。每一种资产类别的风险都不同，在所有其他条件相同的情况下，多元化程度高的分割资本信托的回报波动性更低。

2. 资本结构

分割资本信托的资本结构决定了到期时的资产分配。在整个信托生命周期，资本结构也影响着贷款或收入型股票的红利。在其他条件不变的情况下，更高比例的银行贷款或债务将导致收益分配向股份类回报倾斜。贷款契约可能包括了一旦特定事件出现，信托全部资产可能被银行出售，从而使得份额持有者永远失去获得本金的机会。交叉持股是交叉所有权网络中相互投资部分资产，分割信托的风险很难说得清楚。更高的交叉持股比例通常会加大风险，降低风险的透明度和易理解性。债务和交叉持股的相互作用对收益的波动性有着特别显著的影响。

3. 其他影响因素

（1）费用结构的影响。费用，包括利息成本、行政和管理成本、董事费用以及任何业务活动产生的费用，可以与总资产成比例，也可以部分固定。

（2）经济信心和全球政治结构的稳定性，以及通货膨胀、利率、经济增长水平和投资者对这些经济指标的预期，这都是相关的风险因素。

（3）流动性。流动性差和股票市场的长期下跌导致了一些贷款契约的违约，这些违约又往往导致被迫出售、分割资本信托资产，从而导致更深的下跌。缺乏足够流动性导致了分割资本信托业务的崩溃。然而，一些人不同意这一观点，他们认为，缺乏流动性是因为报价被人为抬高了。

（二）计量信托风险程度的比例指标

1. 零息份额的资产覆盖率、最低报酬率和总赎回收益率

（1）资产覆盖率（asset cover）。资产覆盖率是总资产减去优先级资本除以赎回日支付预定赎回零息份额所需资产的比率。分析师在计算时会从总资产中减掉管理费和利息。

（2）最低报酬率（hurdle rate）。它是支付给全额赎回零息份额所需的总资产的年增长率，通常把管理费成本也考虑进去。

（3）总赎回收益率（gross redemption yield）。它是假定全部零息份额均持有到期时的内部增长率。

2. 收益份额的资产覆盖率、最低报酬率和净赎回收益率（net redemption yield，NRY）

净赎回收益率与总资产增长率有关，度量了扣除所得税后的收益型份额的年回报比率。

3. 普通股份额的最低报酬率、消除率（wipe-out rate）和杠杆率

计算普通股份额的价值通常采用净现值折扣法（discount to NAV）。消除率是最低回报率的变种，用来衡量导致清盘时没有资本支付的总资产减少的年化比率。

标准误指标不再是一个衡量份额风险的指标，因为标准误等指标只适用于对称分布的情形，当负债出现时，相应份额的回报不再对称。

表6-5是假设两年后清算、利率和管理费为零时的简化情形时的计算结果，见表6-5。

表6-5　假想分割资本信托的属性

指　标	无杠杆	有杠杆
总资产	100	100
负债	0	50
最终零息份额清偿	80	30
覆盖率	1.25	1.67
最低报酬率（%）	−10.56	−10.56
消除率	−100.00	−29.29

注：覆盖率、最低报酬率和消除率是计算结果，总资产、总负债和最终清偿的零息份额是已知数据。

第三节　英国分割资本信托

一、英国分割资本信托简介

（一）分割资本信托的概念

分割资本信托是拥有一个以上主要股本类别、提供收益权和股权（对应收益份额与股本份额）的投资公司或投资信托公司。它旨在同时匹配不同类型潜在投资者的风险、收入和税收优惠。它通常被设计为在将来某个日期结束，期限大多数为 7 ~ 10 年。

英国分割资本信托是一种典型的杠杆型封闭式基金，它经历了从萌芽到繁荣再到危机的完整历程。由于能够满足投资者多样化的需求，英国分割资本信托在 20 世纪 90 年代极度繁荣。然而，因为投资者对分割资本信托的风险缺乏认识，英国分割资本信托在 20 世纪末期逐渐泡沫化，并于 2002 年左右破灭。

英国的分割资本信托在美国被称为结构化信托产品，在 2008 年美国的次贷危机中扮演了重要角色。以次级债为实际资产内容的离岸信托产品（即一种结构化信托产品），如果其实际损失超过了其劣后级资本的总额，则会爆发结构化信托产品危机。因为其实际损失侵蚀了其被定义为 AAA 级别产品的投资者的资本（如保险产品、养老基金等），从而引发危机。

（二）英国分割资本信托中的细分结构

英国的封闭式基金主要是以投资信托公司的形式运行，分为传统型信托和分割资本信托两类。除贷款以外，传统型信托通常只发行同一类型的普通份额募集资金，而分割资本信托通过发行两种或两种以上不同级别的份额来募集资金，并给予不同级别的份额以不同的权益安排。英国封闭式基金与分割资本信托的比较详见表 6-6。

表 6-6　英国封闭式基金与分割资本信托的比较

金融商品名称		募集资金的来源			
封闭基金		同一种份额			
分割资本信托	传统分级结构	收入型份额	股本型份额	—	—
	准分级结构	零息优先型份额	普通收入型份额	—	—
	更复杂的结构	零息优先型份额	收入型份额	股本型份额	银行贷款

1. 传统分级结构

采用传统分级结构的分割资本信托一般把基金份额分为收入型份额和股本型份额两类。收入型份额被赋予两种权益：第一，投资者可以在持有到期后对份额进行变现，以获得合同预设的资本增值收益；第二，投资者有权利获得全部或部分股息等收入性收益。显然，收入型份额能够满足那些对现金收入有特别偏好的投资者。由于收入型份额具有较为确定的收益和期限预期，持有者承担的风险也相对较低，收入型份额被认为适合那些需要高投资回报的投资者。大多数收入型份额在信托结束时都有权获得资本偿还，但有些更像年金，资本偿还很少。

股本型份额获得的则是资本增值收益，持有人获得很少收入或无收入，但在收入型份额赎回后，股本型份额有权在清算时获得剩余资产。因此，股本型份额获得的是杠杆回报，这取决于清算日资产的增长。它是一种高风险的份额，会吸引寻求潜在强劲资本收益的高税率纳税人。

2. 准分级结构

自 20 世纪 80 年代后期开始，准分级结构开始被广泛采用，一直到 20 世纪 90 年代。1988 年，英国第一个准分级结构产品发行。这种分级结构将基金份额划分为零息优先型份额和普通收入型份额两种。

零息优先型份额是指持有者在到期后可以优先获得合同预设的一定的资本增值收益，类似于零息债券。投资者可免缴收入所得税，这对部分私人投资者具有一定而吸引力。他们在未来某个时间点需要一个固定的金额，并且能够使用他们的年度免税额来避免缴纳资本利得税。如果在不同的时间点需要资金，可以创建一个适当的零息优先型份额的投资组合。零息优先型份额适用于诸如学费计划和退休计划之类的事情。投资者可以通过组合不同期限的零息优先型份额来构造特定的现金期限组合，这对许多大型机构投资者有较大吸引力。

普通收入型份额使投资者能够获得股息等收入性收益，而且可以在零息优先型份额得到清偿后获得基金剩余资产。普通收入型份额没有经营期间的收益权，在信托清算时的优先权也是最低的。但它对总资产变化的反应是成倍的，具有投机属性。一些信托的创立者成为普通收入型份额的持有者，如果分割资本信托的杠杆足够高的话，在形势有利的时候甚至可以获得几百倍的收益。在形势不利的时候，普通收入型份额可能全部亏损。

3. 其他更激进分级结构的分割资本信托

到 20 世纪 90 年代，英国市场上出现的分割资本信托开始采用更加复杂的分级结构，主要是将传统分级和准分级结构的份额融合起来。例如，在没有借款的情况下，有一种产品将份额分为三类：零息优先型份额、收入型份额和股本型份额。清盘时，零息优先型份额首先得到偿还，收入型份额排在之后，最后是股本型份额。

这些复杂的结构开始在基金资本结构中纳入银行贷款等资金来源，同时，在具体份额的权益安排方面，广泛借鉴了期权和可转债等衍生产品的设计方法等。在繁荣的市场中，复杂的分级结构使分割资本信托对许多投资者更有吸引力。基金管理公司及其经纪人、投资顾问追求收费也是创建这些工具的主要驱动力之一，相关公司变得非常有利可图。但是，产品的复杂性使得在产品上市前对其进行充分的"压力测试"变得几乎不可能。用于评估传统分割信托风险的风险统计数据只会带来危险的误导，外界也并不容易获得足够的信息。因此，人们普遍缺乏对其所涉风险的正确了解，包括私人投资者及其顾问都普遍忽视了投资于这种杠杆化的分割资本信托产品的风险。

二、英国分割资本信托的发展

英国分割资本信托的发展主要受到人们避税动机、规避封闭式基金高折价和追求杠杆效应的影响。市场上的投资者存在不同的风险收益偏好，所以对不同份额采取差异化的权益安排能够满足不同投资者的需求。

（一）英国金融法案（1965）与分割资本信托

1965 年，英国金融法案生效，这个法案使针对收入所得与资本利得的边际税率出现显著区别（Adams，2004），所得税税率大幅上升，两者的差别曾达到 59%。因此，投资者对收入所得和资本利得进行区分的需求变得更加强烈，而分割资本信托的分级结构可以解决这个问题。比如，面临较低的收入所得税率且具有较低的风险承受能力，这些投资者会偏好收入型份额。那些具有较高收入水平、面临着较高边际收入所得税率的投资者则更加偏好股本型份额。这种避税优势使分割资本信托在 20 世纪 70 年代的英国取得了长足发展。

（二）封闭式基金高折价与分割资本信托

20 世纪 80 年代后期，一系列法案使收入所得和资本利得的税率差别逐渐收窄。虽然 20 世 80 年代以来全球资本市场不断走强，传统封闭式基金却面临着令人困惑的平均高达 20% 的高折价问题，这就降低了投资者对封闭式基金的兴趣。在这一阶段，许多投资信托公司开始尝试应用分级结构来增强它们的资本结构，认为分级将有助于收窄甚至消除封闭式基金的折价幅度。

（三）杠杆效应与分割资本信托

封闭式基金具有许多独特的优点，包括更有效的资产管理、对交易性需求的满足和能够提供杠杆收益的机会。分割资本信托通过分级使一些份额具有高杠杆特性，在单边趋势中使用这种工具的确能够为投资者带来超额收益。因此，20 世纪 80 年代全球范围内的牛市来临之后，投资者对这种杠杆型封闭式基金的需求逐渐升温。分割资本信托规模在 20 世纪 90 年代不断攀升，总共有超过 100 只分割资本信托诞生（Adams，2004）。

三、英国分割资本信托危机的成因

对分割资本信托本身来说，分级结构的复杂性提高了对公司内部治理和信息披露的要求，同时也要求发行者和投资者对风险收益进行更加谨慎的评估。

危机发生的主要原因有激进的资本结构、广泛的交叉持有、不完整的信息披露等。

（一）激进的资本结构

1999 年末，新设立的分割资本信托平均保持有 45% 的银行负债，而被杠杆化（主要是指资本结构中包含银行贷款）的零息优先型份额占到该份额总量的 78%。

在传统情况下，零息优先型份额被认为风险较小，因为其背后的资产不具有杠杆性。从资本结构上讲，零息优先型份额是具有优先要求权的。但是在引入银行贷款以后，市场暂时性的下跌就足以摧毁其安全边际，因为银行可以提前要求偿付、要求重组资产或者停止分红。例如，一只分割资本信托由于市场走弱而引发临时违约，其引致的贷款提前偿付会导致其杠杆水平下降，从而使其资产状况在市场反弹时也难以恢复到之前的水平，这种资产的萎缩必然首先传导给零息优先型份额。

为了创造更具有吸引力的份额，以及追求更高的管理费，分割资本信托的风险不断累积，进一步的创新持续进行，比如无限期份额、三层甚至更多的分级结构等。同时，基金资产组合的波动性也随着高科技概念的风靡而增强。

（二）广泛的交叉持有

21 世纪初，分割资本信托业内存在的交叉持有问题非常严重。为解决自身发行的收入型份额的分红问题，分割资本信托开始大量持有其他分割资本信托发行的收入型份额，这就是交叉持有问题。

杠杆化的分割资本信托投资于其他分割资本信托会产生巨大的内生风险，某些份额价格的轻微下跌可能会通过交叉持有渠道得到自我加强，从而引发其他分割资本信托相应份额的大范围下跌。事实上，小范围分割资本信托削减收入型份额分红的计划，可能会因为交叉持有效应而诱发普遍性的分红削减。因为基金在资产组合中持有其他分割资本信托的份额，这又将引起基金自身净值的显著下跌。

"金融服务监管局（FSA）正在寻找经理们互相购买彼此的份额以支撑价格的证据。如果情况属实，经理们可能违反了市场滥用的新监管规定，可能面临罚款甚至市场禁入的处罚。"媒体评论英国财政部特别调查委员会听证会主要表明了三个问题：一是信托公司互相买卖它们的份额来推高价格，但反过来支撑了管理的资产规模以及管理费用；二是通常这些设计分割信托的公司没有正确认识到提高杠杆增大了风险；三是 FSA 的监管仍然不到位。

交叉持有问题不仅会导致危机的自我恶性加强，而且会诱发业内的关联交易、利益输送等问题。英国投资信托协会称，分割资本信托中存在信托发起人、发行人和管理人可疑的串谋，即通过交叉持有份额以支持新信托的顺利发行（HCTC，2003a）。

（三）不完整的信息披露

20 世纪 90 年代，英国监管机构对分割资本信托的信息披露要求存在缺陷，包括对风险和费率的披露等。作为杠杆型基金，分割资本信托在引入贷款后对相关贷款条款缺少披露，而不透明的贷款条款必将影响投资者对其他各级份额定价的准确性，以及对发行方清偿能力的估计。

另外，由于交叉持有问题广泛存在，上市规则中要求披露的基金持仓资产并不能反映分割资本信托的真实资产组合，这将会对投资者产生误导。有效的证券市场要求具备完整性和充足的信息披露，这种完整性和充足度不仅是对上市公司的要求，也是对包括基金公司等所有市场参与者的要求，是有效市场监管的必然要求。

四、英国分割资本信托危机的经验教训

英国分割资本信托危机在 2001 年末爆发，这导致了该国金融服务管理局（FSA）的一项重大调查和下议院财政部特别委员会（House of Treasury Select Committee）的一项调查，传唤了投资信托业的一些知名人士作为证人。

总结的经验教训有：①限制交叉持有；②在提交文档中表明风险因素；③增加资产组合的信息披露；④发布信托广告的时候，警告可能发生的新的商业风险；⑤提高董事会的独立性；⑥由于激进的资本结构在熊市的时候容易产生巨大损失，相应的熊市投资政策需要改变。

复习思考题

1. 什么是分割资本信托？它的分级结构有哪几种模式？
2. 英国分割资本信托危机的成因是什么？
3. 如何分析分割资本信托的风险？
4. 我国分级基金的发展现状如何？实行监管需要注意哪些问题？

第七章

养老金信托与养老基金

 学习要点

养老金信托是以养老金制度为基础设立的职工养老金计划，其本质是以信托方式持有的、由企业员工出资形成的基金。养老金信托的受托人可通过投资股票、债券、房地产或金融衍生品等方式进行运作。本章将介绍养老金信托的概念、分类、特征，养老金受托人的职责、条件，养老金信托的投资对象等内容。

国外的信托概念，也就是广义的信托，在我国的银行、证券、保险、基金中都有分布；狭义的信托只是信托机构中的业务。养老基金，从分业监管的角度，业务由证监会和银保监会监管。在我国进入老龄社会的背景下，养老基金的投资收益和风险控制是个重要问题，本章将从专业角度一并考察。

第一节　养老金信托概述

一、基本概念

（一）养老金的概念

养老金也称退休金、退休费，是一种最主要的社会养老保险待遇。国家有关文件规定，养老金是在劳动者年老或丧失劳动能力后，根据他们对社会所做的贡献和所具备的享受养老保险资格或退休条件，按月或一次性以货币形式支付的保险待遇，主要用于保障职工退休后的基本生活需要。养老金本着国家、集体、个人共同积累的原则运作，当人们年富力强时，创造财富的一部分被投资于养老金计划，以保证其老有所养。

2005—2015 年，尽管国家连续 11 年提高企业退休人员养老金水平，但养老金占工资比例连降数年。2015 年 6 月 29 日颁布的《基本养老保险基金投资管理办法》，是我国养老保险制度改革发展史上的一项重大突破，标志着数以万亿元计的基本养老保险基金有望成为中国资本市场上的新生力量。

（二）养老金融与养老信托

1. 养老金融

在整个金融链中，养老金融涉及社保资金的运作和管理，年金及类年金的管理，养老的财富管理，养老融资服务，养老保险、信托、基金、证券、支付结算和专项服务等。养老金融服务于老龄人群的保障、消费和投资需求，一是通过完善包括保险、基金在内的各类契约型储蓄机构、金融产品创新，为老龄人群的基本生活提供安全保障网；二是把促进当前消费与养老结合起来，基于商业信用进行养老金融创新；三是针对老年人特点，开发出更多的银发投资产品，提供更综合全面的财富管理服务。

2. 养老金融与养老信托

（1）养老金融是指围绕社会成员各种养老需求所进行的金融活动的总和，具体包括养老金金融、养老服务金融和养老产业金融三部分。

（2）养老信托是信托公司开展的养老金融业务。结合信托的功能和信托公司的实践，养老信托具体包括养老融资信托、养老投资信托、养老金信托、养老消费信托、养老公益信托、养老财产信托等多种形式。从当前市场情况来看，养老金信托较为常见。

3. 养老金信托产品与养老保险的最大区别就是要发挥信托计划设计的灵活性和投资领域广泛性的优势

根据受益人的养老目的，养老信托产品需设立一些特殊条款，如当受益人发生身故、重大疾病等事件时，委托人有权赎回信托计划相应份额，因此，信托计划资金需要在流动性和提高收益之间保持平衡。此外，根据委托人的需求特点，还可以在养老金信托中附加一些医疗保障功能。

4. 养老金信托产品与养老保险、养老储蓄的最大优势就是要提供高于它们的收益，因此，需要将大部分资金投资于收益较高的实体经济领域

该信托计划需以组合方式运用信托资金，而且需要事先确定组合运用的投资比例。养老金信托利益的分配和交付采取变额支付，即初期分配小，后期分配多，或采取年金支付方案。养老金信托的长期投资领域包括养老地产、商业地产、城市基础设施等。

（三）养老金信托

养老金信托是指养老保险经办机构将单位和个人按照有关法律、法规规定缴纳的养老保险费作为信托资产，交给信托公司管理和经营，职工退休后获益的一种信托形式。在养老金信托中，员工享有的利益取决于职业养老金计划的类型。

信托机构受托对企业的养老金进行管理，负责管理定期积累的养老金，并在雇员退休后以年金形式支付。养老金信托的本质特征是，由企业员工出资，形成一笔基金（通常包括上市的股票或者保险单），以信托的方式持有，以便在员工退休时为他们提供养老金。信托机构作为专业的理财部门，具有良好的管理经验，可确保养老基金的效益；养老金信托财产具有独立性，不受信托公司和委托人财务状况恶化甚至破产的影响，从而确保了养老基金的安全性。

养老金的信托管理主要涉及四大主体：养老保险经办机构是委托人，金融信托机构是受托人，职工是受益人，社会保险管理机构是监察人。委托人负责办理养老保险登记、保险费征缴、养老金发放等工作，受托人按照信托合同规定自主对受托保险基

金进行投资和管理，基金管理必须独立于信托机构自有资产、受益人及委托人其他账户，保证信托财产安全。监察人可以设计为社会保障基金理事会和证监会，社会保障基金理事会主要对养老基金管理准入资格进行监管，证监会主要对养老基金日常投资行为进行监管。

二、养老金信托的类型

（一）根据缴款或者收款是否固定金额划分

1. 收益既定型养老计划

不论基金绩效状况如何，养老金发起者保证受益人在退休后获得既定数量的养老金收益。此种形式的养老金计划对受托人风险更高，因此要求受托人更加谨慎地制定投资方针与策略。

2. 缴纳既定型养老计划

发起人定期向基金缴纳固定数额的资金，但最终受益取决于当期绩效，因此此类养老金计划中受托人的风险小于收益既定型。

（二）根据养老金金额确定的依据划分

1. 收入关联计划

收入关联计划也称最终薪金计划、利益确定计划，它按照受益人退休或离开企业时在企业工作时间的长短计算应得的养老金利益。收入关联计划一般有最低年数限制。

2. 货币购买计划

货币购买计划是根据员工和企业交纳的分摊款以及养老基金的投资报酬来决定企业员工能够获得的利益。

（三）根据缴纳人群是否退休确定相应的投资计划

对受益人为已经退休并开始领取养老金的客户，应选用持续稳定产生现金流的资产，如政府债券等，此类资产流动性强、风险低。对仍在工作的受益人，应追求更高收益，因此可选择收益性更高的产品，如地产以及股票等。

三、企业年金管理机构及养老信托产品运营

（一）企业年金管理机构

2012 年后，银行和信托纷纷进入养老金融市场，如信托公司的养老信托产品和银行的养老理财产品。社保资金托管、养老产业的融资服务、企业年金业务和养老金业务也是银行在养老金融领域的重要"战场"。

从中华人民共和国人力资源和社会保障部公布的企业年金管理机构名单看，绝大多数是基金公司、银行及保险资产管理公司，信托公司很少。2022 年 1 月目录中，受托人只有中信信托有限责任公司，账户管理机构只有华宝信托有限责任公司，托管机构全部是银行，投资管理机构主要是基金公司、保险公司和证券公司。

实际上，养老金业务很可能是信托公司诸多板块中的"鸡肋"。鉴于信托公司业务考核压力、养老金业务投资范围的限定以及监管部门对养老金管理机构资格的限定，信托公司要开展该项业务有一定难度。

（二）养老信托产品的运营

养老信托产品的具体结构可考虑如下两种模式：一是协同运作型。即某信托公司拟开展养老金信托，该类产品需持续发行，如每月一期或每季度一期。单期信托计划的发行额度可参照储备项目的融资额度，根据信托计划安排一定比例信托资金用于高流动性资产的投资。高流动性资产仅限于债券、存款等标准化金融资产，可委托给该信托公司设立的债券投资信托计划统一管理。信托计划的其他资金可以用于单一项目或组合项目的融资。该模式每期信托计划的成立都有相应的合格投资项目作为保障，债券等投资由专门的债券投资信托计划进行规模化管理，不足之处是每一期信托计划的收益和风险都高度依赖于所投资的单一项目，没有实现分散投资、分散风险要求。二是单独运作型。该方案每一期信托计划都单独运作，每个信托计划都开立债券投资账户安排一定比例资金投资于债券市场，以实现信托所需要的流动性要求，其余资金投资于合格投资项目，以获取稳健收益。该方案每个信托计划都独立运作，独立核算，便于对每个信托计划的风险和收益进行单独核算和考核，但是每个信托计划都需要安排债券投资，在每个信托计划规模不大的情况下，不利于实现大规模投资的规模经济。而且，当流动性需求突然超预期出现时，单一的信托计划难以满足所有的流动性需求。

补充概念：养老消费信托

委托人将资金交付给信托公司成立养老产业投资基金，资金按一定比例（如40：60）分别投资于金融资产和养老综合社区，养老产业投资基金与养老房地产开发公司等共同出资成立养老综合社区项目公司，项目公司全部资产用于建设养老综合社区。

养老综合社区除提供养老服务外，还可延伸至医疗服务机构、休闲健身会所、观光餐饮服务机构、酒店等综合配套服务设施和机构。项目公司拥有综合服务社区的全部物业产权和管理权，委托人通过信托计划间接持有养老综合服务社区的股权，以持有信托受益权而间接享有相关权益。项目公司负责养老综合社区所有物业的建设、运营和管理。需要指出的是，养老综合社区自设计建设初期，项目公司即与专业养老管理机构、医疗管理集团、酒店管理集团、旅游观光管理集团、养老物业管理公司等协调合作，共同设计医疗保健机构、酒店、旅游观光设施，并负责聘请相关专业机构进行相关功能区和物业的管理。养老综合社区采取市场化运营，养老消费者可以现金支付养老服务，受益人还可以用受益权支付养老社区各项消费。

第二节　国内外养老制度的演变

一、日本养老制度的演变

日本人口老龄化问题突出，其养老基金管理制度对我国有颇多可借鉴之处。下面我们将以日本为例，详细介绍日本的公共养老基金制度。

日本的公共养老基金由个人、企业、机构和政府分担的养老保险费组成，该基金的投资收益可以看作是日本公共养老制度的"储蓄库"。随着日本人口老龄化问题的日益严重和公共养老制度的普及，日本的公共养老基金规模越来越大，已成为世界上最大的公共养老基金，是日本的一项非常重要的金融资产。

（一）日本公共养老基金的投资策略和机构运营模式的发展与转变

2001 年，由厚生劳动大臣决定，以被动投资为主，以国内债券为主要投资产品。

2006 年，设立专门的"日本政府养老投资基金（GPIF）"，其决策在得到厚生劳动大臣认可后可执行，仍以被动投资为主，主要投资产品依然是国内债券。

2013 年，调整 GPIF 投资组合各项资产配置比例，引入"共同投资机制"，创立新指数。

2014 年，允许投资证券市场、与物价关联的国债和另类投资领域，调整投资组合比例。

2015 年，选定高收益债券、新兴市场债券的委托投资机构。

日本的养老基金管理模式经过一系列的发展与转变，已经形成相对独立的运营模式。日本政府养老投资基金（government pension investment fund，GPIF）作为专业专门的养老基金管理机构，根据日本厚生劳动省的要求制定出每年的投资计划，以确保养老基金的投资收益。截至 2015 年末，GPIF 所管理的养老基金已经成为全球最大规模的养老基金，相当于日本当年 GDP 的 1/4，高达 139.82 万亿日元。

（二）2018 年日本 GPIF 的投资策略

2018 年，日本 GPIF 设定的基本投资组合为：国内债券 35%＋国内股票 25%＋国外债券 15%＋国外股票 25%，各项资产的投资比例可以在一定幅度内上下浮动。GPIF 管理的养老基金约有 70%委托给专门的投资机构进行投资运作，其投资方式以被动投资为主，主动投资的比例较小。GPIF 一直在寻找更多优秀的投资经理、研究更多出色的投资手法，以进一步提高养老基金投资的超额收益率。

二、我国养老制度的改革

（一）养老金制度目标的"三元悖论"

从理论上讲，养老金体系改革通常包括全覆盖、充足性和可持续三大目标。但是，全覆盖、充足性和可持续三个目标之间存在着相互制约、此消彼长的关系，三个目标最多只能同时满足两个目标。世界各国养老金制度改革的实践经验表明，建立多支柱的养老金体系，通过多种制度的组合是实现养老金体系三元目标的有效路径。中国现有养老金体系实质上表现为单一现收现付制模式，面临着充足性差和可持续风险大的困境，亟须在借鉴国际经验的基础上，完善符合中国实际中的多支柱养老金体系。

（二）养老金改革的主要措施

1. 基本养老保险基金从省级统筹向全国统筹转变

2020 年底，所有省份均启动实施养老保险基金省级统收统支，全国统筹相关准备工作稳步推进。省级统筹模式，意味着各级政府对养老保险统筹账户基金分散管理。同时，在省级养老保险统筹模式下，地方政府采取灵活变通的方式以维护本地区的利益，如降低工资基数和缴费比例。近年来人口老龄化的加速造成了养老保险制度的赡养负担加重，地区之间人口流动造成了地方养老负担不均衡，疫情下的减税降费也加剧了养老保险基金的收支压力，解决这些问题都要求尽快推进职工养老保险全国统筹。

加快实现职工养老保险全国统筹，需要针对地区分割统筹下各自为政、责任不清、转移不畅、负担失衡等弊端，坚持统一政策，实行基金统收统支。全国统筹的难点是中央与地方的责任分担机制，要通过合理的责任划分来规避地方的道德风险。2020 年 2 月 14 日，《企业职工基本养老保险全国统筹改革方案》经中央全面深化改革委员会会议审议通过，坚持公平统一、权责一致、循序渐进的原则，推动养老保险全国统筹制度更加公平、更可持续，全面建成覆盖全民、城乡统筹、权责清晰、保障适度、可持续的多层次社会保障体系。

2. 发展第二、第三层次的养老金制度

第二、第三支柱分别是以单位、个人为主导，由国家提供税收优惠等支持，采取基金积累制的职业养老金（occupational pension）、个人养老金（individual pension）。由于职业养老金和个人养老金多以个人账户形式存在，也称为私人养老金（private pension）。我国在 1997 年建立基本养老金制度（企业职工养老保险）的基础上，2004 年建立了企业年金，2015 年建立了职业年金；2018 年 5 月的个人税收递延型商业养老保险试点，效果不明显，税收激励作用不够；2022 年 11 月个人养老金账户改革。横向结构改革方面，中国在 2009 年和 2011 年分别针对农村居民和城镇居民建立了养老保险，并于 2014 年进行了整合，2015 年为机关事业单位职工建立了养老保险。2015 年将第二层次养老金的覆盖范围从企业职工扩大到机关事业单位职工。

2022 年 11 月由人力资源和社会保障部、财政部、国家税务总局、银保监会、证监会联合印发的《个人养老金实施办法》规定，个人养老金实行个人账户制，缴费完全由参加人个人承担，每年每人可享受 1 万元免税资金注入个人养老金账户。个人在银行开设唯一的个人养老金账户，可自主选择购买符合规定的银行投资产品；之后，可以在证券公司、保险公司等开设投资账户，自主选择购买符合规定的证券或保险类产品。个人养老金实行完全积累，享受税收优惠。现在的主要瓶颈是投资回报率，因为现有的金融投资产品回报率偏低。

2022 年 4 月 21 日，国务院办公厅印发《关于推动个人养老金发展的意见》（国办发〔2022〕7 号）（下称《意见》），宣告了我国基本养老保险、企业（职业）年金、个人养老金三级的养老金制度基本确立。《意见》指出，个人养老金实行个人账户制度，账户具有唯一性。参加人可以用缴纳的个人养老金在符合规定的金融机构或者其依法合规委托的销售渠道购买金融产品，并承担相应的风险。

3. 延迟退休制度

权衡各方因素，制定可行的退休制度，也是各国关于养老制度改革的办法。

 拓展故事：新西兰的养老金制度

新西兰的养老基金制度规定，无论是新西兰本国公民，还是有永久居留权的外国人，只要年龄满 65 岁，在新西兰住满 10 年，就有资格申领养老金。新西兰实行的是人人平等的养老基金制度，不管你退休前是做什么的，不管你给这个国家做没做过贡献，不管你有多少资产，不管你有多少负债，一视同仁。即使是新西兰总理，到了 65 岁退休后，也和一辈子没干过任何工作的流浪汉领一样多的养老金。新西兰的养老金条例规定，养老金的金额不能低于社会平均工资的 65%。尽管一些老人团体普遍认为目前养老金数额相对于社会平均工资偏低，但由于看病不用花钱，乘坐公交车、火车、轮渡都不用花钱，这些钱足以保证老人吃饭、旅游，过有质量的生活。

第三节 养老基金投资的管理

一、投资监管——由数量限制监管向审慎人规则转变

（一）投资原则

1. 安全性原则

安全第一，是养老基金投资的首要原则。养老基金投资安全，包括本金安全、投资收益波动小等要求。本金安全是养老基金投资安全的"底线"。政府部门要实行从制度建设到机构准入再到投资过程全流程的严密监管。投资管理机构要严格遵循保本投资策略，严格遵守投资法律法规，严格执行投资风险管理制度，严密监测市场动态和投资表现，确保投资安全。

2. 收益性原则

在投资安全基础上追求适当的投资收益，这是养老基金投资的基本风险收益目标。养老基金投资的根本目的，就是充分实现基金的保值增值功能。养老基金的长期投资收益率原则上必须超越通货膨胀率、银行存款利率、国债利率等收益率指标。为保证养老基金投资获得适当的、良好的收益，政府要不断完善养老基金投资管理制度，不断扩大投资范围、优化资产配置比例，使投资"有利可图"。

3. 长期性原则

长期投资是养老基金投资的天然特征和本质要求，也是养老基金投资的独特优势之一。基于长期性原则，养老基金的投资管理合同、投资管理策略和投资管理绩效评价都应该"从长计议"，可以较大比例地投资于合格的具有较高投资收益的长期投资工具，包括权益类投资工具，以更好地采取长期投资策略和价值投资策略。养老基金投资不能因为追逐短期利益而实行"追涨杀跌""跟风投资""羊群效应"的非理性投资。

（二）养老基金投资监管——审慎人规则与数量限制监管

1. 审慎人规则

审慎人规则来自信托法，是英美等发达国家资产管理业的一项重要法律制度。该规则通常不直接对投资管理人的资产配置做限定，但要求其在投资管理过程中像对待自己财产一样小心谨慎。随着这些国家将养老保险基金交由信托投资公司运营管理，审慎人规则也自然被引入养老保险基金投资监管之中。具体来讲，养老基金审慎人规则是指监管者对养老保险基金的投资比例和投资类别不做具体要求，而由投资管理者按照审慎人规则进行管理的一种监管模式。

（1）规则的实施。一是通过养老保险基金投资管理人等机构执行审慎人经营规则，加强内部的风险控制。二是通过监管主体监督审慎人规则执行的情况，评估并及时进行风险预警和控制。目前采用审慎人规则模式的主要是美国、英国、澳大利亚等英美法系国家。

（2）特点。第一，从整体角度来判定一个投资是否符合"审慎"要求，而不是对单个投资的比例和类别的限制。第二，通过对投资管理人投资决策过程进行测试，以确定投资决策是否"审慎"地考虑了各种因素。第三，对养老保险基金投资的内部控制有关信息要有更为严格的信息披露要求，以促使投资管理人更加充分地进行信息披露，提高其运作的透明度，同时注重投资管理人的诚信义务。第四，允许投资管理人在坚持多样化的前提下，实行投资的自由选择。

2. 数量限制监管

数量限制监管比审慎监管更容易检测和核实，这样会降低监管机构的监管成本。数量限制监管，是指监管者对养老保险基金投资到特定资产的数量和比例的直接限制。实行数量限制监管的国家，通常会对高信用风险或低流动性的投资产品进行限制，如股票、风险投资、不动产，同样也限定海外资产，甚至在其回报率很高的情况下也是如此，目的是确保足够的资产组合而控制操作风险和投资风险，以保障参保人的利益。数量限制监管能够通过充分的资产多样化，确保受益人免受不能偿付的风险，抵御同类型的风险如流动性风险。对于固定缴费养老保险基金来说，政府可以避免承担因不审慎投资所带来损失的责任。

3. 两种监管规则的对比

审慎人规则从总体上要优于数量限制监管，许多实行严格数量限制监管的国家正逐步过渡到审慎人规则，并引入风险导向监管措施，同时审慎人标准也日益提高。目前我国实行的是数量限制监管模式，对养老基金投资比例和资产组合进行严格限制。但随着我国更大规模的养老保险基金需要进行市场化运作和资本市场的发展，应该适度地放开数量限制，逐步引入审慎人规则模式。

二、投资管理模式现状——由正面清单向负面清单转变

（一） 正面清单管理中存在的问题

1. 与养老基金投资市场化目标相矛盾

正面清单也是"权力清单"，从正面角度对行政权力进行界定，体现的是"法无授权则禁止"，即依法行政。但在正面清单管理模式下，清单外事项需获得决策者同意，这既增加了养老基金投资人的审批成本，造成同质化竞争，还给监管权力的寻租留下了很大的空间，同时造成了投资人地位事实上的不平等和市场竞争的扭曲。

2. 政府将正面清单作为实现某种经济或产业目的的工具

在省级行政部门投资运营的背景下，基金投资的目标往往被扭曲，养老基金投资成为政府提高政绩的利器，政府管理部门忽视养老基金投资长期性的特点，通过对基金投资的干预盲目追求短期的高收益或短期项目来迎合社会舆论的"胃口"，加速达成某一阶段预期设定的经济发展目标，难以实现养老基金投资的长远布局；同时养老基金的金融属性使得政府忽视养老基金作为民众保命钱的重要作用，片面追求养老基金作为巨额资金进入市场后的作用，从而使得养老基金逐渐成为政府进行社会调控的工具。正面清单模式客观上配合了政府的社会投资行为，实际上背离了养老基金为被保险人利益而投资的目的。

3. 正面清单模式使得投资模式和理念僵化，难以实现养老基金在追求安全与效率间的平衡

产生这一问题的原因，主要是政府对负面清单适用的对象缺乏信任，未能充分认识负面清单模式的优势。在养老基金投资正面清单模式下，养老基金投资领域相对固定，投资方式有限，难以实现养老基金投资的动态安全。

（二） 负面清单管理的制度优势

负面清单列出不得投资的领域，对于立法未明确禁止的领域都可以投资，采用的

是"非禁即入"模式。在基于投资人的水平和操守达到一定程度后，实现负面清单以外领域的"自治最大化"，从而实现资源配置的最大效益。负面清单制度的构建，明确了政府和市场的关系，有助于明晰公权力界限，推进政府简政放权，实现政府的管理创新。

1. 负面清单的内容

负面清单的构建主体为国务院，是我国深化行政体制改革的重点。

负面清单的适用主体为全国社保基金理事会、行政主体或者具有行政职能的事业单位。依法行政的基本要求，决定了负面清单不得适用于市场化的投资主体，包括信托公司、基金公司等，而是由行政主体或具有行政职能的事业单位承担。

2. 制定分层次的标准

负面清单制定标准应根据具体情况进行分层次的划分，如明确投资风险的危险程度，分成红线、黄线和绿线等，即根据投资风险性、收益性和流动性的特点确立禁止投资范围和限制投资范围。

3. 限制部分高风险项目成为公共养老金投资的对象

相对正面清单而言，负面清单清除了部分领域的不当准入限制，使得不同身份的市场主体享有平等的市场准入机会。

4. 公平竞争

负面清单管理模式可以防止各省可能出现地方保护和全国社保基金理事会利用优势地位而进行自我逐利的行为。

三、美国、韩国与中国香港养老基金投资管理的比较

（一）美国401（K）计划、韩国NPS基金与中国香港的强制性公积金

1. 美国401（K）计划

"401（K）计划"来源于1978年美国《国内税收法》里的401条K项的规定：每个美国公民都有一个养老计划，员工在其工作单位每个月都强制性缴费，累积的费用交由专业的投资机构进行投资管理，机构提供多种不同的投资模式，员工可以根据自己的风险爱好自行选择投资模式。员工退休的时候，可以选择分期领取或者一次性领取养老款项。

2. 韩国国民养老金计划（NPS）

国民养老金计划（national pension scheme，NPS）开始于 1988 年，逐渐成为韩国主要的养老金计划。该计划采用的模式是现收现付制与预筹基金制相结合的部分积累制，覆盖范围从公司员工到全体国民，包括 18 岁以上 60 岁以下。国民养老基金计划实行的是全国统筹管理，由韩国卫生福利部作为国民养老基金的行政管理部门，国民年金基金管理中心负责市场投资运营。

3. 中国香港地区的强制性公积金计划（MPF）

《强制性公积金计划条例》于 2000 年底正式实施。根据香港的强制性公积金制度，每月雇主和雇员都强制性拿出一部分薪水缴纳公积金，并且存放在一个只属于雇员的专门独立的账户，该账户由经过市场竞争，符合资质条件、政府核准的私营金融机构进行市场化的投资管理。受托人、保管人、投资管理人均必须接受相关当局的严格监管。投资工具的选择范围包括高风险高收益的股票基金，以及较为稳健的保守基金、债券基金、保证基金、混合资产基金和货币市场其他基金。员工可自行选择账户的投资方式和投资比例。

（二）三种典型养老基金投资管理的比较

三种典型养老基金投资管理模式的比较详见表 7-1。

表 7-1　三种典型养老基金投资管理模式的比较

项目	美国	韩国	中国香港地区
管理类型	私人分散管理的完全市场型	政府集中管理的政府控制型	私人分散管理的完全市场型
筹资模式	缴费确定型	缴费确定型	缴费确定型
主要形式	401（k）计划	国民养老金计划（NPS）	强制性公积金计划（MPF）
实施时间	1978 年	1988 年	2000 年
缴费比例	低于 25%（雇主低于雇员）	9%（企业和雇员各 4.5%）	10%（雇员和雇主各 5%）
退休年龄	65 周岁	60 周岁	65 周岁
投资品种	货币市场、债券、混合基金、国内外股票	国内外股票或债券、另类投资	股票、期货、可转换债券、优质债券、基金、海外股票或债券

项目	美国	韩国	中国香港地区
收益率	8.90%	6.99%	5.10%
收益波动性	5.76%	3.67%	15.56%
主要监管机构	各金融监管机构、国内税务局和劳工部	韩国卫生福利部	香港强制性公积金计划管理局
政府管理成本	高	高	较低
法律依据	《国内税收法》	《国民年金法》	《强制性公积金计划条例》

第四节 养老基金风险管理

一、养老基金风险管理的国际比较

依据不同的标准可将养老基金风险进行不同的分类，如从养老基金运作过程来看，可分为投资风险、管理风险和给付风险；从金融角度来看，可分为市场风险、信用风险和流动性风险等；从内因和外因的角度来看，可分为内部风险和外部风险。

（一）发达国家养老基金的风险管理

1. 美国的公共养老金偿付能力风险管理

美国现行的公共养老金制度是以现收现付制为基础的。随着人口老龄化的加剧，养老基金将会收不抵支。20 世纪 80 年代初，里根总统指定成立"格林斯潘委员会"，专门研究美国公共养老金的财务问题并提出法律修正案。1983 年颁布的《社会保障法》修正案，对公共养老金制度做了重大修订，主要涉及社会保障税、所有联邦雇员必须参加公共养老金、自 21 世纪起延长退休年龄等。

2. 瑞典的养老基金投资风险管理

瑞典的养老金制度包括公共养老金、职业养老金和私人养老金三部分。公共养老金包括为中低收入的退休者提供基本保障的国家保证养老金和收入关联养老金，其中收入关联养老金包括名义账户确定缴费型养老金（NDC）和强制性的个人账户确定缴费型养老金（FDC）。职工的名义个人账户上是没钱的，因为他们所缴的税款都按现收现付的形式支付给退休人员了，所以才冠以"名义个人账户"之名。也就是说，瑞典的名义账户养老基金不能直接用于投资，能直接投资的是强制性个人账户养老基金。

3. 韩国的养老保险制度设计风险管理

韩国按 1988 年正式启用的养老基金规定，职员与雇主只需按月存入工资的 1.5%，当他们在 60 岁退休时每月便可领到退休前工资的 70%，但这是以经济增长率为两位数为前提。据韩国政府有关部门预计，养老体系自 2034 年起将开始出现亏损，到 2048 年资金将耗尽。为保证养老金财务的长期稳定运行，韩国的应对策略为：①将养老金的工资替代率，从原来的 70% 下调至 60%；②退休年龄从原来的 60 岁提高到 2013 年的 61 岁，以后每 5 年提高 1 岁，2033 年提高到 65 岁。

（二）国外养老基金风险管理对中国的启示

1. 适时延长退休年龄，实行弹性退休制度

弹性退休制度可以设置三档"退休年龄"：法定最早退休年龄、法定正常退休年龄、法定最迟退休年龄。这三档"退休年龄"需要考虑中国人口结构的变化情况、就业情况来综合确定。

2. 养老保险个人账户进入资本市场

随着我国股票市场的完善，股票市场长期向上趋势将得以确立，养老保险进入资本市场可以获得更高的收益。

二、养老保险收支不平衡的风险因素

（一）养老保险基金收不抵支

养老保险基金收支平衡，是指社会养老保险的缴费收入和发放支出在预期的目标期间内保持相等。养老保险基金收支平衡的风险，是指养老保险基金出现"收小于支"的可能性。当养老保险基金出现亏损，导致的后果或者是养老金不能按时发放，从而造成较大社会问题；或者是提高缴费率，从而使企业或缴费者背上重负，影响经济的发展；或者是政府通过转移支付解决，从而使财政背上重负。

（二）养老保险基金收支不平衡的风险因素

1. 替代率

替代率是指养老金相对于职工工资的水平。根据比较对象的不同，替代率可分为平均替代率和目标替代率。平均替代率是指全部退休职工的平均养老金收入相对于全部职工的平均工资收入的比率，是表示退休职工整体的养老金收入水平高低的指标。目标替代率是指单个职工退休后的养老金收入与退休前一年或数年工资的比率，是表示退休后收入相对于退休前收入水平高低的指标。替代率关系到养老保险基金的支出数额。替代率较高，养老金支出数额就大，势必缴费率较高，两者成递增关系。要减小替代率过高造成的养老保险基金收不抵支的风险，必须把替代率控制在合理水平。

2. 就业年龄和退休年龄

在人口年龄构成一定的条件下，就业年龄和退休年龄关系到在职职工群体和退休职工群体在全部职工总数中所占的比例。就业年龄越低或退休年龄越高，在职职工即养老金缴费者人数越多，缴费率必然低些；反之，缴费者人数减少，缴费率就高些。

3. 平均余命

退休职工的死亡年龄的平均水平，可以用平均余命来表示。退休职工的平均余命是指职工到达退休年龄退休后的平均存活年限。平均余命越长，退休职工被抚养的年限越长，养老金支出数额越大；平均余命越短，养老金支出数额越小。

4. 利率

利率越高，养老保险基金增值越快，越有利于养老保险基金收入的增加。利率对养老保险基金支出的影响取决于养老金计发办法。当退休职工养老金按职工个人账户养老金储存额的比例发放时，个人账户养老金数额与利率同向变动。

5. 工资增长率

无论是现收现付、部分积累模式，还是完全积累模式，职工平均工资增长率越高，缴费工资总额越大，养老保险基金缴费收入增加越快；工资增长率越低，则养老保险基金缴费收入的增加越慢。工资增长率对养老保险基金支出的影响取决于养老金计发办法。当退休职工养老金按职工平均工资比例发放时，退休职工养老金支出与职工工资同步增长。

提前退休生活的个人理财规划案例一[①]

郭先生，57岁，已婚，在一家科研单位工作，研究员，税后月工资32 000元。妻子杨女士，57岁，主任医师，退休返聘，税后收入16 000元。目前家庭存款300万元，基金60万元，股票少许，有车一辆，有住房136平方米。每月开销6 000元，无负债，孩子经济独立。由于夫妻双方工作都非常累，郭先生希望60岁以后，两人都放弃工作，享受生活，但两人都离岗后，每月退休金总和仅为15 000元。

家庭收支分析：郭先生家庭无负债，孩子经济上基本独立。在60岁退休前的家庭税后年收入共计57.6万元，家庭年支出共计7.2万元，家庭年结余50.4万元，净结余比例为87.5%。在60岁放弃工作后，家庭年收入18万元，支出7.2万元，家庭年结余10.8万元。在两人放弃工作后，每年的家庭结余将大幅下降，所以现在需要做一定的养老规划。除上述情况外，家庭还有存款300万元、基金60万元、股票少许、住宅一套。郭先生家庭目前有基金、股票等方面的投资，投资方式较为多样，但是产品的风险属性都偏高。

理财目标：怎么规划好未来养老问题？

1. 购买养老和重大疾病保险产品

郭先生家庭的收入来源主要是郭先生的工资收入，虽然孩子已经成年，家庭无负债，但是郭先生目前仍然是家庭经济支柱，一旦发生意外将会对家庭经济产生巨大的影响。考虑到目前郭先生家庭没有配置保险产品，所以建议其配置家庭总资产20%左右的商业性保险产品。根据郭先生的家庭生活状况，可配置一些针对养老和重大疾病的保险产品。

2. 购买一份年金类保险

因为其现有资金较为充裕，郭先生可以购买一份年金类保险。郭先生退休后，在每月领取相应退休金的同时，还可定期领取一笔养老年金作为补充，更好地提高退休后个人和家庭的生活质量。

---

① 理财案例：退休夫妻理财养老信托不宜买太多. http://finance.eastmoney.com/news/1344, 20140604389886486. html.

3. 指定受益人

在未来，我国可能会效仿很多发达国家出台遗产税、赠与税等税法，建议郭先生在投保时最好指定受益人，这样可以确保未来的家庭财产不被分割，防范未来发生不确定因素的风险。

 ## 提前退休生活的个人理财规划案例二①

乔先生61岁，是某大型国企的退休员工，退休后每月能领到近6 000元的退休金。老伴57岁，退休前在一家集体企业工作，每月可以领取养老金1 600元。两人育有一子，已成家，每年会给老两口大约2万元过节费。因此，二老的晚年生活并不窘迫，若无生病等意外情况，每月有4 000元左右的盈余。资产方面，乔先生夫妇有一套89平方米的两居室，市值约120万元；存款18万元左右，均是2年期定期存款。此前银行的存款利率多次下调，再考虑到CPI因素，乔先生觉得放在银行的钱难以达到增值的目的，所以考虑用来做点投资，一来让资产保值，二来增加些收入，以应对大病等意外情况。

财务分析：从乔先生夫妇的财务状况来看，理财师分析认为，两人每月可拿约76 00元的固定退休金，除去日常生活开销，在没有大病等意外情况下，每月有4 000元左右结余；儿子每年会给2万元的过节费；夫妇俩还有一定的资产（房产和存款）共计138万元，整体来看二老的退休生活还是较为富足的。

理财目标：（1）财富保值；（2）准备保命钱，应对大病。

有没有针对老年人的保险可以推荐呢？

1. 享受更精彩的退休生活

乔先生夫妇与儿子住在不同城市，不需要帮忙带小孩、做家务，时间上就比较自主。因此在生活享受上应转变以前保守的思路，学会让自己的退休生活过得更精彩。老年人退休后，便进入人生的财富享受期了，加上时间充裕，因此建议二老适当增加一些休闲娱乐方面的支出，比如出外旅游，学习唱歌、跳舞、书画和乐器等，丰富自己的老年生活。

---

① 嘉丰瑞德，理财案例：退休夫妇的养老金如何打理？[J]．金融经济，2016（4）．

2. 增加健身和医疗保健方面的支出

增强自身体质，降低疾病产生的概率。在老年人的保险配置方面，可以选择一些针对老年人的商业险种，比如老年人专属意外险，可预防骨折意外、关节脱位意外和交通意外等，但要说明的是，这类保险比普通的意外险要贵，保障的范围及保额也相对更低；另外还有重大疾病保险等，补充一些商业保险既可增加老两口的风险承受能力，又可以减轻子女的经济压力。

3. 准备保命钱，重在平日积累应对大病

乔先生夫妇未来在应对大病方面，除了配置重大疾病险外，准备保命钱是必须的。目前二老每月有 4 000 元左右的结余，可以每月定期定额存入银行；如果储备的资金多了，同时资金暂时闲置，可以先做些短期理财，比如 1 个月、3 个月和 6 个月的银行短期理财产品等，年收益率一般在 3%~4%，也能获得比存款更多的收益。

4. 投资应以稳妥收益为主

可以保留 5 万元银行定存，剩余的 13 万元资金可以配置国债、央行票据或固定收益类理财产品，每年获得 1 万元左右的收益，有助于财富保值增值，同时对提高生活质量也会有所帮助。

复习思考题

1. 养老金信托有哪些类型？

2. 简明阐述我国的养老制度。

3. 什么是负面清单的养老金投资管理？

4. 比较分析美国、韩国与中国香港的养老金投资管理。

5. 养老保险收支不平衡的风险因素有哪些？

6. 什么是养老金融？

7. 查阅资料，研究新西兰养老制度的可持续性是否有保障？有哪些保障？

第八章

专利信托

学习要点

　　掌握专利的基本概念、性质，以及专利质量评估的几个衡量指标。了解专利信托的含义和功能，以及我国专利信托制度存在的问题及解决对策。知道专利池的概念，以及基于合同、信托和公司的三种专利池的分类。掌握专利资产证券化的含义、特点、优势、存在的一般风险以及基本步骤，能够分析专利信托与专利资产证券化的异同点。了解美、日两国专利资产证券化的发展以及启示，了解我国专利资产证券化需克服的问题。

第一节　专利信托的基本知识

专利信托是依据信托财产的不同而划分的一种信托类型。顾名思义，专利信托就是以专利权为信托财产的信托。

一、什么是专利

（一）专利的概念

专利是受法律规范保护的发明创造，它是指一项发明创造向国家审批机关提出专利申请，经依法审查合格后向专利申请人授予的在规定时间内对该项发明创造享有的专有权。

1. 沉睡专利

沉睡专利，指专利权人已经依法取得专利权属证书并在专利权的保护期限之内的发明专利权和实用新型专利权，在专利权人积极寻求市场进行专利转化的前提下，仍无法转化或不能充分转化的专利。沉睡专利仅包括发明专利权和实用新型专利权，而不包括外观设计专利权。沉睡专利无法转化或不能充分转化，可分为客观不能实施和主观不实施两种。如果专利权人出于各种原因而不愿意实施其专利，则属于主观不实施的范畴。

为什么存在沉睡专利？一是由于技术和市场原因，厂商申请专利后并不会立即开发最终产品，由此就导致了"沉睡专利"的情况（Kitch，1977）[1]。二是垄断厂商通过"沉睡专利"，保护其核心专利进而获得更高的市场垄断利润（Gilbet and Newbery，1982）[2]，其目的不是利用，而是将其搁置起来以遏制竞争的发生。比如厂商通过申请多个相互关联的沉睡专利，可以增加总体专利保护的宽度。三是源于专利

---

[1]　KITCH，E. The Nature and Function of the Patent System［J］. Journal of Law and Economics，1977，20（2）：265-290.

[2]　GILBERT R J，DAVID M G Newbery. Preemptive Patenting and the Persistence of Monopoly［J］. The American Economic Review，1982 72（3）：514-526.

的资产专用性和互补性，对原专利深入开发不经济，或者难以获得互补专利以形成专利束，或制度激励不足（韩继坤，2008）[①]，客观上导致专利沉睡。

2. 阻碍专利

阻碍专利，即专利权人自己不运用也拒绝许可他人使用并阻碍其他专利使用。

3. 活跃专利

活跃专利，指处于积极开发状态的专利，即专利技术已转化，包括权利人自己实施、许可、信托或质押等。

（二）专利的性质

1. 从企业资产的角度来看

专利已经从获得市场垄断的法律保护手段转变为创造价值的工具，成为权利人的盈利工具和经营策略。

2. 从财产的角度来看

（1）专利具有资产专用性。具体内容包括：①专利具有比现有技术更高的生产效率；②专利需要专门化的投资；③专利不会产生收益，专利必须与其他互补性资产一起向市场提供商品或服务；④新专利可能使原专利使用方承担巨大的转换成本。

（2）专利缺乏流动性。由于专利的价值难以评估，专利的交易也往往局限于特定群体，因此相对于其他可交易资产，流动性不足。

二、专利信托

（一）专利信托的概念

专利信托是指专利权利人基于对受托人的信任，将其专利及其衍生权利委托给受托人，由受托人按委托人的意愿以自己的名义，为受益人的利益或者特定目的进行管理或者处分的法律关系。现代社会对专利的财产价值日益重视，权利人放弃对专利的直接支配，转而收取价金[②]或获取金钱融资，这种权利资本化的特点，使一切具有经济利益的专利及其衍生出的各种权利都可以成为信托财产。

---

① 韩继坤. 专利技术交易成本的制度经济学分析 [J]. 科研管理. 2008（5）：105，108，130.
② 价金：价款和酬金的统称。合同当事人一方向交付标的的另一方支付的以货币为表现形式的代价。在以给付物为标的的合同中，这种代价称为价款；在以劳务、智力成果为给付标的的合同中，这种代价称为酬金。

（二）专利信托的历史沿革

1. 使用权与价值权分离，专利逐渐成为一种金融资产

权利人通过专利许可或专利质押，可以实现专利债权化，获得现金流。利用信托灵活的制度设计，将债权与有价证券相结合，就可以实现专利资产的有效流通。

从更广阔的范围来理解专利信托，如在专利运用过程中，专利可以衍生出许多权利。对于专利衍生出来的债权或质押权，也可以设立信托。

（1）专利不仅仅是一种权利。从企业资产的角度，专利权利在很长时间内是作为打击侵权行为并维护市场垄断的一种手段。专利权人通过专利侵权诉讼，不仅可以获得巨额的专利损害赔偿费用，而且可以排除竞争对手达到独占市场的目的。然而，随着金融业的发展，越来越多的企业将专利视为一种金融资产，而不仅仅是一种权利。

（2）从金融资产的角度看，专利是可以或尚未实现的未来现金流的一系列权利。如果承认专利是金融资产，那么也应该承认专利在金融市场交易的安全性，华尔街的大部分基础设施也可以运用于专利资产。基于这种认识，美国公司越来越重视专利资产，更多的资源开始优先配置到专利的经营管理当中。专利实施许可网络、发明科学家和技术经纪人，已经构成世界专利买卖和许可的交易系统，专利资产管理的商业活动、买卖和许可专利的交易快速发展。

2. 专利逐渐成为信托资产

根据信托的特性，只有满足可转让性、确定性和现实性这三个条件的财产或权利，才可以作为信托财产。由此观察，专利、商标或版权，甚至未获专利的发明，都满足上述三个条件，因而可以作为信托财产设立信托。信托财产由最初的信托土地（trust estate）发展到信托资产（trust assets），再演变为可以为任何形式的信托财产（trust property）。作为交易对象的任何有价值的资产都可以视为财产。一些权力和利益转化为财产的原因，在于它们具有价值并且人们愿意购买。因此，现在所说的"财产"，应包括财产本身及其衍生的各种权利。总之，经过几百年的发展，专利信托成为一种可能。

（三）专利信托的功能

1. 权利转换功能

专利信托具有的首要功能是实现专利权的权利转换（conversion function），即专利权主体的转换和专利权性质的转换。

（1）权利主体的转换。专利或其衍生权利从专利权人手中转移到专门从事专利信托管理的受托人，从而使专利管理由内部管理转变为外部管理。企业管理专利的最终目的是获取商业利润，创造、保护和运用专利都只是一种手段，专利的商品化和产业化则是连接手段和目的的桥梁。一方面，专利权本身就是商品，可以像其他商品一样进行交易。另一方面，专利权可以被运用到生产过程中，内化为具有竞争优势的产品，将专利权的价值扩展到企业的经营活动中。专利信托实质上是一种财产转移与财产管理的制度设计，目的在于使享有专利的知识产品保值和增值。

（2）专利权性质的转移。大陆法系许多国家或地区已经开始将受益权证券化，出现了受益证券。受托人依信托合同约定，将受益人的受益权转换为受益证券，以促进受益权的流通，进而成为资产市场的投资商品。常用的一种专利信托是首先将具有资产专用性的专利转换为具有债权属性的许可费应收款，然后设立信托将债权转换为受益权，最后通过证券化的方式将受益权转换为有价证券（如图8-1所示）。通过一系列的权利转换，将不具流动性的专利转换为具有高度流动性的有价证券，在资本市场上自由交易。

图8-1 专利信托的权利转换功能

另外，专利权人也可以将专利作为财产出资换取公司股权，公司实现了将专利权转换为股权的功能，这是与图8-1不同的。

2. 资产分割功能

信托一旦设立，信托财产立刻与委托人、受托人和受益人的固有财产相区别，形成与各信托当事人相互独立的资产池。

（1）信托受益权可用于清偿到期债务①。信托"破产隔离"或"风险隔离"机制被广泛运用于资产证券化中。一般而言，信托具有"一般性清偿保护"，即受益人

---

① 卞耀武．中华人民共和国信托法释义［M］．北京：法律出版社，2002．

的个人债权人可以对信托受益权提出主张，将信托受益权用于清偿债务。当受益人不能清偿到期债务时，可以用信托受益权予以清偿：

①受益人以因享有信托受益权而获得的信托财产收益来清偿债务，信托受益权的权利主体并没有发生变更，即受益人并不因此丧失其受益人地位；

②受益人的债权人并不能直接要求受托人给付信托财产的收益，受托人对于受益人的债权人的支付信托利益的请求，可以予以拒绝；

③受益人的债权人没有撤销受托人违背信托目的或者管理职责处分信托财产行为的权利及其他监督受托人管理、处分信托财产的权利。

（2）信托受益权用以清偿到期债务的限制。

①法律、行政法规有限制性规定的。比如，根据国务院有关规定，职工基本医疗保险基金账户只能由享受职工基本医疗保险的职工本人使用，在其需要支付医疗费用时从其专门账户中直接划拨。

②信托文件对信托受益权用以清偿债务的限制：一是委托人在与受托人设立信托的信托合同、遗嘱或者其他书面文件中可就受益权用于清偿债务做出禁止性的规定的，二是受信托目的的限制的。比如，委托人设定信托，由受托人以信托财产的收益支付受益人的教育费用，如果受益人以信托财产的收益支付其教育费用以外的其他费用，将违反信托目的。在此种情况下，受益人不能以其信托受益权来清偿债务。

（3）"资本锁定"（capital lock-in）。"锁定"是指在封闭式公司中少数股东不能将其持有的股权出卖的悲惨命运，并且不能强迫公司向股东支付任何形式的资产或资金。股东难以出卖股权的原因可能是公司对股权转让的限制，也可能是缺乏合适的股权转让交易市场。委托人、受托人及受益人三者任何一方的债权人皆无法主张以信托财产还债，可免于被债权人追偿。

3. 专利信托的融资投资功能

专利信托的融资功能，主要体现为向不特定人募集发行或向特定人私募交付受益证券获取资金，并投资于特定的专利或专利组合资产。信托投资于长期债券可以保留20~30年，投资于股票也可以获得资本利益长达一年或几年，或者某个特定的细分市场，例如健康、能源技术、房地产、通信或特定国际市场。

4. 集中管理功能

集中管理是指权利人授权特定管理组织管理其权利，监督相关专利技术的使用，与潜在使用者谈判或对侵权者提起诉讼，在合适的情况下进行许可，收取合适的许可费，并向权利人进行分配的机制。集中管理功能体现在两个方面：一方面，设立专利信托可以使专利管理事务集中于具有专利管理能力和效率的受托人，达到权利人提高专利运用能力或降低专利管理成本的目的。另一方面，设立专利信托可以实现特定技术领域互补性专利的集中。由于集中了特定技术领域的专利，所以专利组合信托具有高度的垄断性和很强的议价能力。专利权人可以分享专利集中带来的收益。这样可以避免善意侵犯他人专利权，因为科学研究在很大程度上是一种积累创新，创新企业很容易遭遇所谓的"潜水艇专利"①。

相对于专利权的分散管理模式，即由专利权人自己申请专利、运用专利并保护专利，这种管理模式有利于充分发挥专利权人的积极性，但专利权人需要承担高额的管理成本，专利交易主体也需要支付高额的市场交易费用。

第二节　信托在专利池信托中的发展

一、美国法律对于专利池的态度变化

（一）专利池涉嫌垄断

自 1856 年美国成立由缝纫机专利组成的第一个专利池（patent pools）以来，专利池已有 160 多年的历史。由于美国早期的司法判例认为专利池构成垄断，违反了《美国谢尔曼法》，长期以来，专利池处于停滞状态。

（二）美国法律在判断专利池是否构成垄断方面的进步

1995 年 4 月 6 日，美国司法部公平交易委员会公布了《知识产权许可反垄断指南》，并建议"促进竞争的专利池"是可以接受的。此后，美国司法部批准了一系列

---

① "潜水艇专利"：在市场形成之前一直不为世人所知，而在市场形成后，专利权人却突然开始要求使用者支付授权费的专利。在美国，"专利保护期限自授权日起计算"和"专利授权前不予公布其专利申请"。因此，申请者可以通过反复修正故意地推迟专利的成立，等到各种各样的企业采用并普及其专利产品时突然使专利成立，起诉这些企业的侵权行为并要求巨额侵权费。

重要的专利池，从而使专利池得到了快速发展。1999 年美国公平贸易委员会根据反垄断法公布了《专利和技术诀窍许可指南》。2001 年 1 月 19 日，美国专利和商标局发布了《专利池白皮书》。这些法律文件，为判断一个专利池究竟是促进竞争还是形成垄断提供了法律依据。据美国巧希·勒纳（Josh Lerner）教授统计，美国 1856—2001 年大约建立了 125 个专利池。

二、互补专利池的模式

知识产权交易如专利池模式，降低了交易成本（Merges，1996）①。在半导体、生物技术、计算机软件和互联网等行业，现有专利制度造成了专利灌木丛（patent thicket）和敲竹杠问题（holdup problem），阻碍了创新。但是，专利池由于可能触犯反垄断条款，也存在政策风险。怎么办？由互补专利而不是替代专利形成的专利池，既能够解决交易成本问题，又能够满足反垄断的要求②。这就解决了要形成什么样内容的专利池的问题。

对于实现专利池的运作，除了亲力亲为的合同治理机制外，还有信托治理结构，特定制度安排必须满足总成本最小的要求。

三、专利池的治理结构

（一）组织说与合同说

专利池，许多学者将其定义为"多个专利拥有者为了能够彼此之间分享专利技术或者统一对外进行许可，而通过专利交叉许可所形成的一个战略性组织"，即"组织说"。我国很多学者将专利池理解为一种合同或协议，将其定义为"将一个或多个专利许可给他人或第三方的两个或两个以上专利权人之间的协议"，即"合同说"。

在组建专利池时，通常涉及两个方面的合同：一方面是专利池内部的专利权人彼此之间的交叉许可，确保每个专利权人可以获得使用池内其他专利技术的权利；另一方面是专利池与外部第三方的专利许可，将池内专利一揽子许可给池外有兴趣的第三方。

---

① ROBERT P. Merges. Contracting into Liability Rules：Intellectual Property Rights and Collective Rights Organizations［J］. California Law Review，1996，84（5）：1293-1393.

② SHAPIRO C. Navigating the Patent Thicket：Cross Licenses，Patent Pools，and Standard Setting［J］. Innovation Policy and the Economy，2000（1）：119-150.

（二）专利池的分类

专利池可以分为基于合同的专利池、基于信托的专利池和基于公司制的专利池。一些小型专利池主要是以合同的方式进行管理，一些大型专利池则由特定的组织机构进行专门管理。

1. 基于合同的专利池

在一些针对特定技术的小型专利池中，没有复杂、严密的组织管理机构，专利权人通过签订合同的方式来集体管理专利池中的专利。这种专利池可能受到的干扰因素有：①池内专利被申请无效；②专利权人破产而发生专利归属的转移；③专利权被质押；④专利权人单独许可；⑤被许可人拒绝或延迟支付专利许可费。

2. 基于信托的专利池

基于信托的专利池是指专利权人与受托人签订专利信托合同，将专利权转移给受托人，并由受托人负责专利集中与分发管理。

3. 基于公司制的专利池

如果全体专利权人能够将专利共同出资成立公司，或者某个公司能够以自己的名义汇集一定数量的专利组建专利池，那么，以公司为基础组建的专利池就被称为基于公司制的专利池。美国高智投资是这种经营模式的典型案例。高智投资成立于2000年，是总部位于美国华盛顿州的一家将私募基金和专利集中管理相结合的专利投资管理公司。这家公司通过收购市场上闲置并可能构成威胁的专利，成立"专利保护基金"，公司的投资者可以获得整个专利组合的特许使用权。高智投资同时设立了多种与专利有关的私募基金，诸如"发明科学基金""发明收购基金""发明开发基金"，获得了充足的资本。到2008年12月底，高智投资在全球范围投入50亿美元，掌握了1.2万件专利。①

（三）影响专利池治理结构选择的因素

影响因素主要有交易的不确定性、专利权人在市场结构中所处的位置以及专利管理事务的内容和范围。

1. 交易的不确定性

交易的不确定性增加了交易的风险，战略联盟、并购、股权交叉都是针对不同类

---

① 见百度文库：《高智公司的知识产权运营》。

型的交易不确定性所采取的对策。交易过程中有定价风险、技术路径风险、法律风险等不确定性风险。通过专利池的规模效应和多技术轨道选择，可有效降低技术轨道选择的风险。

2. 专利权人在市场结构中所处的位置

生产一体化的企业，往往选择长期合同治理结构。出于私利的考虑，这类专利池可能制定比较高的专利许可政策，以提高非专利池制造企业的生产成本。

3. 专利管理事务的内容和范围

如果仅仅是进行专利许可，收取并分配专利许可费，那么选择长期合同就可以实现管理目的。但如果对维持专利和专利许可过程中的一系列事务都要进行管理，例如代缴专利年费、向侵权人提起诉讼、专利许可等，则专利信托或专利公司将更为便捷。

四、基于信托的专利池

（一）第一个电影信托实例

1908 年 12 月，生物图（Biograph）、爱迪生（Edison）和履历图（Vitagraph）三家公司组织了名为移动图片专利公司的第一个电影信托，目的在于结束电影早期因专利战和诉讼引起的混乱。通过联合各方的利益使各成员公司在商业上取得了法律上的垄断，并向所有电影制造商、发行商和展览者收取专利许可费。

（二）信托比委托代理更具优势

代理是管理人以专利权人的名义管理专利、收取许可费，几乎所有行为均必须出具授权委托书。而在信托中，管理人是以自己名义从事所有活动，但由此获得的全部收益却归属于专利权人。

信托兼有合同性质和企业的特征，有时也可以将其视为一种介于企业与合同之间的混合型治理机制。信托通过合同设立，当事人可以根据自己的意愿确定合同条款，可以进行自发调整。具有独立性的信托财产独立于委托人、受托人和受益人，表现出来的资产分割功能比任何形式的企业都要强烈。资产分割功能能够对抗许多干扰因素的影响，具有非常强的自发性与适应性。当干扰因素频繁出现时，长期合同的适应性就显得非常脆弱。

第三节　专利资产证券化

一、专利资产证券化概述

（一）资产证券化的概念

资产证券化是指发起人将缺乏流动性，但能在未来产生可预见现金流的资产或资产组合出售给特殊目的机构，由其分离和重组资产的收益和风险，并将信用增强的资产转化成可自由流通的证券，向投资者销售的过程。它分为两个不同阶段：资产分割阶段和证券发行阶段。资产分割阶段，是指发起人将拟证券化的基础资产真实出售给为发行证券而成立的特殊目的机构。证券发行阶段，是指特殊目的机构根据一定的信用等级确定拟发行证券的种类，并向投资者发行获得融资的过程。

资产证券化有两种分类：一是从融资的角度，根据基础资产可以分为住房抵押贷款和非住房抵押贷款，后者包括企业应收款、保险费收入、知识产权许可费收入等；二是从投资的角度，根据投资对象可以分为不动产证券化、信贷资产证券化（如信用卡应收账款）、企业资产证券化（如企业贷款）等。

（二）专利资产证券化

专利资产证券化，是指将流动性极差的专利或其衍生资产按照一定的标准进行组合，以该组合资产为基础，在金融市场发行流动性及信用等级较高的证券的过程，即以专利或其衍生资产为基础资产的证券化。现在的专利资产证券化，主要是专利许可应收款证券化。当专利许可费金额达到一定程度并比较稳定时，可以利用证券化技术通过专利许可应收账款证券化获得融资。

二、专利资产证券化与专利信托的关系

（一）专利资产证券化的核心要素

证券化所具有的核心要素应包括资产汇集、资产分割和证券发行。

1. 资产汇集

资产汇集是指按照证券化要求，选择具有同质性、能在未来产生稳定且持续现金流的基础资产，并汇集在一起形成支撑证券发行的资产池。证券化的本质特征不是资产分割，而应是资产汇集。

2. 资产分割

从财产归属和责任承担的角度来看，资产分割是指形成一个独立于投资者和管理者的资产池，并以此作为抵押物为资产池债权人的债权提供担保。

3. 证券发行

资产证券化的最后一步是向社会或特定主体公开发行资产支持证券。为了便于证券的销售，增加销售收益，证券的发行通过伴随着信用增强的安排。

（二）专利信托的核心要素

专利信托的核心要素包括资产分割和权利分离。

1. 资产分割

按照汉斯曼（Henry Hansmann）[①] 和克拉克曼（Reinier Kraakman）[②] 的资产分割理论，信托具有比公司、合伙和独资企业更强的资产分割功能。积极性资产分割体现为信托财产的独立性，消极性资产分割体现为受托人管理的有限责任。

2. 权利分离

按照资产分割理论，信托财产具有很强的独立性，甚至可以理解为独立于委托人、受托人和受益人。在大陆法系"一物一权"原则，即信托财产只具有一个所有权的前提下，信托财产的管理权与受益权实现了分离。

（三）专利资产证券化与专利信托的比较

专利资产证券化与专利信托的共同要素是资产分割，不同的是专利资产证券化还需具备资产汇集和证券发行，而专利信托还需要具备权利分离。专利资产证券化有多种可供选择的方案，可以选择信托，也可以选择公司、合伙甚至是仅仅一个资产池。

专利资产证券化与专利信托的区别是非常大的。一方面，体现在资产汇集上。专

---

① HANSMANN H. The Ownership of Enterprise［M］. Belknap Press of the Harvard University Press，Cambridge，1996.

② KRAAKMAN R，et al. The Anatomy of Corporate Law－A Comparative and Functional Approach［M］. 3rd edition. Oxford University Press，2017.

利资产证券化必须将足够规模的同质化基础资产汇集在一起，形成一个较大规模的资产池。否则，可能因为资产规模过小而使证券难以成功发行。专利信托并不需要将同类资产汇集起来，可以接受一个信托财产进行信托。另一方面，两者的差别体现在证券发行上，或者说是否将受益权转换成证券是专利信托与专利资产证券化的根本区别。是否属于专利资产证券化，需要重点考察是否发行了证券。专利信托的受益人对信托财产及其收益享有受益权。如果专利资产证券化选择了发行受益权证，投资者将持有受益权证。

第四节　美国、日本和中国的专利资产证券化

一、美国的专利资产证券化

（一）艾滋病治疗专利信托实例

1985 年，耶鲁大学发明了一种治疗艾滋病的新技术，并获得了发明专利。1987 年，耶鲁大学和 BMS 公司签订了专利独占许可协议，包括用来研制一种名为泽里特（Zerit）的新药许可的全部专利（含有效期至 2008 年 6 月 24 日及有效期至 2011 年的几项非美国专利）。专利许可费是根据泽里特制造和销售的数量、市场分布确定的。根据专利许可协议，1997 年产生的许可费收入为 2 620 万美元，1998 年为 3 750 万美元，1999 年为 4 160 万美元，2000 年为 4 480 万美元。2000 年 7 月，耶鲁大学为了进行项目融资，与生物制药特许使用（Royalty Pharm）公司签订了应收专利许可费转让协议，将 2000 年 9 月 6 日至 2006 年 6 月 6 日期间的泽里特专利许可费的 70%，以 1 亿美元不可撤销地转让给 Royalty Pharma 公司。

Royalty Pharma 公司为了支付转让费，对新药应收专利许可费进行了证券化处理。首先，该公司在美国特拉华州设立了一家特殊目的机构——生物制药特许使用信托来发行证券，保证每季度向生物制药特许使用信托指定的账户存入专利许可费。

最后，生物制药特许使用信托发行了三种证券：优先债权、次级债券和受益凭证。但是在实现证券化不久后，这种新药的专利许可费急剧下降。由于泽里特药品用

户的变动、市场份额削减、价格下降、新药出现等原因，2001 年连续三个季度生物制药特许使用无法按照合同的约定支付利息。2002 年 11 月底，由于 3/4 受托人的请求，生物制药特许使用信托提前进入清偿程序。

（二）专利资产证券化的一般原因

专利资产证券化源于人们对专利价值认识的进一步深入和对融资的进一步需求。作为一种融资方式，美国学者普遍认为专利资产证券化具有六大优势：①获得大量融资；②迅速获得融资；③在交易期间，债权可设立固定利息，既保证投资者的收益，又降低发行人的风险；④融资安全；⑤通过专利资产证券化，募得的资金无须纳税；⑥专利权人并不丧失对专利权的控制权，仍享有专利权。

（三）药品专利信托资产池的改进

2003 年 7 月，生物制药特许使用公司吸收了其首例专利许可费应收款证券化失败的教训，改进了专利资产证券化运作模式。生物制药特许使用公司先后购买了 13 种药品专利的许可收费权，构建了一个相对稳定的、以药品专利许可费为核心的资产组合。为了发行证券，生物制药特许使用公司将 13 种药品专利许可收费权，出售给其成立的特殊目的机构——生物制药特许使用金融信托。生物制药特许使用金融信托发行了 2.25 亿美元可转换金融债券，由瑞士信贷（Credit Suisse）第一波士顿公司设计和承销，并由 MBIA 保险公司提供担保。截至 2004 年底，其获得专利许可费达到 12 亿美元，运作的现金流达到 15 亿美元。

（四）选择特殊目的机构的优势

特殊目的机构就是在资产证券化过程中，专门成立用于发行证券的机构。这个机构可以选择信托、公司或者有限合伙等法律形式。究竟是信托这种组织形式更有利于专利许可收费权证券化，还是信托比公司、有限合伙更具优势呢？

美国特拉华州的法定信托相对于公司、有限合伙而言，具有三个明显优势：①法定信托是一种相对稳定的经济实体。它一般基于某种特殊目的而成立，虽不进行营业性活动，但可以其获得的资产为支撑，发行受益权凭证。②一旦实现特殊目的，信托财产的剩余价值便返还给委托人。③避免缴纳企业所得税。独立的法律主体需为其盈利缴纳税款，而法定信托通常并不被视为纳税主体。

二、日本专利资产证券化

（一）日本专利资产证券化的发展背景

尽管日本早在 1931 年就制定了《抵押证券化法》，开启了不动产资产证券化之门，但由于程序复杂、费用高昂、证券未在市面上流通等原因，效果不佳。1988 年，日本金融大改革，资产证券化发展提速。证券化的资产既包括动产——火车、汽车、船舶、计算机和制药设备，也包括不动产——写字楼和宾馆。

2000 年以来，日本专利资产证券化法律上的障碍也逐渐消除，已经相继修改了《日本证券法》《日本破产法》《日本资产证券化法》《日本信托业法》等一系列与专利资产证券化相关的法律。

2002 年 3 月，日本发布了《知识产权战略大纲》，将"知识产权立国"列为国家战略。日本政府认识到经济社会应"由最适合于加工组装、大量生产的过去那种制造型向创造高附加价值的无形资产的体系转化"，希望通过整合知识产权战略来加强本国工业的竞争力。2002 年 11 月，日本国会通过了《知识产权基本法》，要求日本知识产权政策总部制定《创造、保护和利用知识产权的推进计划》。以此为契机，日本逐步修改限制专利信托的法律，积极推动专利资产融资和证券化。在知识产权立国的战略目标框架下，专利资产证券化被认为是日本创新企业获得融资的一种创新性的方法，主要集中在创新企业或中小企业。

通常，创新公司没有很多有形财产——如土地、建筑物机器或设备，却拥有很多专利资产。虽然拥有技术优势或专利资产，但由于它们尚未充分发展或获得足够的信用，通常难以获得商业上所需资金。考虑到创新公司对资金的高度需求（主要用于投资研究与开发项目）和高度不确定性，没有固定还款期限的股权融资似乎比有固定期限的债权融资更适合。但对所有权人希望保留管理权的中小企业来说，通过风险资本的股权融资通常并不适合。在此环境下，强烈需要一种创新机制，使创新公司能够基于专利本身、独立于公司的评估来获得资金。在共同努力下，日本终于在 2003 年首次成功地实施了一例专利资产证券化。

（二）日本专利证券化中的主要问题

1. 与专利第三方的关系难以处理

在专利资产证券化中，有些专利并非由发起人持有，在这种情况下，应从此类专利资产所有人那里取得必要的同意、许可。有些资产是不能转移的，如：发明人的荣誉权、共有的权利。

2. 跨国时法律适用的复杂性

虽然专利具有地域性特征，但越来越呈现国际化的趋势。资产证券化相对于传统的融资方式而言，其交易成本是极其高昂的，所以基础资产的数量应充足到足以超过其成本。有价值的专利通常在全世界范围内广泛使用。日本是一个专利许可大国，每年向国外许可产生的专利许可费远远超过向日本国内许可的费用。如果特殊目的机构和其投资者希望获得在世界许多国家专利许可产生的全部现金流，那么就有必要了解这些国家所有相关的法律。

3. 缺乏资产证券化二级市场

日本几乎所有的证券发行均采用私募方式，流动性极差，购买者必须持有证券达到数年之久。投资者购买资产基础证券或受益权凭证后，由于缺乏交易场所，故难以转让，资产证券化对投资者的吸引力也就非常有限了。现在主要是一些机构投资者在关注专利资产证券化，例如人寿保险公司。因此缺乏资产证券化二级市场，通常被认为是日本专利资产证券化面临的最根本的难题，这也是日本区别于美国专利资产证券化市场最为明显的地方。

（三）对日本专利资产证券化的展望

有些日本学者认为，资产证券化这种方式并不适合利用专利进行融资。其主要理由可归纳为以下三点：第一，专利资产证券化的运用范围非常有限；第二，实施专利资产证券化的成本是巨额的；第三，由有限合伙进行专利信托，将是比专利资产证券化更为有效的一种融资方式。

但许多政府机构和非政府组织努力消除专利资产证券化的障碍。许多日本企业现在正寻求通过专利获得融资，专利资产证券化是企业利用专利获得资金的一种有效手段。需要进一步完善的制度包括：①将专利评估标准统一并标准化；②完善登记制度，方便权利人；③降低交易成本，使较小的专利持有人也能通过专利资产证券化来融资；④发展专利资产的二级市场；⑤为基于专利资产发行的证券，制定一个合适的公开标准。

作为全球的专利申请大国，日本有大量的知识产权在国内外获得专利，与此同时，每年都有大量基于专利成立的创新企业。专利资产证券化的功能及其具有的优势，吸引着渴望大量资金的创新企业。但是，专利资产证券化的市场行为受到经济因素和交易成本等因素的影响，最终能否可持续受到市场的硬约束。毕竟，政策扶持虽然有作用，但未必能够保证市场的成功。

三、中国专利资产证券化需要克服的困难

（一）缺乏可被市场接受的专利评估制度

专利具有时间性、地域性、无形性、可复制性等特征，因而专利在证券化过程中的收益现金流较难确定。在专利权评估时，应将专利权的价值与其他要素资产进行分离。专利价值主要由以下三个部分组成：①专利成本价值；②专利替代价值；③专利权的收益价值。但是，也应考虑到要素市场（资本、产权、劳动力）与技术产权市场（专利技术与产权交易流通媒介）的影响。

（二）与现有税收法律制度的矛盾

在专利资产证券化过程中，不合理的税收制度会增加交易成本。我国在对专利资产进行税收制度改革时，应根据其特点，确立税收中性原则与税收成本最低原则。此外，国际税收合作也很重要。例如，美国与日本于 2003 年 11 月签署税收协定，免除对方企业在本国获得的专利等知识产权使用费收入的预提所得税。

（三）特定目的公司与我国公司法的矛盾

借鉴国外的立法经验，在特定目的公司的组织形式与组织机构方面，设计一种结构简便的股份公司，可简化其组织机构，象征性地规定公司的最低注册资本，董事和监事人数不设最低要求，即可以为 1 人。这样便降低了特定目的公司的运营成本。

 案例：日本专利资产证券化——Scalar 案例

创立于 1985 年的标量（Scalar）公司拥有多项关于光学技术的专利，并致力于发展光学镜头业务。2003 年 3 月，标量公司将四项专利权排他性地许可给另一家同样处于创业阶段的徽章改变（Pin Change）有限责任公司。未来若干年的排他性专利许可费构成了本案例的基础资产。

专利资产证券化中的当事人包括发起人、发行人、风险管理提供人、信用评级机构、证券交易商、投资者和原始债务人。在资产分割阶段，作为发起人的标量公司，

将专利许可产生的未来应收许可费，转移给由信托银行控股的一家特殊目的公司。在证券化阶段，特殊目的公司向投资者发行三种证券——特殊债券、享有优先权的优先出资证券和特殊份额受益证券。特殊债券，类似于公司债权，是特殊目的公司发行的约定一定期限内还本付息的一种有价证券，它以被许可人徽章改变有限责任公司每年按期支付的专利许可费来偿付。为了进一步吸引投资者，由保证人对发行的特殊债券进行了担保，作为债券信用等级增强手段。优先出资证券股东对基础资产享有优先份额，类似于公司优先股。但根据日本《资产证券化法》，优先出资证券只能发行一次。

本案例中最为特殊的一种证券是特殊份额受益证券。在资产证券化过程中，不同组织形式的特殊目的机构发行的证券是严格区分的。特殊目的公司只能发行资产基础证券，而不能发行受益证券。这是因为不同的组织形式在转移和处分基础资产时，产生的法律关系和享有的法律权利存在较大差异。若投资者与特殊目的公司之间是一种投资关系，投资者享有类似于股权或债权的权利；若投资者与特殊目的信托之间是一种信托关系，投资者享有的是信托受益权。本案例之所以存在受益证券，是因为存在一个特殊的机构投资者——信托银行。信托银行通过发行信托受益证券的方式募集资金，再作为机构投资者购买特殊目的公司发行的资产基础证券。

这个案例在日本首开专利资产证券化先河，但是，设计证券化计划的成本是极其高昂的。在日本，资产证券化的标准成本被认为在20亿~100亿日元。同时为了保护投资者免受损失或获得发行高级别的证券，在专利资产证券化过程中通常会采用信用增强措施。因此，证券化专利资产必须达到相当规模才能给项目带来经济价值。此案通过证券化实际获得的融资只有20亿日元，在扣除法律、会计、税收和金融事务专家费用以后，几乎没有剩余，难以获得利润。

复习思考题

1. 简述专利以及专利信托的含义和特点。
2. 我国目前存在的专利信托制度存在哪些问题？如何解决？
3. 专利池如何分类？
4. 如何比较专利资产证券化和专利信托？请从含义、基本步骤以及特点方面分析。
5. 结合实际说明我国专利资产证券化及其制度改革。

第九章

表决权信托

学习要点

　　本章介绍了表决权信托的含义、特点、历史背景、功能与生效条件，以及表决权信托的变更、撤销和终止等。最后，列举了我国青岛啤酒的股权变更案例，以及美国历史上的一些案例，以加深理解。

第一节　表决权信托的含义

一、表决权信托的基本定义

理论上，股东表决权包括"资本多数决定"原则，也就是"一股一票表决权"机制。这为持有大多数股份的大股东排斥小股东、左右股东大会的意志、掌握公司的控制权创造了有利条件。而持股量少的广大中小股东因股权份额较小、出席股东大会的成本太高、信息严重不对称、"搭便车"心态和对公司事务管理知识的欠缺，大多对所投资公司的经营管理保持一种"理性冷漠"，对股东大会更是兴趣索然。

表决权信托是一个或数个股东根据协议，在一定期限内，以不可撤销的方式，将其持有股份上的表决权以及和表决权相关的权利，转让给一个或数个受托人，后者为实现一定的合法目的，在协议约定或法律规定的期限内合法行使该表决权的一种法律制度。

股东将资产投入公司后就丧失了对该部分资产的所有权，换回股东权。股东权是股东基于股东资格享有的、从公司获得经济利益并参与公司经营管理的权利。在股东众多权利中，表决权是最重要的权利，是股东参与公司管理的途径。股东通过投票表决，批准某些重大事项，通过、修订或者废止公司内部章程，选举和更换公司董事等。表决权的价值在于它使股东可以很方便地强制剥夺个别董事和高级职员的控制权和职权，表决权和撤换管理人员之间存在着关键性联系。

二、表决权信托在美国的发展

（一）表决权信托登上历史舞台：1864 年，布朗诉太平洋邮船公司案

判例中，1864 年发生的布朗诉太平洋邮船公司一案，被认为是美国最早有关表决权信托的记载。为控制公司董事长的选举，太平洋邮船公司在协议中规定，该公司的所有股东在 4 年中不得对外出售任何股份，也不得向其他股东和任何受托人转让其股份，股东就投票事宜赋予受托人不可撤销的代理权，股东则有权从受托人那里获得

表决权信托证书，从而受托人能行使股东表决权而控制公司董事长的选举。3 年后，联邦最高法院基于信托法的基本原理，认定这在事实上已经构成了信托，并判决此种表决权信托有效。

（二）公司复兴背景下的表决权信托：1868 年，大西洋及大西部铁路公司案

与现代形态基本相同的股东表决权信托出现于 1868 年的大西洋及大西部铁路公司案，股东们通过设立表决权信托使公司免于破产。1868 年，大西洋及大西部铁路公司签订了有关表决权信托合同，该表决权信托的具体内容与后来美国公司立法的相关规定基本相同。

其具体内容为：把股份的表决权转让给受托人，由受托人持有该股份并行使其表决权。在表决权信托中，受托人持有的表决权与受益人享有的股份所有权互相分离。受托表决权具有独立性，受托人在受托期间行使表决权不受原股东的干预，信托制度给予了受托人极大的权力空间，这使表决权信托成为获取公司控制权的重要法律手段。

此后的 30 余年中，表决权信托起到了很大的积极作用。当时，美国南北战争刚刚结束，国内经济亟待复苏，公共事业性比较强的铁路公司在经济中的作用凸现。为挽救在经济危机中岌岌可危的铁路公司，以公司复兴为目的的表决权信托发挥了力挽狂澜的作用。伴随着铁路事业的发展，表决权信托在铁路公司重整过程中被广泛采用。随着作用的不断显现，表决权信托的适用范围逐渐从铁路运输行业扩展到纽约、芝加哥、费城等地的其他行业，在以北太平洋铁路公司等为代表的各产业部门的公司重建方面取得了惊人成果。

（三）表决权信托在垄断时代的发展：19 世纪末，美国标准石油信托公司的设立

19 世纪末，美国经济复苏，生产力的快速发展导致同行业之间的激烈竞争。各行业为避免竞争带来损害，纷纷寻求垄断，保护自己。表决权信托作为一种重要的垄断形式迅速发展起来，最典型的就是 1882 年美国标准石油信托公司的设立。1882 年，美国律师谬塞尔·多德将表决权信托变成了一种垄断手段，洛克菲勒根据多德的建议合并了 40 余家公司，组建俄亥俄美孚石油公司。原 40 余家公司的股东将其持有

的股票信托转给以洛克菲勒为首的 9 名董事，9 名董事作为表决权受托人，行使股东表决权以及利润分配领受权等股东应享有的一切权利。股东向董事会领取表决权信托证书，作为领取股息和享受其他经济权益的凭证。于是，表面上看似独立的 46 家企业事实上受单一意志的控制。

继标准石油托拉斯之后，1884 年成立的美国棉籽油托拉斯、1885 年成立的全国亚麻籽油托拉斯、1887 年的酿酒业和牛饲料业托拉斯等联合企业均采用此制度，对各产业部门垄断组织的发展产生了重大影响。这样，表决权信托制度在带动经济发展的同时，也产生了垄断蔓延、限制竞争的后果。

针对上述情况，从 1890 年开始，美国各州开始制定反垄断法，特别是因为表决权信托而产生的托拉斯被严厉禁止。也正是由于这个原因，反垄断被称为"Antitrust"。在表决权信托协议发展的早期，无论从法官判例中还是著名评论家犀利的言论中，都可以看出明显反对表决权信托的影子。在全社会反托拉斯运动的背景下，甚至一般的正当目的的股东表决权信托也会普遍遭受质疑。

（四）表决权信托在否定中发展（19 世纪末到 20 世纪初）

从 19 世纪末到 20 世纪初的各州判例是纷繁复杂且互相矛盾的，但否定表决权信托合法性的观点始终占据主导地位。1890 年，在康涅狄格州的 Shepany Voting Trust 案中，法院以"分离股份的表决权和受益的所有权违反公序良俗"而判决该表决权信托无效。1908 年，在佐治亚州的摩雷诉霍基案中，股东以少数股东掌握公司的经营管理权为目的而缔结的表决权信托契约，法院以"以少数人支配为目的，违反了公共秩序"为由判其无效。在 1910 年的第一国民银行案中，北卡罗来纳州法院根据先例判决表决权信托"本身违法"。1911 年新泽西州的巴赫诉中央皮革公司案（Bache V. Central Leather co.）、1913 年伊利诺伊州的芝加哥城市铁路公司案（Venner V. Chicago City Railway Co.），法院都做出违法判决。1913 年，以阿塞纳 P. 普霍（Arsene P. Pujo）为委员长的美国下院银行与货币委员会的辅助委员会（Subcommittee of the House of Representatives Committee on Banking and Currency）对银行的财务状况进行了调查研究，该委员会最终得出的结论是"需要在一定程度上禁止股东表决权信托。"

Trust，既有信托的意思，也有音译托拉斯的意思。但是，托拉斯本身意味着垄断，而表决权信托未必全是消极意义。反垄断法的鲜明禁止和判例法的重重打击并没有阻止投资者们对表决权信托的青睐，表决权信托仍活跃在公司的重建或公司合并、企业政策的持续和稳定、给企业发放新贷款等领域。当实践证明这种制度有用后，反对言论在逐渐减少，法院也慢慢意识到将股份表决权和受益权分离没有什么违法，也不违背公共政策。律师和商人反复尝试设立表决权信托，至少表明一定的利益需要这类机制为之提供保护。

在此期间，并非所有的案例都判决表决权信托违法。1900 年，马萨诸塞州最高法院在布莱特门诉伯特斯案（Brightman V. Botes）中指出，除非可以证明表决权信托目的违法，否则它就是合法的。

（五）有关信托表决权法的逐步确立，表决权信托重获新生

纽约州于 1901 年第一次在法律上明文规定了表决权信托。随后，马里兰州在 1908 年也以成文法形式，确认了表决权信托的合法性。1918 年，沃姆泽（I. M. Wormser）在《哥伦比亚法律评论》上发表了一篇关于股东表决权信托的著名论文，他认为，如果股东表决权信托的目的具有妥当性和合理性，那么该股东表决权信托就应该被认定为有效。这在一定程度上阻止或缓和了股东表决权信托的反对论或否定论的发展。

随着企业规模的扩张和证券市场的成熟，股权高度分散，广大中小股东普遍不太热心于行使表决权。但是管理层权力的膨胀又使股东权利保护问题凸显在社会前沿，表决权信托成为一剂集中行使表决权、保护中小股东利益的良药。美国法院逐渐意识到早年反对表决权信托的论断已经失去了现实意义。该制度逐渐不再被视为"本身违法"，需要就信托目的做出合法与否的判断。

到 1962 年，美国 50 个州中已有 41 个州的成文法对表决权信托制度做了相应规定。美国 1950 年《示范公司法》第 34 条和修正后的 1991 年《示范公司法》，都做出了较为详细的规定。不过其间表决权信托的发展并非畅通无阻。例如，加利福尼亚州在 1965 年对已经于 1931 年生效的法律做了修正，对所有的表决权信托，无论是已经生效的还是将要创设的，只要经过大多数委托人的同意，就可以随意终止。这是由于当时仍然有许多人对表决权和受益权的分离是否符合公共政策心存顾虑。

时至今日，表决权信托才终于成为一项普遍的公司法制度，为几乎美国各州的成文法所认可。如今，目的合法性原则被确立为判断表决权信托有效与否的标准。美国一些州还规定了更为实质性的要求，即目的正当性。如果旨在以合法方式促进公司和所有股东的利益，实现对公司有利的特定政策，则为合法有效；如果其目的是违法或

不正当的，诸如为推动表决权信托的股东获得不正当利益或出于不法或欺诈目的等，则信托无效。

三、表决权信托在我国的发展

我国有表决权信托的实践尝试，但没表决权信托的相关立法与规定。自 1993 年我国公司法颁布以来，由于缺乏足够的制度支撑，表决权信托在中国出现的历史很短，相关案例也非常少。从公开渠道可知的一个著名案例是 2002 年的"青岛啤酒股权变更案"。在该案例中，中国最大的啤酒酿造商青岛啤酒股份有限公司（下文简称"青啤"）与世界最大的啤酒酿造商安海斯-布希公司（下文简称"A-B 公司"）在战略性投资协议中约定，设立以青岛国资委为受托人的表决权信托，从而实现国有资本控制权的保留。该协议的主要内容是，青啤将向 A-B 公司分三次发行总金额为 1.82 亿美元的定向可转换债券，该债券在协议规定的七年内将全部转换为青啤 H 股，总股数为 30 822 万股；A-B 公司在青啤的股权比例将从目前的 4.5%，逐次增加到 9.9% 和 20%，并最终达到 27%。协议执行完毕后，青岛市国资委仍为青啤最大股东（持股 30.56%）；A-B 公司将成为青啤最大的非政府股东，27% 股权的表决权将通过表决权信托的方式授予青岛市国资办行使。A-B 公司将按股权比例获得在青岛啤酒的董事会及其专门委员会、监事会中的代表席位。青啤向 A-B 公司发行债券获得的资金，将用于改造现有的酿造设备、建设新厂以及未来之收购。

2005 年在对我国公司法修订的过程中，有学者提出引进表决权信托制度。根据我国信托法第七条的规定，信托财产包括"合法的财产权利"。通常认为，我国法律是允许以股权为标的设立表决权信托的，而对于是否可以单单就表决权设立信托，则尚存在争议。

大陆法系国家不同程度地引进了表决权信托，并不断地修正和完善。尽管我国公司法粗略地规定了表决权代理制度，但是，表决权信托制度的引入是一项系统工程，如何趋利避害，还需要实践与探索。

第二节　表决权信托的基本内容

一、表决权信托的特点

（一）表决权信托的委托人是具有表决权的股东

公司的股票可以分为普通股和优先股。对持有优先股的股东来说，他们不具备公司的经营权，因而没有表决权，所以他们不能作为委托人，不能将自己的股票作为表决权信托委托给受托人；只有公司内部持有表决权的股东才能成为表决权信托的委托人。

（二）表决权信托具有不可任意撤销性

表决权信托一旦成立，生效期间如果发生解除表决权信托的情况，会造成受托人的损失。因此，表决权信托契约一旦成立，就不允许一方当事人任意撤销，除非在表决权信托契约生效之前，委托人和受托人达成一定的共识，即在表决权信托中保留了当表决权信托撤销达成一致意见时可以撤销的约定。

（三）表决权信托具有期限性

表决权信托的期限性是对委托人利益的一种保护。美国大部分法律规定，表决权信托最长不得超过 10 年，主要是为了防止表决权信托的期限过长而损害了委托股东以及受益人的权利，违背表决权信托创设的初衷。如果委托人想延长表决权信托，可以在表决权信托契约到期之后，续定表决权信托或者订立新的表决权信托契约。

（四）表决权信托的受托人一般是公司股东或专业的信托公司

表决权信托是为了使委托人或公司受益。受托人是公司股东时，其更加了解自己公司的经营情况，也更愿意尽心尽力地经营好这家公司；受托人是专业的信托公司时，它们具有雄厚的资本和专业优势，也能为股东提供表决权信托服务。

二、表决权信托的功能

（一）保护中小股东的利益，集中分散的投票权

现代股份公司，尤其是上市公司，股权高度分散，存在大量中小股东且极分散。一方面，中小股东"股小言微"；另一方面，广大中小股东因而选择"理性冷漠"和"搭便车"的现象普遍存在。大股东通过表决权的运用控制公司的经营管理层，从而使管理层在日常经营中做出对大股东有利却损害中小股东利益的决策。所以说，中小股东要想维护自己的利益，就要联合起来争夺公司的控制权，而争夺公司控制权最好的手段就是运用表决权信托。如果广大中小股东联合起来，通过表决权信托将分散的表决权集中起来信托给专业的受托人，则可借助专业受托人在人才、管理、信息和驾驭市场等方面的能力，与大股东抗衡，参与甚至控制公司的经营管理活动，并对公司现任管理者进行制约，促使他们更好地管理经营公司，完善公司治理结构，严格履行忠实和注意义务，维护公司和股东的利益。

（二）确保公司经营管理的安定与持续

公司的稳定与持续对公司的发展来说至关重要。然而，公司管理层的改选，会加剧管理层的频发变动，对公司的经营稳定十分不利。表决权信托因具有只转让所有权的收益而又不放弃控制权的特性，能够保有公司控制权，从而维护公司经营的持续与稳定。首先，在公司设立阶段，发起人可以通过设立表决权信托，向其他投资人签发以自己为受托人的表决权信托证书，以保有公司控制权，直到公司成功运作。这样，发起人不但能够获得设立公司所需的资金，又能保有公司控制权，达到公司顺利设立的目的。其次，在公司的运行过程中，董事必须按照公司法和公司章程的规定几年改选一次，这一方面有利于促使管理层严格履行义务，努力经营，另一方面却不利于比较理想的管理层经营方针的持续性，容易造成公司政策多变，不利于公司的稳健发展。因此，希望维持现任理想的管理层的股东可以设立表决权信托，通过受托人集中行使表决权，以实现对管理层选任的控制权，使得适任的管理层能够连选连任，维持公司政策的稳定。

（三）保障债权人的利益

当一家公司发生财务危机濒临破产时，公司需要外部资本的注入，避免破产。但

社会大众与融资机构因为缺乏信任，担心自己的投资收不回，常常不愿轻易投入资金，除非对该公司的管理与决策能取得某种控制，以确保其投资的安全。在这种情况下，为了消除借贷方的这些顾虑，使公司的重整计划得以实现，最理想的方法就是将表决权信托给融资机构或债权人，使其通过行使表决权来管理公司，从而避免公司破产。

（四）防止恶意收购

恶意收购是指收购公司在未经目标公司允许的情况下，不管对方是否同意，所进行的收购活动。恶意收购成功以后，重组公司可能会对管理人员进行调整，并解雇大量工人。而表决权信托的应用可以防止恶意收购。即目标公司的股东可以将自己持有的股份通过表决权信托的形式转让给自己信任的受托人，集中行使表决权，与收购公司抗衡，从而达到阻止敌意收购，保护自身及其他股东利益的目的。

（五）降低公司决策成本

一些公司因规模庞大、股东人数众多且股东分布各地，小股东没有时间、精力和财力参加股东大会，许多小股东放弃了表决权，这大大增加了公司的决策成本。如果这些股东通过表决权信托的方式将表决权信托给他们信得过的股东或专业的信托公司，将有助于受托人集中行使表决权，降低公司决策成本，提高决策效率。

三、表决权信托的生效要件

（一）表决权信托的目的必须是明确的，并采取书面形式

1. 表决权信托的自身性质决定了它必须采取书面形式

表决权信托的内容十分复杂并且精密，因而委托人和受托人应该在制定契约时足够谨慎，防止发生不必要的歧义和纠纷，进而有必要以书面形式来确定他们各自的义务。

2. 表决权信托相对较长的期限决定了它必须采取书面形式

表决权信托一般期限较长，在信托期间，由于社会和经济发生的诸多变化，可能会发生不必要的纠纷，因而有必要采取书面形式，明确各方的权利、义务。

（二）方便查阅

表决权信托需要对外公示，从而方便公司的其他股东进行查阅，了解公司的经营

管理情况，因而需要以书面形式呈现。

（三）合法性

表决权信托的目的，旨在以合法的方式维护公司和所有股东的利益。那些以危害其他股东或者损害公司经营的表决权信托是不能够生效的，也是不应该存在的。因此，表决权信托需要具有一个合法的目的，这是其生效的必要条件。

（四）期限性

表决权信托的期限应当明确规定，一般不得超过 10 年，但可以规定期限届满后可以续延，每次续延期不得超过 10 年。在表决权信托中，委托人将表决权信托给了受托人，如果受托人在表决权信托中约定永久性信托，那么，委托人将无法收回其表决权，这就违背了表决权信托的初衷，同时也不利于保护委托股东和受益人的利益。因此，在制定表决权信托契约时，有必要将期限性作为表决权信托的生效要件之一。

第三节　表决权信托的变更、撤销和终止

一、表决权信托的变更

从广义上讲，表决权信托的变更包括信托目的的变更、信托当事人的变更以及信托条款的变更；狭义的表决权信托变更是指信托条款的变更。

表决权信托当事人的变更包括委托人、受托人和受益人的变更。由于表决权信托大部分为自益信托，委托股东通常指定自己为受益人，加之表决权信托证书具有流通性，在表决权信托中，委托股东可以通过将自己持有的表决权信托证书予以转让的方式，从表决权信托关系中退出，表决权信托证书的受让人将成为表决权信托新的受益人。

（一）表决权信托财产管理方法的变更

大多数表决权信托只是规定信托财产管理方法的基本原则，受托人可以根据具体情况自行确定信托财产的管理和处分办法。表决权信托财产管理方法是表决权信托协

议最重要的条款之一，信托文件可以对信托财产管理方法做出约定，以便受托人遵循。但大多数情况下，这样的约定难以适应经济形势的发展变化，最终还是会损害表决权信托证书持有人的利益。随着商事信托的发展，营业信托的受托人具有专业的知识和经验，能够有效管理和处分信托财产，委托人正是出于对受托人能力的信任才设置信托。在这样的信托中，委托人通常并不对受托人管理和处分信托财产的方法做过于具体的约定，一般由受托人确定财产的管理和处分办法。

实践中，表决权信托因其属于民事信托还是商事信托而在信托财产的管理上存在差异。当表决权信托属于民事信托时，表决权信托的受托人可能是股东、债权人、公司或重整小组指定的人等，此时委托股东会对表决权信托财产的管理办法做出详细约定。但是，从美国表决权信托的实践来看，大多数表决权信托的受托人都是信托公司等具有商事主体资格的，鉴于此，大多数表决权信托协议都不对表决权信托财产的管理办法做出约定。

（二）表决权信托证书持有人的变更

表决权信托受益人即表决权信托证书持有人。表决权信托证书持有人和普通信托受益人存在很大差别。在普通信托中，委托人可以设定他益信托；但表决权信托是自益信托，持有表决权信托证书的人就是表决权信托的受益人。由于表决权信托证书具有流通性，对表决权信托受益人变更的研究，变成了对表决权信托证书流通性的研究。

二、表决权信托的撤销

普通信托的撤销，包括委托人撤销信托和委托人的债权人撤销信托两种情形。通常所说的信托撤销，是指委托人设立信托损害其债权人利益，债权人依法申请法院撤销信托。就表决权信托而言，表决权信托的设立可能影响到参加表决权信托协议的股东的利益，也可能影响到不参加表决权信托协议的股东的利益，同时还可能影响到参加协议的委托股东的债权人的利益。

（一）股东是否可以撤销已经设立的表决权信托

从私法自治的角度讲，表决权信托是委托股东创设的，允许委托股东撤销应该没有不妥之处，信托法通常允许委托股东在表决权信托协议中保留信托撤销权。不同的是，大陆法系信托法比较重视委托人的作用，允许委托人随意撤销信托。如果委托人的撤销行为致使受托人受到损害的，委托人应该补偿受托人。英美法系国家比较强调信托的两权分离，一般认为，除非信托文件明确规定，否则，法律就会推定该信托属于不可撤销信托。

表决权信托具有不可撤销性，是表决权信托区别于表决权代理、表决权征集等类似制度的一个重要特征。由于表决权信托本质上是信托制度的一个创新，而信托制度最本质的特征是信托财产的所有权和受益权分离以及信托财产独立，一旦委托人将信托财产转移给受托人，受托人就成了信托财产名义上的所有人。为了保持信托财产的管理连续，英美法系国家规定信托成立之后，除非当事人在信托文件中另有约定，否则信托具有不可撤销性。但是表决权信托的不可撤销性并不是绝对的，当存在某些原因时，表决权信托协议将变得可以撤销。

（二）不参加表决权信托协议的股东是否可以撤销表决权信托

公司中一部分人的联合将会影响到未参与该联合的股东的利益，在美国，时常会看到未参加表决权信托协议的股东请求法院撤销表决权信托的诉讼。从实践来看，未参加表决权信托协议的股东提起撤销诉讼的主要原因，集中在担心其他股东通过表决权信托串通联合损害其利益。因为任何股东都有权利知道他所投资的公司被谁控制，自己投资公司的预期是否可以获得满足，也就是说，股东的知情权应该得到保护。不过，提起撤销表决权信托的诉讼，并不是未参加表决权信托协议的股东解决问题的唯一途径。在美国，很多州的立法都规定，未参加表决权信托的股东在表决权信托协议生效后，可以通过一定的方式加入该协议。

（三）债权人撤销表决权信托

1. 债权人不得随意撤销表决权信托

表决权信托一旦成立，表决权信托财产就将仅仅为了达成信托目的而存在，不再属于委托股东、受托人和受益人的财产。既然不属于各自的财产，那么，各自的债权人自然无权向表决权信托财产主张任何权利，无权随意撤销信托。但是，为了平衡委托股东与其债权人之间的关系，法律也会赋予债权人在特定的情况下撤销信托的权利。毕竟信托制度规避法律的功能自其产生时就存在，并一直延续到今天。

2. 债权人撤销表决权信托的条件

在英美法系国家，委托人的债权人撤销信托的行为主要不是由信托法规范，而是交给破产法。破产法规定，委托人进行财产处分后不久即被宣告破产的，或者委托人处分财产时意图欺诈债权人的，委托人的债权人可以向法院申请撤销委托人处分财产的行为同样适用于表决权信托。不过由于表决权信托证书的流通属于转让行为，委托股东会从转让行为中获取对价，债权人可以就对价获得清偿。

三、表决权信托的终止

表决权信托的终止，就是表决权信托关系因法律或信托文件规定的原因归于消灭。表决权信托关系的终止标志着表决权信托行为的终结。关于表决权的终止，需要关心的法律问题主要包括导致信托终止的事由以及终止的法律后果。

（一）表决权信托终止的事由

导致表决权信托关系终止的原因称为终止事由。表决权信托终止的事由多种多样，各国对此没有做专门的规定，实践中一般遵循法律关于普通信托终止的规定。实践中，导致表决权信托终止的事由很多，只要不违反法律和公共政策，当事人都可以在信托文件中约定表决权信托终止的依据。

1. 信托文件规定的终止事由发生

委托股东和受托人可以在信托文件中约定表决权信托终止的事由，这是私法自治原则在表决权信托中的体现。信托文件规定的表决权信托终止事由发生，表决权信托即应终止。

2. 信托期限届满

设立信托，不得超过反对永久信托规则允许的最长期限，立法一般要求信托设立的最长期限，是信托设立后80年或设立信托时生存的全部受益人死亡后21年。如果超过这个期限，将导致信托无效或者超过部分无效。大陆法系信托法没有对信托的存续做明确规定，字面上理解应该是信托可以永久存续。不过，对商事信托，一般有期限限制。从实践来看，由于大陆法系国家引入信托主要适用于商事领域，在大陆法系国家，大部分信托是有期限限制的。

3. 信托目的已经实现或信托目的确定不能实现

信托是为实现一定目的设立的，信托目的是委托股东和受托人设立信托意欲实现的目标，是信托成立和存续的基本要素。一方面，一旦信托目的实现，信托存续就失去意义，信托即应终止。另一方面，如果表决权信托的目的确定不能实现，表决权信托的存续也就失去意义，此时表决权信托也将终止。

4. 信托当事人协商同意

表决权信托的关系人（如委托股东、受托人、受益人，有时候包括所属公司、重组小组等）如果就表决权信托终止达成协议，表决权信托也应终止。表决权信托的设立是当事人意思自治的结果，通常也是涉及以上主体的利益，如果这些人对表决权信托的终止达成一致，表决权信托的存在将失去意义，表决权信托协议终止。

（二）表决权信托终止的后果

表决权信托终止后，表决权信托即不存在，表决权信托关系人之间的权利义务关系也即归于消灭。表决权信托终止后，将涉及信托财产的归属、信托的暂时存续以及受托人的清算义务等问题。

1. 信托财产的归属

表决权信托关系终止后，信托关系将不存在，随之产生的问题是剩余财产的归属。一般来说，表决权信托协议对信托终止后信托财产的归属有约定的，从约定；没有约定的，依法律规定确定。

2. 信托的暂时存续以及受托人的清算义务

信托终止后，将依照信托文件或法律规定，确定信托财产的权利归属人。在信托财产权利归属人确定之后，还要进行清算，并办理相关的财产和权利转移手续。这些清算和转移事宜客观上需要一定的时间。为了维护信托财产权利归属人的利益和保证清算的顺利进行，各国法律均规定这段时间信托仍视为继续存在。在此期间，受托人尽管实际上还控制着信托财产，但其主要职责是信托财产的清算、相关财产及权利的转移等；剩余信托财产权利归属人将变成信托受益人，不过，其权利只限于取得剩余信托财产，同时需要支付受托人为处理信托终止事务的正常支出和报酬。

 案例一：表决权信托契约

契约事项

1. 签署日期：1904 年 11 月 29 日。

2. 签约双方：委托方，安东尼奥·斯科维尔公司的股东；受托方，鲁埃尔·W.普尔和韦尔特·H. 班尼特。

3. 期限：5年。

4. 标的：安东尼奥·斯科维尔公司的普通股。

5. 目的：受托方以委托方的股东身份行使对公司的管理权。

6. 方式：股东将持有的表决权集中起来，然后全权委托给受托人。

7. 协议中受托人的权利：①在表决权信托委托协议存续期间，受托人拥有该股票下的所有权利，包括表决权；②协议生效后，委托人可以以其他形式接受该公司股票；③委托人有权申请出售持有的股票，并收取合理的费用；④当受托人由于协议的错误或者协议中未提到的事项犯下错误时，不承担法律责任。

8. 表决权信托协议必须在公证人的见证下，双方当事人在日期上方签字盖章之后才能生效。

安东尼奥·斯科维尔公司

1904 年 11 月 29 日签订的表决信托协议，在纽约法律框架下，安东尼奥·斯科维尔公司的股东通过签字成为协议的第一当事人，即委托方，以下简称股东；鲁埃尔·W．普尔和韦尔特·H．班尼特则为该协议第二当事人，即受托方。

第一当事人即委托人认为，作为安东尼奥的股东，在公司的管理中一致行动符合自己的利益。他们将各自所持有股票的表决权集中起来，交给受托人。受托人可以为了公司的利益，或者贷款者的利益，全权和自由裁量出售该公司的股份。

考虑双方的共同契约和前提，每人支付 1 美元给对方，则协议成立。

第一，第一方当事人持有安东尼奥·斯科维尔公司的股票，不同股东名字对应不同的表决权数字，各自与受托人签署协议。当事人都同意将股票证存在受托人处，期限为自本合同生效之日起至 5 年年满，或者受托人确认的不足五年的期限。存放之后，该股票证书所代表的股份应当从该公司的股东名册转出，转到受托人名下，或者受托人指定或任命的任何人名下；如果受托人人员职务变化，或者股份出售的原因所导致股份持有人的变化，则有必要继续转移该股份，直到协议规定的 5 年期限届满为止；受托人拥有所存放股票的任何名义上的或实质的权利，包括投票权；这类股票如果有股利的话，受托人还会收到股息。

第二，本协议生效后，受托人可以根据协议条款获得该公司股本的任何额外股份的存放（例如上市公司配股或拆分股份）。

第三，第一当事人即委托人各自同意，当受托人判断有利于促进公司及其他债权人的利益时，存放在受托人处的股票可以在任何时间被受托人自由出售或者转移，价格可以低于票面价值，换成现金或者等价物。上述受托人、他们的幸存者或者继承人，在得到法律等显性授权之后，有权从股票出售收益中扣除全部费用，支付公司债务，履行公司义务，或者他们认为适当的事情。在从委托方存放股票的收益中扣除该公司的债务后，如果有剩余，就应根据各自的利益，在鉴定协议的参与人中进行分配。

第四，在基于投票份额投票，或者协商出售所持有的股票时，受托人会时时行使他们的最佳判断。但是，委托人明确理解并同意根据本协议所做或本协议所省略的任何事项，如导致法律或判决的任何错误，任何受托人不承担任何个人责任。

第五，本协议可以几个副本同时执行，但每一个执行的副本都必须被视为原件，并共同构成同一个文书。

作为证明，到目前为止的本协议参与人要签字，并在签字之上加盖年份和日期的印章。

 ## 案例二：科罗拉多米德兰铁路公司表决权信托被动终止

表决权信托证书

表决权信托受托人特此通知：因为表决权信托证书的多数持有人已书面同意，我们将售出所有的表决权信托书所对应的科罗拉多米德兰铁路公司股票。表决权信托证书的持有者将得到优先股每份 12.5 美元、普通股每股 30 美元的付款，以解除表决权信托证书的关系。付款地点在中央信托公司大厦（纽约华尔街 54 号），时间预计在 1900 年 7 月 2 日以后。

纽约，1900 年 7 月 2 日

弗雷德里克 P. 奥尔科特

董事长，受托人

因为经营失利，该公司被恶意收购，原有股东失去了对公司的控制权，所以公司贴出上述公告，特此通知委托人，那些拥有表决权信托证书的股东已经以优先股每股 12.5 美元、普通股每股 30 美元的价格将股票出售。因此，他们的表决权已全部失效了，均属于被动终止。

复习思考题

1. 什么是表决权信托？简述表决权信托在美国的发展历程。

2. 表决权信托有什么特点？有什么价值？表决权信托的生效要件是什么？

3. 查阅资料，举几个表决权信托在我国应用的实例。

第十章

房地产投资实务
与房地产信托基金

学习要点

　　房地产投资可以分为对居住性房地产的投资和对商业地产的投资，根据不同的评价标准可以将房地产进行分级。客观来讲，房地产投资既有回报率高的优点，也有流动性偏低的缺点。房地产市场具有明显的周期性，其开发过程繁琐复杂。房地产信托被分为产权型和抵押型两种，通过信托基金的方式能够更方便地进行融资。房地产信托基金起源于美国，并且历经曲折的发展过程。此外，房地产投资信托基金有多种不同结构，其管理也呈现出多样性。房地产投资信托基金（REITs）的规模效益有其优点和弊端，其投资回报也值得深入研究。

第一节　不同类型的不动产投资

一、居住性质的不动产投资

（一）居住性质不动产的分类

房屋质量分类原理如图 10-1 所示。

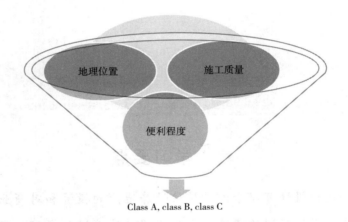

Class A, class B, class C

图 10-1　房屋质量分类原理图

同其他类型的商业结构一样，居住性质的不动产经常按照质量等级进行分类。根据质量，一般分为 A，B，C 三个房屋等级（见表 10-1）。同时，分级和房屋的房龄也有着密切的关系。总体来说，房屋建造的质量、所处本地市场的位置和周围基础设施的等级都会对房屋的评级产生影响。此外，当地市场的一般标准也会对评级产生影响。

A 等级房屋往往是最新的，用质量最好的材料建成，同时按当地市场标准来看，地理位置最佳。A 等级房屋提供的便利设施远远好于那些一般住房，例如，豪华的门厅、门房服务，聚会设施，健康俱乐部和其他生活基础设施。A 等级房屋的房租通常反映出租房人期待的基础设施和服务的级别。

表 10-1   三个房屋等级的比较

Class A	Class B	Class C
· 最新的 · 高质量建材 · 最优地理位置 · 便利设施	· 稍旧的（10～20 年） · 一般建筑材料 · 一般位置 · 便利程度一般	· 最旧的 · 位置不满意 · 便利设施很少

B 等级房屋往往比 A 等级的旧一些。很多时候，B 等级房屋的房龄通常在 10～20 年，新房屋的光泽已经褪去，能提供的有限的基础设施种类比 A 等级要少。B 等级房屋的地理位置处于当地市场的平均或者更次一点的水平，建筑材料、设施改善等按照社区标准也是一般的，而 A 等级住房与本地社区的住房标准比较，通常好于平均水平。

C 等级房屋往往是整个社区中最老的。这些住房建成通常有特定用途，被回收后改造成其他用途。比如一些城市中的旧的多层仓库通常被改造成 C 等级住房。这些住房往往位于不太好的社区，周围都是中低收入家庭。C 等级房屋生活基础设施较差，并且通常都是已经过时的、不好再使用的。C 等级房屋很少被在公开市场交易的 REITs 所拥有，除非它们被重新改造或改善成 B 等级或更高等级的房屋。

（二）住房需求

住房的需求通常受人口增长和家庭构成的影响：①人口增长。某个地理区域的人口增长通常会推动房屋的需求增长。②家庭构成。如新婚夫妇开始新的家庭生活，年轻人从家里搬出来，或者原有家庭破裂时离婚，通常会导致人们搬出原有住房。无论哪种情形，人们离开原有住房后，极有可能开始一段租房的生活，这推动了合租家庭住房需求的增长，如图 10-2 所示。

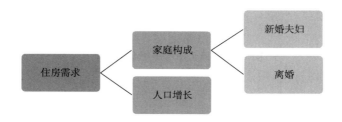

图 10-2   住房需求分析

（三）市场驱动力

1. 支付能力

支付能力是住房市场驱动力中的一个重要组成部分。如果你需要在一个地方居住，你要么租房，要么买房。消费者信心、贷款利率、经济增长和就业趋势等因素，都会对选择租房还是买房产生影响，但是最终的决定性因素还是支付能力。支付能力因素影响多数家庭对住房市场的预期。

2. 租金水平

以美国为例，20世纪90年代，旧金山地区的"互联网+"业务发展起来，大大推动了当地经济，大量的资本流入驱动了当地的"互联网+"业务，行业的爆炸式增长创造了大量的高端就业机会。这个地区中等家庭的收入水平是全国最高的，另外，本地市场供给的不利因素也促进了该地区房价和租金的上涨。市场供给的不利因素如开发用地数量有限、分区管理规定严格加剧了开发用地供给的紧张，缺乏成熟的建筑商更加限制了原本就紧张的住房供给能力。这创造了居民可支付房租能力基础上巨大的租房需求，导致租金上涨太快，空置率不断下降。这也使得居民支付得起的住房建设成为该地区的重要难题。旧金山房屋租金上涨原理如图10-3所示。

图 10-3 旧金山房屋租金上涨原理

3. 运营特点

租客周转率是房东面临的最大挑战。较短的租房周期使房屋所有者要经常对房屋进行重新定价，房客离开造成的损失通常并不小，但因为大多数房东拥有大量房屋，少数房客的变动对整个投资组合来说影响非常小。这里，最大的可变费用是指当房客离开后，对房屋出租重新营销的成本费用。

二、美国拼装房屋的不动产投资

这类不动产的拥有者提供房屋所在地的土地以及自建房所在位置的修缮服务。土地所有者并不实际拥有这些房屋，而是拼装房屋的居民拥有房屋。房客要对房屋所占用的土地向拼装房屋社区（Manufactured Home Communities，MHC）支付租金。MHC拥有者要维护公共区域和基础设施，房屋拥有者负责自己房屋的建造与维护。

MHC主要被分为两类（见表10-2）。第一类社区对居民没有任何限制；第二类是更高级别的老年社区，居住者通常是55岁以上的中老年人。每类社区都有它自己的特定优势与挑战。

表 10-2　自建住宅分类

第一类社区	第二类社区
· 没有限制 · 短暂居住，住房周转率高	· 年龄在55岁以上 · 居住稳定

在表10-2中，第一类社区中中等收入家庭（年收入27 000美元左右）占大多数，65%的家庭只有一两位成员。这些居住者的居住时长比那些更高级社区要短。这种居住期限短的特点使这里房客周转率偏高。第二类社区，即更高级别的老年社区，通常由更稳定的人口组成，周转率更低。虽然社区也有依靠固定收入的居民，但通常比第一类社区的居民更加富有。

与公寓相比，MHC房客周转率低是一个关键的差异因素。MHC平均年周转率大概是20%。这意味着MHC拥有者每5年更换租客，而公寓是18个月。低的空缺率是MHC的另一大特点。只要社区住满了，这种状态将持续下去。

MHC行业的房地产投资信托基金（REITs）最大的优点是资本支出率很低。MHC的资本支出大概占到净运营收入的5%，因为MHC拥有者只负责公共区域和基础设施，支出相对较小。MHC投资的特点如图10-4所示。

三、商业零售用途的不动产投资

商业零售地产的质量是根据租客的级别进行判断的。高质量的大零售集团往往对

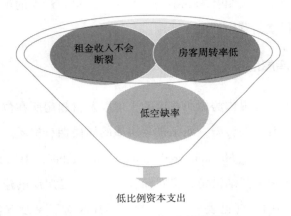

低比例资本支出

图 10-4　MHC 投资的特点

本地市场和交易区域有着更好的理解。商业零售地产的销售因素如图 10-5 所示。

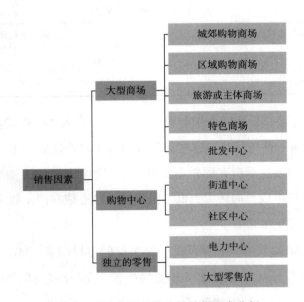

图 10-5　商业零售地产的销售因素分析

（一）关键名词

1. 黄金租户

黄金租户通常是股票市场公开交易的大型国内零售集团，他们被信用评级机构如穆迪、标准普尔等给予投资级别的信用评级。黄金租户往往代表着零售行业内最好的、最成功的组织，他们的存在通常会吸引其他互补性质的黄金租户。总体来说，一个被黄金租户主导的项目往往被评为 A 级别，那些不是被黄金租户主导的项目经常被评为 B 级别。

2. 死亡漩涡

死亡漩涡是指比较老的购物中心开始流失黄金租户的一种状态。这些租户通常会转移到更新的、更大的本区域内的其他空间。这样一来，旧的购物中心就很难吸引新的租户，无论是黄金租户还是非黄金租户。结果，黄金租户离开后，地产大面积空置，这往往是死亡漩涡的开始，旧的购物中心逐渐被废弃。

（二）商业不动产零售行业的趋势

商业不动产零售行业存在着两种废弃形式，如图 10-6 所示。

图 10-6　零售行业的竞争性废弃与功能性废弃

1. 竞争性废弃

竞争性废弃通常是当一个重要租户离开时，为了迎接新的租户，对原有房产进行重新改造。竞争性废弃也可能是由零售业动态变化导致的。例如，一个经营状况良好的百货商场可能会因为几英里外新开张的沃尔玛超市而被竞争性废弃。竞争性废弃通常需要一大笔资本支出，以使该地产重新焕发竞争力。这种竞争性废弃，解释了购物中心区域为何具有更高的资本支出。

2. 功能性废弃

现在一些超市平均占地约 6 500 平方米，十多年前这个数字约为 2 600 平方米。药店作为社区购物中心的一个重要租户，改变了购物中心的运营策略，现在更愿意成为购物中心边上的独立单元，而不是像以前那样在购物中心里面。大型零售商变得更大。随着零售形式的改变，旧式零售被功能性废弃，并且需要大量资本支出进行更新，使购物中心重现竞争力。

第二节　我国房地产投资信托基金

完整的房地产金融体系，应包括多元化、规范化的房地产金融产品和市场，发展房地产投资信托基金是其中应有之意。

一、房地产投资信托基金概述

（一）房地产投资信托基金的概念

1. 什么是房地产投资信托基金？

传统的房地产投资信托基金（real estate investment trusts，REITs）是指专门持有房地产与抵押贷款相关的资产，或同时持有这两种资产的一种封闭式投资基金。现代房地产投资信托基金，是一种通过发行收益凭证汇集多个投资者的资金，由专门的投资机构进行房地产投资经营管理，并将投资综合收益按比例分配给投资者的一种投资基金。最常见的投资标的为百货公司、购物中心、饭店、办公大楼。

在美国，设立 REITs 必须满足以下条件：①至少有 100 个股东，前五大股东（或持有人）不可拥有 50% 以上的股份；②每年至少将其纳税收入的 90% 分配给股东；③至少 75% 的总资产是房地产资产或房地产抵押、现金和政府债券；④至少 75% 的总收入来自房地产租金和抵押利息收入，以及出售房地产、所持有的其他信托股份和其他房地产资源所得。对 REITs 所应持有的资产和交易进行限制，是为了防止其从事与房地产集团和房地产公司无关的投资。

2. 房地产投资信托基金的分类

房地产投资信托基金按资金投向不同，可分为三类：

第一类为权益型房地产投资信托基金，投资 75% 的资产于房地产产权，获取租金收入，或者出售赚取差价。当前全球大部分房地产投资信托基金都属于这一类。

第二类为抵押型房地产投资信托基金，将募集资金以金融中介的角色，通过贷款给房地产开发商、经营者赚取利息收入，有时也会向其他银行购买不动产贷款或不动产贷款抵押受益证券，放入投资组合贷给房地产开发经营者。

第三类为混合型房地产投资信托基金，它兼有股权型和抵押权型的特点，综合以上两种业务，除收取商业不动产的租金外，也从事放款业务。

早期的房地产投资信托基金主要为权益型，目的在于获得房地产的产权以取得经营收入。然而，抵押型房地产投资信托基金的发展较快，超过了权益型房地产投资信托基金，主要从事较长期限的房地产抵押贷款和购买抵押证券。

另外，房地产投资信托基金还有很多其他分类方法。按股份是否可以追加发行，可分为开放型及封闭型：封闭型房地产投资信托基金被限制发行量，不得任意发行新的股份；相反，开放型房地产投资信托基金可以随时为投资于新的不动产增加资金而发行新的股份。房地产投资信托基金按是否有确定期限，可分为定期型和无期限型：定期型房地产投资信托基金，是指在发行基金之初就确定期限出售或清算基金，将投资所得分配给股东的事前约定；无限期型 REITs 则不确定固定期限。

3. 房地产投资信托基金的作用

（1）房地产投资信托基金能为房地产委托人提供可靠的融资渠道，促进房地产企业良性发展。开发商融资，首先选择期房销售方式，从客户处获得前期资金，其次向银行贷款，再或者从信托公司融资（成本相对较高）。如果还不能满足要求，房地产信托投资基金是一种选择。由于房地产是资金密集型行业，一旦开发商普遍资金紧张并触发风险事件，银行、信托等都会被牵扯进来，并且房地产开发往往是支柱产业，所以，房地产投资信托可以让多方受惠。开展 REITs 是房地产证券化的重要手段之一，能够盘活大量流动性较差的不动产，为房地产业发展提供了一种创新业务模式和一条新的融资渠道。

（2）房地产投资信托基金能够丰富资本市场的投资品种，为投资人提供一条稳定获利的投资渠道。其一，我国的房地产投资有抗通胀的属性，而且在特定时期内房地产投资回报较高，因而可以吸引大量资金进入。当然，盲目炒房也充满政策变化带来的风险。其二，上市的房地产投资信托产品，往往成为分散风险的资本配置品，因为上市 REITs 与一般股票的特性并不相同。其三，投资者通过购买 REITs，能够使其有限的资金投资于门槛较高的商业地产，REITs 稳定的租金收入（如果购买价格足够低的话，租金收入的回报率会高于银行贷款利息率）能够支撑 REITs 的生存与发展。其四，交易所上市的 REITs 交易模式类似于普通股票，相较于直接投资房地产资产，经营及财务状况透明度较高，流动性更强。

（3）房地产投资信托基金能够拓宽信托公司的业务范围，是信托业得以迅速发展的重要契机。由于房地产规模庞大，往往是一个国家的支柱产业，房地产投资信托基金拥有很好的市场基础，有利于行业的发展。

（4）开展 REITs 能够平滑房地产业的周期性。房地产业的周期与经济周期具有较强的关联度，易使房地产业出现周期性的供给不足与过剩，而 REITs 侧重于房地产业的长期投资，能够为房地产业的发展提供较为稳定的资金，进而平滑行业周期。

（二）房地产投资信托基金、房地产信托和房地产公司股票

1. 概念

在海外，房地产投资信托基金一般是一家公司，拥有并营运带来收益的房地产，例如办公大楼、购物中心、酒店、公寓和工业厂房，以租赁方式把这些物业出租给租户，股东以这些租金为回报。房地产投资信托基金的收益主要是租金收入和资产增值，因此投资者应该寻找能提供较高租金收入和有资产增长潜力的房地产投资信托基金。

房地产信托是指信托机构代办房地产的买卖、租赁、收租、保险等代管代营业务以及房地产的登记、过户、纳税等事项。事实上，我国房地产信托业务主要是房地产企业信托贷款（融资）。房地产信托贷款是信托机构运用信托基金或所吸收的信托资金，以贷款形式对房地产开发经营企业进行资金融通的一种方式。

股票是一种有价证券，是股份有限公司在筹集资本时，向出资人公开发行的、用以证明出资人的股本身份和权利，并根据股票持有人所持有的股份数享有权益和承担义务的可转让的书面凭证。房地产公司股票即上市房地产公司的一种有价证券。

2. 房地产投资信托基金、房地产信托和房地产公司股票的区别

（1）上市、流动性和价格。在美国，房地产投资信托基金可以分为上市和非上市的房地产投资信托基金。只要符合美国有关 REITs 的法规，可以不公开发行，也就成为私募房地产投资信托基金等。由于近些年来美国绝大多数的房地产投资信托基金都上市，给人们的印象是 REITs 一定要上市，这个概念一定要明确。新加坡和我国香港地区发行的房地产投资信托基金都是上市的。2021 年 6 月 21 日 6 月 21 日，我国首批 9 只公募不动产投资信托基金（REITs）产品正式上市交易。

上市房地产投资信托基金和房地产公司股票每天可以在股票市场交易。房地产信托流动性相对较差，一般来说投资者如想出售信托，需自己找到新的投资者来做交

易，还要对信托产品估价，因此成交相对较难。因此，上市的房地产投资信托基金和房地产公司股票流动性较好。

（2）回报和风险。房地产信托投资基金是一项属于集体的投资计划，以单位信托形式组成。从某种意思上说，它是一种买楼收租的基金，投资于物业资产，如商场、住宅、写字楼、停车场、酒店等，是具有较高透明度的租金收益的投资产品。房地产公司常常以投资房地产开发为主，因此相对于房地产投资信托基金，房地产股票属于高回报和高风险产品，投资者的预期回报简单说基本上是股票价格的差价和持有期间的股息（包括送股等），相对而言它很难给投资者带来稳定的收益。房地产投资信托基金的长期总和收益可能低于部分高风险高成长的股票，但这恰恰能满足追求稳当收入和资产增值的投资者的要求。房地产信托主要给房地产公司做贷款融资，投资者的预期回报一定大于银行存款利息，甚至高于银行贷款利息。因此，它的回报适中，风险也适中。

（3）时间。购买上市房地产投资信托基金和房地产公司股票，对投资者没有投资时间的限制，但投资房地产信托一般为 1~3 年。

（4）贷款控制。房地产投资信托基金在借贷方面有很严格的限制，一般融资比率只能占到总资产值的 50% 以下，这大大降低了它的市场风险。但作为一家房地产上市公司，对其借贷一般没有规定，这就增大了风险。房地产信托本身不存在另外贷款的问题。

（5）股利支付。房地产投资信托基金的股利支付比例很高。由于房地产投资信托基金必须把绝大部分的利润作为股利分配，因此投资者可以获得稳定的定期收入，而房地产公司股票或房地产信托没有这方面规定。

（6）信息披露要求。上市的房地产投资信托基金和房地产公司一样，有严格的信息披露要求，对房地产信托的这方面要求则较低。

二、我国房地产投资信托基金的发展和存在的问题

（一）我国 REITs 的发展

REITs 在我国的起步相对较晚。2003 年，该类产品开始进入我国香港房地产市场运作。2005 年 11 月，领汇房地产投资信托基金在香港上市，成为香港的第一支 REITs 基金。从内地来看，2005 年 11 月，商务部明确提出了"开放国内 REITs 融资

渠道"的建议；2006 年，证监会与深交所启动推出国内交易所 REITs 产品的工作；2009 年，央行联合银监会、证监会等部门成立"REITs 试点管理协调小组"，明确信托基金投向已经使用且具有稳定现金流的房地产物业；2014 年 11 月，根据住建部和有关部门的部署和要求，北京、上海、广州、深圳四个特大型城市将先行开展 REITs 发行和交易试点工作。

截至 2023 年 3 月，根据万得金融终端的数据，我国上市的 REITs 共有 27 家，总市值 962.42 亿。项目属性有特许经营类和产权类两类，项目类型包括交通基础设施（7 家）、能源基础设施（3 家）、仓储物流（3 家）、园区基础设施（8 家）、生态环保（2 家）和保障性租赁住房（4 家）。管理公司有中金基金（3 家）、华夏基金（6家）、中信建投基金、平安基金、国金基金、鹏华基金、浙商资管、东吴基金、建信基金、中航基金、华泰证券资管、博时基金、红土创新基金（2 家）、富国基金、华安基金、嘉实基金、国泰君安资管（2 家）等。

可以看出，我国 REITs 主要集中在基础设施、保障房等领域，对于住宅或商业地产，目前还没有上市 REITs。

（二）我国 REITs 发展存在的问题

1. 税收问题

实现我国 REITs 市场健康快速发展，首要问题是解决税收问题。国内的类 REITs 产品结构复杂，多为私募发行，流动性差。特别是对 REITs 重复征税，成为制约我国 REITs 发展的主要障碍。粗略计算下来，在扣除营业税、房产税、所得税等税种后，REITs 最终实现的收益只有租金的 60%~70%，加之我国目前的租金回报率较低，发行 REITs 很难达到国际上通行的 7%~8% 的 REITs 收益率。

从国际经验来看，合理的税收体制是 REITs 发展的基础。当前，国际上对 REITs 的法律框架主要分为税法驱动模式和专门立法模式。无论哪种法律框架，都按照税收中性原则，规定在一定分红比例条件下，REITs 分配给投资人的收入在 REITs 层面免征所得税。REITs 的发展一般都是在这种优惠的税收制度确定后，才有了实质性推进。税负问题日益成为我国加快 REITs 试点工作的突出障碍。

应直接出台税收优惠政策以加快我国 REITs 发展。之后，再结合市场发展的具体状况，考虑推动专门立法，对 REITs 的设立、结构、税收政策、投资范围、收益分配等进行明确规定。在政策制定中，要合理设置税收结构，重点解决 REITs 重复征税问题。明确 REITs 监管制度要求，有效规范 REITs 相关机构和产品，保护投资者权益，促进市场平稳有序发展。

2. 监管问题

首先，我国 REITs 还没有完善的监管性法律法规。其次是资产评估和登记问题，由于我国信托财产登记制度是生效主义，REITs 取得的财产无法实现对抗第三人，不利于维护投资者合法权益。在我国发展 REITs，顶层制度的建立才是发展的根本。

3. 相对于租金收入，房价往往偏高，使得 REITs 获得稳定的有吸引力的现金流较为困难

资产价格普遍偏高的情况下，商业与工业物业打包成 REITs 获得市场的青睐尚且比较困难，而对于租金收益不高的保障房，这一问题尤为严重。

4. 物业运作不够成熟

我国正面临着房地产行业的深度调整，因此成熟物业的运作显得更加重要，也更加需要专业的机构在房地产行业深耕细作。

据不完全统计，美国约 50% 房地产投资来自 REITs，对房地产业的稳定发展起到了巨大作用。他山之石，可以攻玉。积极吸取国外成熟经验，提升物业管理水平，加快顶层制度的设立，推出税收优惠政策或法规，REITs 在我国的发展会更进一层。

第三节　美国的房地产投资信托基金

一、美国的房地产投资信托基金

（一）美国房地产投资信托的起源和发展

1. 初期发展阶段：19 世纪中期—1959 年

法律规定和税收优惠促进了美国 REITs 的发展。

（1）19 世纪中期，工业化创造的财富推动了对房地产投资的需求。当时波士顿所在州的法律不允许公司持有不动产，除非这项不动产是经营的一部分。马萨诸塞信托正是对这类法律的回应，是第一种能够完全合法投资不动产的信托。

（2）马萨诸塞信托享有税收优惠，这对 REITs 作为一种有吸引力的投资工具至关重要。信托公司本身可减免联邦税，投资于该信托的个人所得到的租金收入分红可减免个人所得税。1935 年美国最高法院取消了其税收优惠条款，REITs 发展停滞。

2. 缓慢发展阶段：1960—1967 年

权益型 REITs 合法化后，由于股市行情不好，发展缓慢。1960 年，美国颁布《房地产投资信托法》（*Real Estate Investment Trust Act of* 1960），允许设立 REITs。该法的立法初衷是使中小投资者通过参与 REITs 投资于大型商业房地产，获得与直接投资房地产类似的投资收益。但法律只允许设立权益型 REITs，到 1967 年时只有 38 家权益型 REITs。其中 1962 年 5 月股市大幅下跌，加上投资人和分析师不熟悉 REITs，REITs 的发展比较缓慢。

3. 快速发展阶段：1968—1974 年

这一时期，形势和政策推动了 REITs 的发展。首先，资本市场变得更适合 REITs 证券的运作，较高的信贷利率使得建设与开发公司的资金极度短缺。由于当时相关制度和法律的限制，银行、信用社和保险公司都不能直接参与建设与开发（C&D）贷款业务，这就使它们产生了通过设立公募 REITs 以便参与这些业务的动机。1967 年开放了抵押型 REITs，其利率不受法律的限制，能够吸收到足够多的资金。

4. 衰退与调整阶段：1975—1985 年

虽然 REITs 繁荣一时，但很快暴露出一系列问题。低劣的投资决策、高比例的财务杠杆和 REITs 与其顾问间的利益冲突等因素使得 REITs 的资产水平急剧下降。具体表现有：①20 世纪 70 年代建筑业的蓬勃发展导致 REITs 对这类项目提供的融资急剧增加，由于贷款者之间的竞争，REITs 为一些有问题的高风险项目提供了融资，随之而来的就是大量抵押贷款的违约和建筑商的破产。②许多新成立的 REITs 利用短期资金来源提供长期抵押贷款，短期贷款资金到期后，就会迫使它们以不断升高的利率去借款。高比例的财务杠杆使 REITs 的资金成本超过了其投资的回报。③REITs 与其投资顾问之间内在的利益冲突。REITs 投资顾问的收入基于放贷资金的总额，其有强烈的动机促使 REITs 借款。结果，全部 REITs 资产价值从 1974 年最高的 204.8 亿美元下降到了 1981 年的 71 亿美元。公开上市 EBITs 和私募 REITs 的总数从 1972 年的 250 家下降到 1982 年的 124 家。

进入 20 世纪 80 年代以后，REITs 调整了投资策略和管理理念，降低负债比率，提高其稳定性。

5. 复苏阶段：1986—1990 年

美国 1986 年的《税收改革法》（*The Tax Reform Act of* 1986）带来了 REITs 的复苏。1986 年以前，REITs 因为不能抵减损失，无法与有限合伙制度竞争。1986 年以后，法律和税制改革有效地削减了大多数房地产有限合伙公司所享受的税收优惠。同时，1986 年税改允许 REITs 拥有房地产，并在一定条件下可以经营管理房地产。

REITs 财务状况也在 1986 年得到了明显的改善，负债比率由 1973 年的 70% 下降到 1985 年的 50%，而且中短期银行借款与商业本票融通只占总负债的 25%。对绝大多数资产属于长期性质的 REITs 而言，这可以大大降低其负债的流动性风险。

法律变化和 RIETs 自身的努力使得权益型 REITs 在所有权与资产经营上更加稳健。

6. 高速扩张阶段：1991 年后

（1）投资景气的复苏。1990—1991 年经济不景气时，房地产价格下跌了大约 30%~50%，1992—1993 年经济复苏时，房地产投资者纷纷进场。

（2）REITs 资产规模的扩大。一是创新型的 UPREITs 的创建，壮大了 REITs 的资产规模。1992 年立法创造了 UPREITs，UPREITs 是指房地产公司和私人业主将自己的物业以股份兑换而不是以出售的方式纳入 REITs 中，从而避免因出售物业获得资本收益的所得税。二是 1993 年，美国允许退休基金投资 REITs。

（3）增值服务拓宽了 REITs 盈利的范围和服务领域。1996 年 6 月，经过美国房地产投资信托基金协会（NAREIT）三年的游说和努力，美国国家税务局终于同意住宅类 REITs 向其租户提供有线电视服务，这也成为一系列关于 REITs 可以为租户提供各种延伸性增值服务的开端。1997 年 8 月，作为纳税减免法案的一部分，时任美国总统克林顿签署了 1997 年 REITs 简化法案。该法案拓宽了 REITs 可以提供的增值服务范围，同时允许建立专营森林木厂物业的 REITs。

（4）税收优惠鼓励大量的海外资金涌入美国投资房地产。1997 年 10 月，美国财政部修改税收条款，允许所有美国以外的投资者只需支付 15% 的 REITs 投资所得税。

美国 20 世纪 90 年代 REITs 的快速发展与税收、扩大投资主体的政策、经济景气以及行业自身的创新这方面的因素是分不开的，值得中国借鉴。

7. 21 世纪的发展

2002 年底，在美国各大证券交易所上市交易的 REITs 大约有 180 个，还有 100 多个未在美国证券交易委员会（SEC）登记的 REITs 在场外进行交易。在美国，REITs 的回报率通常高于固定收益债券的回报率以及直接进行房地产投资的回报率。截至 2005 年底，美国的 REITs 市值已经达到 3 306.91 亿美元。

根据安永会计师事务所 2020 年 1 月发布的美国 REITs 报告①，截至 2018 年末，美国 REITs（包含上市公开交易、上市非公开交易及私有）总市值超过 3 万亿美元，拥有超过 52 万项资产。美国 REITs 的投资行业包括数据中心、医疗、基础设施、仓储物流、住宅、写字楼、零售、工业、农林、酒店等。美国 REITs 高科技相关行业增长迅猛，基础设施、工业、数据中心三类行业在 2019 年都有超过 40%的增长率②。

（二）美国房地产投资信托的主要组织结构

尽管 REITs 的组织形式一般为公司形式，但在实际运作过程中，REITs 一般采取三种基本结构形式：传统结构、伞形合伙结构（UPREITs）和伞型多重合伙（DOWNREITs）结构。

1. 传统结构

1986 年以前，REITs 的资产管理和运作、REITs 房地产租赁服务、向承租人收取租金等活动一般外包给独立的合约方进行。因此，当时的 REITs 结构如图 10-7 所示。

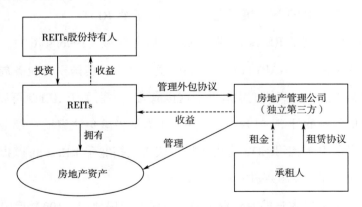

图 10-7 房地产投资信托的传统结构

① Economic contribution of REITs in the United States in 2018, January 2020.
② https：//www. sohu. com/a/437267746_ 480400? sec＝wd。

2. 伞形合伙结构（UPREITs）

UPREITs 是 20 世纪 90 年代初期，美国房地产商为了既能够迅速公开上市，又可以避税而进行的市场创新。UPREITs 可以以现金或份额（或两者兼有）出售资产，避免了实际交易房地产而产生的税收问题。在这种结构中，一个 UPREITs 基本上提供两种所有权形式，或者是 REITs 的股东，或者是经营合伙公司单元股份的持有人（见图 10-8）。

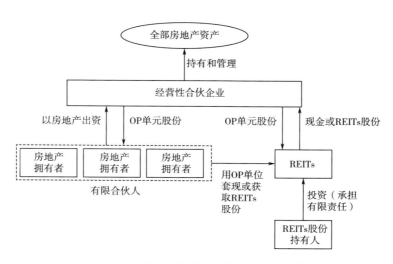

图 10-8　房地产投资信托的伞形合伙结构

由于美国房地产行业传统融资渠道受限，房地产商纷纷转向筹资成本相对较低的资本市场进行融资。1993—1994 年，美国 REITs 行业出现了 REITs 首次公开发行股票热潮。为了不进行房地产层面的交易，1992 年出现了伞形合伙结构 UPREITs（umbrella partnership REITs）。UPREITs 的出现促使 REITs 的私人所有权结构向公众持有的所有权结构转变，从而促进了美国 REITs 行业的大发展。

图 10-8 中，现有合伙企业的数个合伙人共同设立一个经营性合伙企业（operating partnership），然后转让自有房地产，以获取代表有限合伙权益的凭证——"经营型合伙单位"（operating partnership unit，OP 单位），成为有限合伙人。同时，公开募集成立一个 REITs。REITs 以融得资金向经营型合伙企业出资，成为后者的普通合伙人（即无限责任合伙人）。有限合伙人持有 OP 单位一段时间（通常为 1 年）后，合伙人可以把 OP 单位转换成 REITs 股份或现金，从而获得流动性。这种转换权

利实际上是一种"看涨期权"。REITs 融资所得资金交给合伙企业之后，后者用于减少债务、购买其他房地产等用途。

3. 伞形多重合伙结构（DOWNREITs）

伞形多重合伙结构是 UPREITs 结构的变形。类似于 UPREITs，伞形多重合伙也允许 REITs 在纳税递延条件下获得资产。不同的是，DOWNREITs 可以同时有多方合作，并且可以在信托基金和合伙人层面同时拥有财产。这个结构又给了 UPREITs 更多的灵活性，因为它可以将各资产组合成合伙结构。

DOWNREITs 结构最早出现于 1994 年。1992 年以前设立的"老"REITs 改组成为 DOWNREITs，可以大规模吸收新的房地产所有者，并与这些房地产所有者组成一个经营性合伙企业，从而迅速扩大规模，谋求上市融资便利和获取规模效益（见图 10-9）。

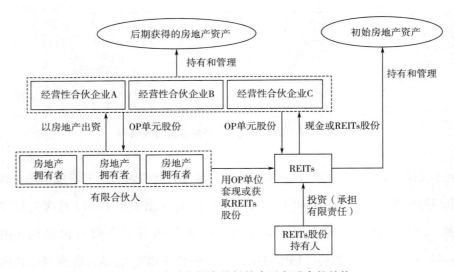

图 10-9 房地产投资信托的伞形多重合伙结构

与 UPREITs 结构不同的是，在 DOWNREITs 结构中，REITs 可以成为多个合伙企业的普通合伙人，具有更大的灵活性。REITs 直接拥有和经营大部分房地产，经营性合伙企业拥有和管理其余房地产（一般是新收购或有限责任合伙人出资形成的房地产）。一般说来，房地产拥有者以房地产向经营性合伙企业出资，换取 OP 单位，成为有限责任合伙人。

二、美国 REITs 的管理

（一）REITs 的管理方式

1. 两种管理方式的概念

内部管理模式（internal management），由公司或受托人自行管理。外部管理模式（external management），要求基金必须聘请公司以外的人对公司进行管理。

2. REITs 管理模式由外部管理向内部管理演变的过程

美国国会最初设定 REITs 的定位是共同基金，属于被动的投资工具，即外部管理的模式。但是随着时间的推移，人们渐渐发现这种模式存在着各种弊端，于是开始从外部管理向内部管理转化，具体数据详见表 10-3。

表 10-3　1993 年至 1997 年不同物业管理结构下 REITs 的分类　　单位：家

管理结构	1997 年	1996 年	1995 年	1994 年	1993 年
内部管理	164	120	118	73	41
下属管理	54	70	71	51	76
无关的第三方	50	62	77	58	67
混合类型	0	0	6	11	12
总计	268	252	260	171	172

资料来源：NATREITs 出版的多篇论文。NATREITs 于 1992 年开始发表关于内外部管理 REITs 的相关作品。

注：表中 REITs 样本既包括私人交易的 REITs，也包括公开交易的 REITs。

从表 10-3 中我们可以看到，采用内部管理的 REITs 的数量从 1993 年的 41 家增长为 1997 年的 164 家。而同期采用外部管理的 REITs 的数量大幅度下降：由下属管理经营的 REITs 的数量，从 1993 年的 76 家下降为 1997 年的 54 家；无关的第三方管理的 REITs 的数量，在同期从 67 家降为 50 家。大多数近期成立的 REITs 都采用内部管理的模式，并且大多数 REITS 的管理方式开始从外部管理向内部管理转变。

3. 外部管理的问题

我们可以简单设想一个使用外部管理可能出现的情形。如图 10-10 所示，如果 RIETs 雇佣时候就存在利益冲突的问题，这个房地产经纪人可能会为了自己的利益，做出不利于 REITs 股东权益的决策，从而产生较高的代理成本。外部管理存在的问题

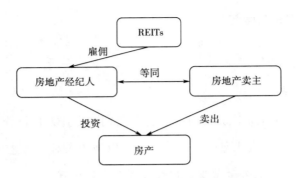

图 10-10　REITS 中的主体关系

可以归纳为：

（1）多家代理行为中的利益分配（revenue allocation）矛盾。一个外部顾问往往同时为几家 REITs 工作，那么，遇到投资机会他会给哪家呢？显然，在这种情况下，房产会流向该管理者利益最大化的方向而牺牲某些 REITs 的利益。

（2）自我交易（self-dealing）中的利益矛盾。因为顾问也可以是交易谈判中的一个参与者，所以与顾问有关的一方或者是其附属的实体，就能够从 REITs 得到优惠的条件。假如这种情况发生，遭受损失的就会是 REITs 的股东。

（3）外部顾问水平（consultant level）不高带来的局限性。

（二）两种管理方式对于 REITs 的影响

1. 股票表现

1985—1992 年，使用内部顾问 REITs 的股票业绩超过使用外部顾问 REITs 的约 7%。这是因为外部顾问的报酬是以 REITs 的资产规模为基础的，因此他们有通过贷款增加资产基数的动力。但这将带来较高的代理成本，使股票业绩下降。

2. 经营效率

使用内部顾问的 REITs 确实比使用外部顾问的 REITs 有较高的租金收入和总收入、较低的支出比率和资本成本。

3. 投资风格

使用内部顾问的 REITs 比使用外部管理的 REITs 有明显高的 β 值。使用内部管理的 REITs 有较强自主性，因此更倾向于投资成长股，获得较高的长期收益。

三、REITs 的规模经济

（一）规模经济的益处

1. 成本分摊

大型的 REITs 可以将其固定成本在较多项目间进行分摊，因而其经营费用率较低，如明显较低的筹资成本。这种规模成本分摊所带来的规模经济并不是线性的，而是当公司增长超过一定规模，规模效应可能会减少。换句话说，存在最佳规模经济。

2. 更容易识别更好的投资机会

规模大的 REITs 拥有识别细分新市场的充分资源，所以比较容易识别出更好的投资机会。因此，大型的 REITs 可以享受信息优势，能够在适当的时机进入适当的市场，从而获得不断提高的盈利能力。

3. 更容易吸引证券分析师的追踪，吸引更多的投资者

大型 REITs 会吸引更多的证券分析师来追踪其股票，并且这种详细审查与监管的增加可以减少 REITs 的代理成本。

（二）规模经济的弊端

1. 管理层级增加带来的决策效率降低

假设有 4 家小型 REITs，分别投资于公寓、独立式住宅、办公楼和零售商业物业（情况 A）。每一家公司的总经理对其经营的物业都有充分的了解，可以和基层物业管理人员一起直接做出决策。

假设我们通过将其两两组合，形成较大的 REITs（公寓和独立式住宅组合，办公楼与零售商业物业组合），我们必须在新的 REITs 决策层中创造一个层次。这样，该决策体系中就有 3 个层次：① 1 位总经理；② 2 位经理；③ 一线人员。在这种新结构中，一切决策将经过两层（而不是一层）才能到达最终决策者。很明显，当我们将这个结构与情况 A 中的结构相比时，已经观察到某些额外的费用和低效率。

我们试图让 REITs 变得更大，将所有 4 家 REITs 组合在一起。现在这个决策体系中有如下几个层次：① 1 位总经理；② 2 位部门主管；③ 4 位经理；④ 若干一线人员。尽管这些 REITs 的组合可以节约某些成本，但也增加了更多的岗位，一些重要的决策还必须由总经理来决定。也就是说，由一线人员提供的信息必须通过三步才能到

达总经理处，使效率降低。

2. 工资成本可能上升

规模大小是 REITs 行政管理人员报酬的决定因素。换句话说，随着规模的扩大，工资成本可能上升。

3. 成长机会有限

假定作为一家大型的 REITs，最大的好处之一是其以较低成本购置物业组合的能力。但是，这会给那些集中投资于某一特殊房地产类型，或是某一特定地理区域的 REITs 带来问题。对这些 REITs 来说，成长机会有限，规模扩大也许不利于其提升盈利能力。一些优秀的 REITs 只是关注其已有的物业并很好地管理它们，而不追求物业的购置。对于那些认为房地产始终是一项区域市场知识的、具有区域性和特殊领域性的经济活动的投资者来说，大型 REITs 显然不是一个最佳的选择。

四、投资 REITs

（一）REITs 的投资回报

1. REITs 投资回报的影响因素

REITs 投资回报的影响因素有以下几点：①REITs 的类型；②利率；③区域生产总值及区域经济规划等未来经济活动水平；④持有的房地产价值；⑤证券市场的交易活动；⑥特殊因素。

2. 权益型 REITs 与抵押型 REITs 绩效的比较

资产类型不同的 REITs，其长期绩效也完全不同。几乎所有的学术研究都发现，在按照总资产类别划分的两类 REITs 中，权益型 REITs 风险调整后的超额回报胜过抵押型 REITs。抵押型 REITs 长期的不良业绩，导致权益型 REITs 机构投资者增多，从而增加了可供投资者利用的信息量，降低了投资的不确定性。

3. 与其他房地产证券化形式的比较

总的来说，作为一个不动产证券化产品，在考虑风险的情况下，REITs 不会比其他在证券市场交易的不动产资产，如房地产经营公司（real estate operating companies，REOCs）、业主有限合伙公司（master limited partnerships，MLPs）和混合房地产基金（commingled real estate funds，CREFs）表现得更差。相比 REOCs 和 MLPs，REITs 吸引了更多机构和个人投资者的关注，将成为未来间接持有不动产的主导方式。

（二）　与股票市场投资回报的比较分析

1. 与股票市场投资回报关联性低

首先，虽然 REITs 的价格运动受股票市场影响，但是两者的关联度很低。其次，从长期来看，REITs 拥有高比例且稳定的分红，这使得 REITs 带来多样化的好处。

2. REITs 投资回报具有周期性

相对于股票市场而言，长期来讲 REITs 资产组合的绩效并没有超额收益，但在房地产周期的不同阶段，风险调整后或高于或低于股票市场回报。

（三）　REIT 是否可以抵抗通胀

研究表明，房地产一直是对抗通货膨胀或非预期通货膨胀的上佳工具。然而，对历史数据的研究表明，从短期来看，尤其是对非预期的通货膨胀，所有的 REITs 可能都不是好的抵御工具。

（四）　对 REITs 股票的投资

1. REITs 股票市场的无效性

（1）从历史角度来看，REITs 股票的市值与回报变化，都与小型股票最相似。机构投资者对小型股票没有多少兴趣，所以证券分析师不愿意跟踪分析，信息缺失导致市场很难确定 REITs 股票的真正价值。

（2）REITs 所持有的房地产的价值信息很难获得。由于房地产市场倾向于被分割成小型的地区性市场，因此要想确定一家 REITs 的资产价值，就不得不对其每一宗地产所在的市场进行逐个调查。所以即使有少数投资者愿意去进行研究，他们也不太可能把自己的信息与他人分享。

2. 股票型 REITs 交易策略

（1）基于股价反转的交易策略。库珀、唐斯和帕特森（1999）的研究表明，采用反向交易手法（上涨时卖出、下跌时买进）和积极的交易策略，即使考虑巨大的交易成本，回报也要高得多。

（2）股票型 REITs 的顺势交易。顺势交易与反向交易相反，上涨时买进，下跌时卖出。1990 年以前顺势交易对 REITs 的作用非常微弱，但 1990 年以后从交易中获得的利润大幅增加。产生差异的原因可能是，1990 年以后 REITs 的组织结构、所有权结构和经营策略显著变化，使 REITs 估值的不确定性更高。

房地产信托案例：Y 项目贷款集合资金信托计划①

一、项目背景

1. 项目基本情况。A 公司注册资本 4.24 亿元，主营房地产项目的经营与开发。B 集团是 A 公司的全资母公司，持有 A 公司 100% 股权。C 集团是 B 集团的控股股东。A、B、C 的股权关系如图 10-11 所示。A 公司自成立以来已开发完成 7 个项目，总建筑面积达 50 多万平方米，均已全部售罄。目前，A 公司重点开发 Y 项目，该项目地处 H 市大学城中心区域。《H 市战略发展规划》中明确指出，该区域将作为今后 H 市发展规划的重要组成部分。A 公司具备房地产二级开发资质，Y 项目已取得《国有土地使用证》《建设用地规划许可证》《建设工程规划许可证》《建筑工程施工许可证》。该项目占地 209 240 平方米，总建筑面积 398 085 平方米，分甲、乙、丙三区开发：甲区以联排别墅为主；乙区包括 7 幢 4 层的花园洋房、4 幢 33 层的高层住宅和 1 幢 5 层的商业综合楼；丙区包括 7 幢 18~27 层的高层住宅和 1 个幼儿园。

图 10-11 A、B、C 的股权关系图

2. 政策情况。随着近年来 H 市经济的快速发展和国家宏观政策背景的转变，以及若干重大项目的建设，为了更好地指导城市建设与发展，2011 年 2 月，H 市政府委托某城市规划设计研究院着手编制《H 市空间发展战略规划》。该规划文件表明，项目所在区域将作为 H 市规划的重点区域，建设以商务办公、总部经济、会议展览等功能为主导的公建中心，打造城市综合体，成为 H 市发展新亮点。与此同时，全面推进该区域中心区外围建设，引导空间拓展和功能布局优化，使中心区优化整合与新城开发建设联动并进。

3. 项目所在地情况。Y 项目位于该区域中心位置且紧贴 H 市大学城，与市政府相邻，有着良好的行政配套，周边有地税局、公安局、工商局、国土资源局、银行及

---

① 资料来源：《房地产信托融资的典型模式及案例》. http://www.doc88.com/p-0028542242090.html.

零售商业等，且交通十分便利。

4. 关联公司情况。B 集团是 A 公司的全资母公司，总股本 5.36 亿元，主营业务是房地产开发，在 H 市树立了良好的口碑，成长性较好。2010 年，A 公司房地产销售回款超过 25 亿元，在 H 市占有率较高。截至 2010 年底，B 集团资产总额 50 亿元，负债总额 26 亿元，净资产 24 亿元。

二、信托计划方案

1. 信托计划。项目信托计划信息详见表 10-4。

表 10-4　H 市 Y 项目贷款集合资金信托计划信息表

产品名称	Y 项目贷款集合资金信托计划
发行规模	3 亿元
起点金额	300 万元
信托期限	信托期限 18 个月，自本信托计划成立之日起计算
预算年化收益率	300 万以下为 8.5%，300 万以上为 10%
资金运用方式	信托资金用于向 A 公司提供房地产开发贷款，利率为 15%/年，全部用于 Y 项目乙区开发建设

2. 交易结构项目信托计划交易结构。详见图 10-12。

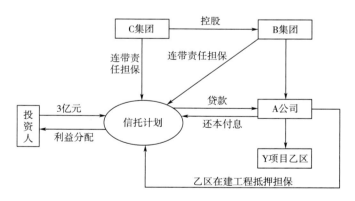

图 10-12　Y 项目贷款集合资金信托计划交易结构

图 10-12 中，A 公司获得了 3 亿元的信托贷款。

复习思考题

1. 房地产是如何进行分类的？居住性质的房地产和商业房地产的等级划分标准是什么？

2. 什么是 REITs？试述其分类和作用。

3. 简述房地产投资信托的三个主要结构。

4. 简述 REITs 的内外部管理模式。

5. REITs 的规模经济有何优点和弊端？

6. 影响 REITs 投资回报的因素有哪些？搜集材料并加以阐释。

7. 房地产信托有哪些类型？各自有什么特性？

8. 搜集资料，了解我国 REITs 的发展现状，分析其主要问题并提出对策。

第十一章

信托避税、避税港 与国际资本流动控制

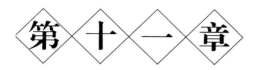 学习要点

本章讲授离岸系统的基本知识、英美避税系统以及国际资本流动的控制。英美法系中的信托是可以避税的，拥有独特的避税系统。离岸中心就拥有特殊的避税优势，吸引着全球资本集聚在此设立信托。往返英美避税天堂的国际资本流动，甚至影响着国际金融秩序。信托一直是西方富人与财团的重要避税工具。

第一节 避税港

无论是离岸市场还是离岸中心，都是为了规避某种制度而存在的。

一、离岸中心

离岸中心是指通过提供稳定的政治保障，使企业和个人免受其他国家和组织法律的监督和裁决，以达到吸引企业和个人到此开展商业活动的场所。离岸中心给公司提供了逃避社会责任的安全区域，包括税收、金融条例、刑法、继承法以及其他法律法规的管辖。

离岸系统并不是在全球经济以外自由发展产生的。所有银行业中超过半数的资产总值以及跨国公司超过 1/3 的海外直接投资，都是在离岸市场发生的。2010 年，仅全球的小岛金融中心的资产负债表就增加了 18 万亿美元，这相当于全球生产总值的 1/3 左右。欧洲的百强企业中，有 99 家通过离岸分公司开展业务。

（一）避税港的特征

避税港，是指税率很低甚至完全免征税款的国家或地区。根据荷兰国际财税文献局所编《IBFD 国际税收辞汇》的解释："凡符合以下条件的国家或地区，就可以认定为避税港：①不征税或税率很低，特别是所得税和资本利得税；②实行银行或商务保密法，为当事人保密，不得通融；③外汇开放，毫无限制，资金来去自由；④拒绝与外国税务当局进行任何合作；⑤一般不定税收协定或只有很少的税收协定；⑥是非常便利的金融、交通和信息中心。"

避税港有如下特征：①通过不同的方式、不同程度地拒绝与其他地方司法系统合作和进行信息交换，以达到为公司提供秘密商业活动场所的目的；②采用极低的税率或者零税率，通过向人们提供合法甚至是非法进行逃税的场所而吸引财富；③为外国投资者提供零税率投资场所，对本国居民投资者采取全税率征收；④当地金融服务业极其庞大，与当地经济总体规模不成比例。

（二）避税机制

国际避税一般是指跨国纳税人利用国与国之间的税制差异以及各国涉外税收法规和国际税法中的漏洞，在从事跨越国境的活动中，通过种种合法手段，规避或减小有关国家纳税义务的行为。

以避税港开曼群岛为例。开曼群岛位于加勒比海西北部，毗邻美国，征收的只有进口税、印花税、工商登记税、旅游者税等几种简单的税种，不征收个人所得税、公司所得税、资本利得税、不动产税、遗产税等直接税。各国货币可以在此自由流通，外汇进出自由，资金的投入与抽出在这里完全自由，外国人的资产所有权得到保护，交通运输设施完备。开曼群岛现已成为西半球最大的离岸融资业中心。20 世纪 90 年代初，全世界排名前 25 的跨国银行都在开曼群岛设置了子公司或分支机构。在岛内设立的金融、信托类企业总资产已超过 2 500 亿美元，占欧洲美元交易的 7%，涉及56 个国家和地区。

通过人为地在公司内部转移调整定价，跨国公司可以将利润转移到极低税率的避税港，同时将成本转移到高税率国家用来抵免应纳税额。全球大约 2/3 的过境贸易在跨国公司内部发生，由于转移错误定价的存在，发展中国家每年损失在公司内部交易的税收达到 1 600 亿美元。

（三）全球避税港系统

全球的避税港按照区域，大致可以分为三类：第一类是围绕英国的，第二类是围绕美国的，第三类是其他。按照与海洋的关系，避税港可以分为两类：一类是在陆地上，一类是在大洋的海岛上。

1. 欧洲避税港

欧洲避税港产生于第一次世界大战时期，主要地区包括：

（1）卢森堡（世界最大的几个避税港之一），拥有健全的税收制度，对所得、财产和流转额均要课税，公司所得税的税率也较高，但卢森堡对控股公司有特殊的免税政策，例如对符合条件的控股公司不征收所得税。

（2）荷兰（2008 年离岸公司交易量为国内生产总值的 20 倍）。

（3）奥地利和比利时（体现在银行保密性方面）。

（4）列支敦士登、摩纳哥、安道尔、葡萄牙等。列支敦士登居民公司仅需缴纳

7.5%~20%的所得税，控股公司和离岸公司所得还可以免缴所得税，这类公司每年只需按注册资本和资本公积金缴纳0.1%的资本税。

（5）伦敦离岸网络。在泽西岛、根西岛和马恩岛以及海外领土（如英国在西印度群岛的海外属地开曼群岛），伦敦的银行家们可以通过这个网络进行在英国本土被禁止进行的商业行为，并为这些行为找到推诿的借口。

2. 美洲避税港

（1）巴哈马共和国。该国没有资本利得或资本转让税，没有遗产税、销售税和增值税，征收不动产税，收印花税、工资税、营业税（对保险公司的保费收入）和关税。其主要的财政收入来源于对银行、公司征收的年注册费和许可证费。但是，巴哈马的外汇管制比较严格。

（2）百慕大群岛。除工薪税（社会保险税）外，百慕大群岛不对任何所得征税，也没有财产税，只对境外的遗产征收一些认证费。此外，百慕大群岛还向豁免公司保证不对其课征所得税和资本利得税。

（3）开曼群岛。目前岛上不征收任何所得税和财产税，对外国投资者在岛上注册但不在岛上经营的豁免公司提供20年内不征收所得税的保证，豁免信托公司可得到50年内不课征所得税的保证。

（4）美国离岸系统。具体包括：①联邦层面。美国联邦政府颁布了一系列免税政策、保密条款以及专门法律用来吸引国外投资者采用真正的离岸模式在美国进行投资。②各州层面。地方各州通过独立立法吸引离岸投资，如佛罗里达的银行业。③小型的海外卫星网络。

在财务保密指数上，位于第五位的是英国，但是其国内的保密结构相对透明。第三和第四位的是瑞士和开曼群岛。卢森堡名列第二。美国已经成为世界上最大的避税港，名列第一。

二、国际避税港的利弊分析

设有离岸中心的国家可直接或间接得到很多好处。如果这个国家缺乏自然资源，又无法获得国际资本发展经济，那么，离岸金融业成为其获得资金支持的渠道（加勒比共同体就因此获得了经济多元化的契机）。设立国际避税港增加了注册地政府的财政收入，解决了就业，带动了其他经济部门的发展。离岸金融业与其他经济部门密切相关，它的直接受益者包括：宾馆、餐馆、超市；公共设施特别是电信部门；政府，可通过收取注册费和管理费获取收入；高级管理人员如会计师、律师、有经验的银行管理人员和公司秘书，能有更多的就业机会。

国际避税港的危害性在于：首先，驱使大量资金流向易于逃避税收的国家和地区，造成资本的非正常流动，侵蚀了相关资本输出国的税收利益。其次，国际避税港的存在破坏了国际税收秩序，尤其是避免双重税收协定（double tax treaty），不利于各国间的经济、技术和人才的正常交流。最后，国际避税港的存在也造成实际税负的不公平，不利于国际投资和贸易的正常发展，助长了洗钱和腐败活动。

避税港的存在使高税国蒙受了很大的财政损失。一些国际组织也从维护税收公平原则的角度，对避税港加以否定，再加上国际避税港具有的特殊地理和财政经济条件，并不是多数国家所具备的，因此，设立国际避税港的道路不是大中型国家发展经济的捷径。

在扩大对外开放、实施对外贸易多元化战略时，我国一方面应加强反避税工作，打击避税，保护国家利益；另一方面，我国企业在国际市场上及对外投资中，在不违反国际税法、不损害我国利益的情况下，应学会利用国际避税港这一国际"惯例"，以取得更好的经济效益。

三、离岸信托的避税功能与全球金融危机

（一）美国特拉华州的"离岸"环境

离岸金融业务是指银行吸收非居民（主要包括境外的个人、法人、政府机构、国际组织）的资金、为非居民服务的金融活动。

特拉华州是美国第二小的州，超过半数的美国上市公司和世界500强近2/3的企业都是在这里注册成立，并且这个小州在2007年主持了美国超过90%的债券的首次公开发行。这些公司被认为是为大众服务的，但特拉华州却采用了"随心所欲的民营企业"这样一个概念。在这种概念指导下，公司和个人都追求自己的利益，政府则是局外人，秉承着公益会自动调节到最佳状态的假设。

美国特拉华州提供了一个典型的"离岸环境"：你越富裕，你需要交的税就越少。比如，对银行低于2 000万美元的收入，他们设定了8%的银行特许税；对于2 000万~2 500万美元的收入，税率则是6%；依此类推，银行收入大于一定额度时，

只需要缴纳 1.7% 的赋税。

1981 年 2 月，《特拉华州金融中心发展法案》通过。该法案规定，特拉华州将对个人贷款、汽车贷款等取消信用卡的利率上限限制，银行在欠款人无法履行信用卡的还款义务时，将有权取消他们的房屋抵押赎回权。关键问题是，其他州的银行如潮水般地涌入特拉华州，特拉华州信用卡行业开始蓬勃发展，未偿还的信用卡欠款极速增长。

（二） 离岸中心避税港加剧了全球债务风险

借短放长，可以赚取免税钱，但风险很大。每隔几天便要滚动短期贷款，即用一笔贷款去代替另一笔贷款。这里的极度自由，将秘密司法管辖区变成了高风险的银行新产品的聚散地。

2009 年国际货币基金组织发布了一份详细报告，解释了避税港与扭曲的境内税务系统是如何鼓励公司借贷、加速全球债务引擎运转的。公司从境外借钱，然后向离岸金融公司支付贷款利息，利润是在境外产生的，所以免税；成本（即利息费用）是在境内产生的，还可以用来抵免税收。

（三） 离岸中心秘密司法管辖区使全球金融监管环境恶化

秘密司法管辖区为公司尤其是金融公司提供了无尽的诱惑，使它们乐意来这里开展业务。这些复杂的境内和境外的综合体加大了债权人和债务人之间的距离，甚至银行家都不清楚他们的最终客户到底是谁。国际货币基金组织指出，通过典型的不充分陈述，离岸系统"增加了财务安排的复杂性和不透明度"，从而"可能妨碍金融监管"。

（四） 离岸中心避税港使大公司维持垄断

离岸系统帮助跨国公司减少纳税并快速增长，使得本就弱小的创新公司更难与其竞争。当小型的创新公司真正开始成长的时候，就变成了"捕食者"的目标。

（五） 离岸中心避税港使巨额资金出入国家受到深远影响

由避税导致的非法资金流动对发展中国家不利，每年从发展中国家流出的资金超过 1 万亿美元。以"再开发票的惯例做法"为例，伦敦的商人从一位莫斯科的出口商那里购买了一批价值 1 亿美元的石油，这位出口商给伦敦的出口商开出了一张价值 1.2 亿美元的发票，并告诉他会将 2 000 万美元悄悄地汇入他在伦敦的账户。俄罗斯的贸易统计将记录 1.2 亿美元的资金，即使实际上只有 1 亿美元流出。这笔资金扰乱了英国的房地产市场，房价提高了，初次买房者发现他们买房更难了，房地产泡沫化加深了，整个经济体中的负债也随之增加。

 案例：新加坡——我国离岸信托避税的临近舞台①

新加坡在 1968 年成立了金融中心，但它仍然是英国英镑货币区的一部分。2014年的全球金融中心指数（GFCI）排名报告中，新加坡是继纽约、伦敦、香港之后的第四大国际金融中心。1819—1942 年，新加坡归英国管辖；1941 年，发生"新加坡"之战；1942 年 2 月 15 日，英军总司令白思华宣布无条件投降，新加坡被日本管辖；1945 年日本第二次世界大战战败，英军回到新加坡；1963 年，新加坡独立；1965 年 9 月 21 日新加坡加入联合国，同年 10 月加入英联邦；1967 年 8 月 8 日，新加坡协助成立东盟。

据万得金融终端数据，2020 年 11 月，新加坡的货币供给 M_1 是 2 611 亿新加坡元，M_2 是 7 127 亿新加坡元，同期外汇储备达到 3 526 亿美元。

一、新加坡信托行业发展现状

新加坡作为世界金融中心之一，市场基础坚实，金融基础设施齐全，基金管理经验丰富，为信托行业的发展提供了优越的平台。据新加坡金融管理局统计报告显示，2011 年新加坡的货币供给是 6 000 亿元人民币，总的外汇储备达到 1.86 万亿元人民币，资本流动十分活跃。从事信托业务的机构有 70 家，其中注册成立的信托公司48 家，拥有信托业务的商业银行、金融企业、汇款机构、汇兑机构共 22 家。新加坡对信托行业的管理非常完善，专业的受托人必须获取执照并接受监管部门的监管。在新加坡信托法律体制下，设立人可以保留其投资的权利，因此，客户仍然可以积极地参与到信托资产的投资管理中。

二、新加坡信托行业的税收环境

作为中国离岸信托避税的临近舞台，新加坡除了优越的金融环境和专业信托服务，更在于其对信托行业采取宽松优惠的税收政策。

---

① 资料来源：许文君．新加坡——我国离岸信托避税的临近舞台 [J]．财经界，2014（6）：273-274.

（一）新加坡对信托基金的征税

新加坡以属地原则征收所得税，凡来自新加坡的一切所得均需纳税，但来自国外的股息、国外分支机构的利润或通过国外劳务获得的收入免税。在新加坡设立的信托基金取得的投资收入必须按照新加坡所得税法缴纳公司所得税，最高税率为17%。新加坡公司所得税法对不同的信托基金取得的收入都做了详细的规定，包括房地产投资信托（REITs）、指定的单位信托，或者中央公积金局（central provident fund board，CPF）认可的单位信托、海外信托、慈善目的信托、注册商业信托等。根据新加坡公司所得税法，信托基金享有很多优惠的税收减免条例：① ①信托公司应税所得的前20万新币可以获得税收抵免，前1万新币可以免除其75%的所得税，剩余的19万新币的应税所得可以免除50%的所得税；②信托基金只要符合相关条款的规定，就可以适用税收透明优惠条例，免征公司所得税或者享受特许使用权10%的低税率，如对于房地产投资信托，符合的条件是指受托人在同一年将其至少90%的应纳税所得额分配给基金单位持有人；③对信托和商业信托公司分配给基金单位持有人、受益人和股份持有人的收益不征所得税；④对信托公司取得的来自新加坡以外的股息所得免征所得税；⑤根据所得税单层体系制度，对股东的股息分配所得免征所得税；⑥凡属于新加坡税收居民的信托公司，均适用涉外税收优惠制度，享有相应的税收抵免。

对于信托基金，新加坡还制订了很多税收优惠方案，如信托基金奖励计划、离岸基金奖励计划、居民基金奖励计划和增强型基金奖励计划。

（二）新加坡与中国信托业务涉及的税种对比

通过对新加坡和中国信托业务涉及税种进行分析对比可以发现，新加坡的税制更加简单，税负比中国要低，而且还有很多税收抵扣和免税条例。就公司所得税而言，新加坡的公司所得税税率为17%，仅对来自新加坡境内的所得征税，对信托公司的全球所得均免征所得税；中国的公司所得税税率为25%。在个税方面，新加坡居民取得来自境内信托公司的收益需缴纳个税，税率为2%~22%，免征额为2万新币；中国居民取得无论是国内还是国外信托公司的收益均需纳税，税率为20%。信托公司持有的建筑物、土地，在新加坡需要按时缴纳财产税，民用财产税率为4%，商业财产税率为10%；在中国，若按房产余值计征，房产税年税率为1.2%（还没有实施），若

---

① 国家税务总局：《中国居民赴新加坡投资税收》。

按房产出租的租金收入计征，税率为12%。新加坡对信托基金在境内销售商品或提供劳务取得的所得需征收商品劳务税，税率为7%；中国征收增值税和营业税，税率分别为17%和5%。由此可见，中国对信托基金的征税范围比新加坡更广、税率更高。特别是在信托基金分配股息方面，中国会出现双重征税现象，信托公司不仅需就其自身经营所得缴纳企业所得税，之后分配给外国投资者和个人投资者的股息仍需交纳预提所得税，而新加坡对纳税人来自境外的股息所得不征税。

（三）避免双重征税的协定

截至2019年11月，新加坡已与70多个国家签订了避免双重征税的协定。协定国家的居民取得或有权享有来源于新加坡的收入，都将避免双重征税，这为我国在新加坡进行离岸信托提供了良好的法律环境。

三、利用新加坡进行离岸信托避税的方式

（一）离岸信托延迟纳税

如果在国内拥有一份能产生收益的财产，为了减轻所得税税负，可通过自益信托的方式，将这笔财产转移到新加坡信托机构（或新加坡居民受托人）的名下。这种避税主要适用于动产信托、不动产信托、知识产权信托、有价证券信托等。

（二）离岸信托进行抵税与低成本融资

除了自益信托，跨国公司还可以利用他益信托的方式，在各关联公司之间进行低成本融资。假如中国母公司A想拨款给新加坡的子公司B，如果按正常交易原则的话，中国母公司A将会收到来自子公司B的一笔贷款利息，此利息将承担我国25%的所得税。但如果母公司A将一笔财产采取信托的方式指定新加坡成立的信托公司为受托人，位于新加坡的子公司B为受益人，这样子公司B将会得到一笔无息贷款。

根据新加坡所得税法，若受益人子公司B取得的收入为受托人非经贸所得时适用税收透明优惠条例，可以享受免收或10%的低税率。而且根据居民基金激励计划，在新加坡注册成立的公司若获得了由新加坡人管理新加坡基金的收益，可以免征所得税；若该笔资金符合增强型基金激励计划，可以享受更多的税收优惠政策，这大大降低了整个企业集团的税负。

（三）离岸信托减轻预提所得税

例如，中国母公司A有来自乙国子公司B的股息，而中国与乙国之间并没有签定双边税收协定，并且乙国国内税法规定，对汇出其本国的股息要征收高税率的预提

税。这样，为了规避乙国高额的预提税，中国纳税人可以与一个中国和乙国都签订了减免预提所得税的（新加坡）银行签订信托合同，委托该银行收取来自乙国的股息，然后指定自己为受益人。根据我国和新加坡的税收协定，预提所得税的税率为 10%，且新加坡对国外收入不征预提税，从而可以大大减轻税负。

（四）离岸信托掩饰控股或关联关系

离岸信托可以在一定程度上为中国纳税人掩护其在避税地子公司的所有权或关联关系，为它通过转让定价等来自各地的利润汇集到避税地。

纳税人可以通过自益信托的方式，把自己所拥有的关联公司委托给新加坡的信托机构进行管理，这样，信托机构就成了关联公司法律上的所有人；或者在新加坡直接建立信托公司，由母公司经营管理信托公司，然后将各地控股公司的股权交由信托公司持有。通过这两种方式隐瞒其对关联公司或受控子公司的真实所有权，进而通过该关联公司转移利润，进行各种交易来避税。

第二节　英美避税系统

对于英、美等发达经济体，金融财团拥有强烈的避税动机与能力，这些避税动机甚至可以通过影响立法来得到满足。

一、美国的避税系统

（一）跨国公司如何避税和操纵利润

例如，大通曼哈顿银行派哈德森去对石油工业国际收支进行研究，新泽西标准石油公司的财务主管贝内特对他说："利润就在我的办公室里产生，我决定它在哪里产生。"他说的其实就是转让定价的做法：公司跟踪他们在世界各地的避税天堂的账户，把利润转移到低税率国家，把成本转移到高税率国家。贝内特准确地为哈德森展示了一个垂直一体化的跨国公司如何在全球各地转移利润而不明显触犯法律，该公司将原油便宜地卖给零税率的国家，而在生产和消费石油的高税率国家，分公司高价买进低价卖出，在这之间没有利润。但在中间环节，他们在零税率的国家，低价买进高价卖出，赚取大量利润。而这些庇护所不会对其利润进行征税。这就是美国最早的离岸商业。

（二）美国政府为避税开方便之门——递延税款

随着离岸商业的日益增多，大量的资金流出，美国政府采取了一系列措施。肯尼迪在 1963 年 7 月首次尝试通过利息平衡税遏制这些净流出，对从国外证券取得收入的美国人征收 15% 的所得税，其目的是阻止他们出资购买外国证券。但最终美国政府妥协了，公司能够合法地保持资金在国外，并且可以基本保证这些资金免税，除非他们将资金撤回国内。这个概念叫做递延税款，是离岸系统的关键要素之一。

递延税款是指由于税法与会计制度在确认收益、费用或损失的时间不同而产生的会计利润与应税所得之间的时间性差异。该差异在"纳税影响会计法"下核算确认，而在"应付税款法"下不予确认。①应纳税时间性差异。如当期会计利润大于应税所得，未来需要交纳的税款。②可抵减时间性差异。如当期会计利润小于应税所得，未来可以获得递减的税款。在纳税影响会计法下，时间性差异通过"递延税款"科目核算。期末，如果"递延税款"科目为贷方余额，则列入资产负债表中的"递延税款"贷方项目；如果"递延税款"科目为借方余额，则列入资产负债表中的"递延税款"借方项目。"递延税款"借方说明企业由于以前的时间性差异而产生的未来可以获得抵减的所得税，"递延税款"贷方说明企业由于以前的时间性差异而产生的未来需要交纳的所得税。根据企业会计制度的规定，递延税款用来核算采用纳税影响会计法进行所得税会计处理的企业，由于时间性差异产生的税前会计利润与应纳税所得额之间的差异而影响所得税的金额，以及以后各期转回的金额。

（三）税收特赦

税收特赦（tax amnesty）是政府向纳税人提供的一个披露应税未税收入或者资产补缴税款的机会，通常会减免所欠税款的滞纳金或处罚，并且免予刑事起诉。

有时，企业可以把这些境外的钱通过漏洞或税收特赦撤回国内。2004 年，时任美国总统布什提供给自己的企业朋友一个机会将境外利润撤回国内，并且只要交 5% 的税，而不是正常的 35%。超过 3 600 亿美元很快飞回国内，其中大部分用于股票回购和提高高管们的奖金。肯尼迪总统曾立法严厉打击递延税款，所以这次布什新的妥协以及放宽规定对离岸系统是一个非常大的政治推动，美国银行也正不断发现离岸系统的种种"妙处"，甚至一些美国的大公司都有自己的离岸银行。由于大范围的罪犯和保密服务等，富裕的美国人和美国公司对离岸系统更感兴趣了。

（四）国际银行业的离岸设施

1981 年 6 月，里根入主白宫不到半年，美国批准了一项新的离岸可能性——国际银行设施。国际银行设施（international banking facilities，IBFs）是指美国境内银行根据法律可以使用其国内的机构和设备，但是要设立单独的账户向非居民客户提供存款和放款等金融服务。

国际银行设施的特点有：①允许美国的银行或在美国境内的银行对外国的存款和借款提供便利，不受中央银行的存款准备金的限制，不需要缴纳存款准备金，也不受美国联邦保险公司的规定，可以不参加保险；②美国各州允许开设 IBFs 的银行免交州和地方所得税，在税收上享有优惠；③业务范围受到美国银行和联邦储备银行的限制。

（五）外国投资者免税待遇

美国巨额财政赤字问题一直悬而未决，解决问题的最好办法就是从海外筹钱，但是还有一个税收制度的问题。相对于要收 30% 收入税的美国债券来说，免收入税的欧洲债券更受到青睐。从 1984 年起，美国公司在一个新的漏洞下取消 30% 的预提税，这个待遇本来只提供给外国投资者，但是肆无忌惮的富有的美国人，用离岸的秘密性掩盖自己的身份，假装是外国人。

20 世纪 90 年代的"合格中间人计划"，其目的是保护外国公民的身份，同时允许他们在美国投资。这一系列举措导致出现了许多空壳公司，而这些公司对那些寻求洗钱的人来说非常有吸引力，可以逃避税收、实施金融恐怖主义和匿名从事其他非法活动。

二、英国的避税系统

（一）英国的全球金融网络

1. 英国创建新的全球金融网络

英国全球金融网络包括：在欧洲以多个司法管辖区作为节点，以伦敦金融城作为中心，英国三大皇家领地——泽西岛、根西岛、马恩岛为内环的区域；分散于全球的

14 个海外领地①；在美洲的 13 个加勒比成员（加勒比共同体)②；还有一些在太平洋、中东和其他地方的前殖民地。20 世纪 60 年代和 70 年代的档案描绘出关于英国利益清晰的画面：由英格兰银行牵头，推动这一新的海外网络的扩张。

2. 开曼群岛最终维持了避税天堂的地位

英国国内税务局、英格兰银行和英国海外发展部都反对关于避税港开曼群岛的相关政策，美国和英国的外交部也反对。英国税务局 1971 年的报告认为，英国应停止在其领土上鼓励海外避税天堂，并称开曼群岛于 1967 年成为一个避税天堂。但在漫长、复杂的政治斗争过程中，开曼群岛最终保持了自己"避税天堂"的地位。

20 世纪 60 年代，非洲和加勒比海诸国脱离英国独立，这些国家包括尼日利亚（1960 年）、坦桑尼亚（1961 年）、牙买加（1962 年）、特立尼达和多巴哥（1962 年）、肯尼亚（1963 年）、马拉维（1964 年）、冈比亚（1965 年）和巴巴多斯（1966 年）。

对于开曼群岛，其总督由英国女王依据英国政府的意见委任，主持内阁。总督对国防、内部安全和外交关系负责，他任命警务处处长、申诉专员、审计长、总检察长、司法机关和其他高级公职人员。终审法院是伦敦枢密院，开曼纸币上印刷的是英国女王的头像，国歌是《上帝保佑女王》。1982 年，英国和阿根廷爆发马岛战争，开曼不支持阿根廷，推出"母亲需要你的帮助"基金，募集到 100 万美元，移交给英国。当地人对英国的态度令投资者消除了疑虑。如果开曼独立，大部分资金将会逃离，英国也就成了支撑开曼成为第五大金融中心的政治基石。

1976 年，城堡银行及信托（开曼）有限公司董事兼总经理安东尼，涉嫌帮助美国公民逃税，在抵达迈阿密机场时收到一张传票。美国当局希望他能在大陪审团前作证，但他却逃走了。为此，开曼群岛起草了臭名昭著的机密关系（保护）法，使得揭开开曼的金融或银行的"业务秘密"成为犯罪行为。如果不通过到法院打官司的途径，你不能在开曼的公司找到其董事名单，甚至找不到公司营业范围的章程。

3. 避税天堂大多历史悠久

早在 18 世纪，当来自其他国家的富商用泽西岛来逃避英国关税和从事其他活动

---

① 包括安圭拉、英属南极领地、百慕大、英属印度洋领地、英属维尔京群岛、开曼群岛、马尔维纳斯群岛、直布罗陀、蒙特塞拉特、圣赫伦那（含阿森松岛和特里斯坦-达库尼亚群岛）、特克斯与凯科斯群岛、皮特凯恩群岛、南乔治亚岛与南桑威奇群岛和塞浦路斯英属基地区。

② 安提瓜和巴布达、巴巴多斯、巴哈马、伯利兹、多米尼克、格林纳达、圭亚那、圣卢西亚、圣基茨和尼维斯、圣文森特和格林纳丁斯、特立尼达和多巴哥、蒙特塞拉特、苏里南。

时，英国就已经成为一个离岸中心。拿破仑战争后，英国军队的转业军官也来此逃避其养老金所得税。欧洲很多激进主义者为逃避迫害，也会首先逃到英国，然后移居到泽西岛，英国因此也成为一个避难所。20世纪60年代，英国开始了它进入欧洲共同体的漫长谈判，它努力帮助泽西岛保留在罗马结构之外，把自己对泽西岛的权利隐藏起来。由于泽西岛自治，英国没有权利管辖，所以泽西岛是否加入罗马条约不在英国的管辖范围内。

（二）伦敦金融城公司

1. 离岸公司的税收少

离岸公司与一般公司相比，主要区别在税收上。与通常使用的按营业额或利润征收税款的做法不同，离岸管辖区政府一般只向离岸公司征收年度管理费，除此之外，不再征收任何税款。除了有税务优惠之外，几乎所有的离岸管辖区均明文规定，公司对股东资料、股权比例、收益状况等，享有保密权利，如股东不愿意，可以不对外披露。另一优点是，几乎所有的国际大银行都承认这类公司，如美国的大通银行、新加坡发展银行等。

2. 伦敦金融城是全球第二大离岸中心

世界四大离岸金融中心包括：纽约离岸金融中心、伦敦离岸金融中心、新加坡离岸金融中心和加勒比海地区离岸金融市场。从2015年到2018年，美国在全球离岸金融服务市场的份额从19.6%上升到22.3%。

"伦敦金融城"这个词语指的是坐落在英国首都伦敦及附近地区的金融服务业务。更准确地说，是伦敦市内的金融区，或者说是伦敦市最中心那1.22平方英里的区域——从维多利亚的泰晤士河，顺时针穿过佛里特街和巴比肯中心，然后到东北部的利物浦街，再向南回到伦敦塔西边的泰晤士河。

伦敦的外国银行比其他任何国家金融中心的都要多：到2008年为止，全世界有一半的国际股权交易活动在伦敦进行，并且伦敦还占有将近45%的金融衍生品场外交易额，70%的欧洲债券交易额，35%的全球货币交易以及55%的国际公开发行债券。纽约在证券、保险、并购和收购、资产管理等领域规模更大，但在纽约进行的很多商业活动都是本土的，这就使伦敦成了世界上最大的国际离岸金融枢纽。

3. 伦敦金融城宽松的商业环境

（1）伦敦金融城的监管比美国宽松。为防止美国再次出现安然和世通公司那样的财务舞弊案，美国在 2002 年引入萨班斯—奥克斯利法案（全称《2002 年公众公司会计改革和投资者保护法案》）。该项法案由参议院银行委员会主席萨班斯（Paul Sarbanes）和众议院金融服务委员会（Committee on Financial Services）主席奥克斯利（Mike Oxley）联合提出，对美国《1933 年证券法》《1934 年证券交易法》进行大幅修订，在公司治理、会计职业监管、证券市场监管等方面做了许多新的规定。

（2）伦敦金融城帮助世界各地的人到此避税，例如阿拉伯人、日本人、非洲人，还有俄罗斯人。

（3）永久住所免税规则。1914 年的英国税法允许那些永久住所不在英格兰的居民在世界范围内的收入免除交税。也就是说，只有他们实际在英国取得的收入才需要交税，一个永久住所不在英国的人可以确保他所有的收入都是在英国之外入账，从而逃脱在英国须缴纳的税款。

（4）信托业的严格秘密保护规则。英国外交部前部长说："你有检查过英国的信托法吗？所有的银行家和金融律师都说如果你真的想把钱藏起来，就去伦敦设立一个信托。"

（5）公司投票权削弱居民权利。伦敦金融城的 9 000 个居民每个人都有投票权，但是伦敦金融城的所有公司也同样可以投票，这些公司有 2.3 万票，公司可以很轻松地以多数票击败居民。这些公司全权操纵了伦敦金融城，他们会根据员工的多少来分配投票的权重，却不需要考虑员工的意愿。管理部门拥有投票权，而不是普通的员工。

4. 银行及信托公司的避税方法

银行利用它们特有的离岸地位为自己避税并创造出基金和免税计划来卖给他人。英国国家税收和海关总局曾经发现了一种股息税逃税计划，例如，一家在 2003 年建立的由巴克莱银行和美国银行共同拥有的公司，没有员工，没有产品，也没有顾客，只有一个在美国特拉华州的邮寄地址，这家公司会向英国付税，然后它的联合拥有者通过一个合法的途径向美国税收机构来索要他们已支付的全部税款。

三、避税天堂的全球围剿

昔日依托低税率或者零税率以及高度的客户隐私保密制度，从而吸引全球大量资金的避税天堂，正面临多国的联合围剿。

（一）围剿避税天堂的具体实践①

全球已有 100 多个国家和地区承诺实施共同申报准则（CRS），包括澳大利亚、英国、维尔京群岛（BVI）、列支敦士登、开曼、荷兰、波兰、瑞典、西班牙等 65 个国家和地区已经签署了多边自动交换协议，以共同打击纳税人利用跨国信息不透明进行的逃税漏税及洗钱等行为。

欧盟建立"避税天堂"灰名单和黑名单，对不合作的"避税天堂"给予终止经济合作协定等惩罚，以加大对国际避税行为打击的力度。其中，未与欧盟进行税务合作但承诺将改变税收规则以符合欧盟标准的司法管辖区被列入灰名单，既未合作也未做出改变承诺的辖区则被列入黑名单。

美国联邦税务局于 2011 年公布《海外账户纳税法案》（FATCA）部分实施细则，此举强有力地打击了国际避税。G20 领导人于 2013 年通过《二十国集团圣彼得堡峰会领导人宣言》，执行国际税收情报交换新标准，以此打击全球避税行为，同时让各国政府能了解纳税人在海外的资产状况。瑞士于 2014 年 5 月签署一项有关自动交换信息的全球新标准即"信息透明协议"，此举终结了其作为避税天堂的百年历程。

在 2014 年 9 月之后，G20 承诺将实施由 G20 委托经济合作与发展组织（OECD）制定的金融账户涉税信息自动交换标准，旨在通过加强全球税收合作提高税收透明度，打击利用海外账户逃避税行为②。为了履行相关义务，中国国家税务总局等相关部门制定了《非居民金融账户涉税信息尽职调查管理办法》。

（二）欧盟围剿避税天堂的意义③

围剿"避税天堂"有助于缓解欧盟内部由于部分国家财政赤字过高、部分国家内部贫富差距过大所带来的经济与社会压力。欧盟利用"避税天堂"名单推动第三方遵循欧盟税收治理标准，巩固欧盟由于经济体量的持续缩减所产生的在国际税收规则体系中动摇的地位，增强其在国际税收体系中的影响力。各国税法存在差异和漏洞，欧盟通过推动第三方遵循它所倡导的税收治理的统一标准，将复杂问题统一化、简单化。同时，也有助于欧盟运用规则来应对所有对其经济主权的威胁，提高欧盟运

---

① 赵凌彤."避税天堂"及我们的应对［J］.时代金融，2017（2）：252-253.
② 曾丞艳.CRS 下离岸信托涉税信息交换的研究［D］.云南财经大学，2019.
③ 陆婷.欧盟围剿"避税天堂"的背后［J］.世界知识，2019（21）：11.

用经济权力的能力，为其金融和经济安全提供一定保障。

 案例一：史上最大的避税者——维斯蒂兄弟

维斯蒂兄弟逃了非常多的税，但是直到很久以后才被曝光。1934 年冬天，阿根廷海岸警备队扣留了一艘名为"诺曼之星"的正要开往伦敦的英国货轮，这次的行动是一个匿名举报引发的。当海岸警卫队在一堆臭气熏天的鸟粪肥料下发现了 20 多个贴有阿根廷农业部保证的"咸牛肉"标签的箱子时，阿根廷的参议员德拉托雷非常开心，因为这些箱子里装的并不是咸牛肉，而是文件。自此，史上最大的个人所得税逃税人——威廉姆·维斯蒂和埃德蒙·维斯蒂兄弟的财务信息明细首次向大众曝光。

一、事件的过程

在阿根廷这次突击行动后不久，参议员德拉托雷在乌拉圭又找到了维斯蒂兄弟犯罪的进一步证据。英国外交官本来就对维斯蒂的避税行为积怨已久，同意就阿根廷的问题组成一个多国的联合委员会进行调查。

联合委员会进行了两年的调查，在此期间，维斯蒂不断地在伦敦进行幕后操纵来弱化调查，尽管有 60 次会议和一份写满阿根廷肉类贸易细节的报告，但是调查委员会始终没有看到维斯蒂在伦敦的账本。

1935 年 1 月 5 日，阿根廷参议员德拉托雷饮弹自尽。1938 年，英国财政法颁布，法律可以对海外的信托进行征税，这条法律看上去包括了维斯蒂家族，但是，盛放维斯蒂信托的原始文件的箱子在波尔图被德国截获了。因而，英国无法征税。

1980 年，维斯蒂兄弟在英国的一家连锁店收益超过 230 万英镑却只付了 10 英镑税款。在 1993 年一次公开抗议之后，女王也终于开始缴纳所得税，小埃德蒙·维斯蒂的孙子笑着说道："好吧，现在就剩下我没有缴税了。"

二、维斯蒂兄弟的跨国垄断与避税

1. 威斯蒂兄弟垄断利润的增长

（1）维斯蒂兄弟拥有从草场到活牛，到屠宰场，到冰柜，再到运输船只、配送以及零售网点的一整条供应链。他们取不同的名字来掩盖他们对这些公司的所有权，同时他们也一直在收购竞争对手。如果遭到拒绝，他们会用他们所拥有的供应链启动价格战，把对手从该行业赶走。因为他们能够支配整条生产供应链，所以不同环节之间的利润转移就变得很容易。

（2）"他们操纵市场价格，摧毁竞争对手，并以压低的价格购买猪肉。他们会在布莱顿（英国海滨城市）没有竞争的地方，向零售商高价定价。"生产环节的税率高，维斯蒂兄弟就压迫生产环节的利润，把大部分利润转移到低税率的中间环节。

（3）维斯蒂集团的大部分利润收入都来自海外。维斯蒂兄弟把大部分利润转移到他们在避税天堂的公司，从而收获巨额利润。第一次世界大战前，英国政府对英国本土公司在海外取得的利润不征税，只有当他们把利润汇回英国时才进行征税。

2. 跨国公司避税。跨国公司的特性是整合全球商业模式，但是税收却是分国界的。跨国公司在不同国家都设有许多子公司和附属公司，想要搞清楚公司的哪部分利润应该在哪一国征税是十分复杂的。就好像，你宰了一头猪，然后将肉制品在 50 个不同国家进行销售，你说不出有多少利润在英格兰产生，多少利润是在海外产生的；至于说哪部分利润需要征收多少税，就更复杂了。

3. 信托公司避税。

（1）信托的保密形式比一些银行（如瑞士银行），更难以穿透。信托是一种无声的、有力的机构，而且你几乎不能在公开记录中找到任何有关的证据，它们是律师和客户之间的秘密。金主把公司中的股份用作信托中的资产，以受托人的名字作为法定所有人在泽西岛进行注册，而受益人，也就是那些随时随地享受这些财富的人，并不是公司的注册人。当税务检察官来追查的时候，他们会遇到重重障碍，因为泽西岛的信托证书不存在于任何官方或者公开的注册文件当中。

（2）如果国际刑警组织对此进行调查，必须经过耗时又耗钱的法庭程序，一个国家一个国家地追踪资金流向，而资产在调查刚刚开始的时候就已经自动转移到其他地方，即使检察官能够查出受托人的身份，他很可能是一个普通的律师并以此谋生，可能会同时担任几千家信托的受托人，专业的保密性约束他还不能够公开受益人的身份。即便严刑逼问，检察官们也不会知道受益人是谁。因为这些律师也不知道，他们只是把支票寄给别处的另一位律师，那位律师也不是受益人。

（3）通过建立信托，维斯蒂兄弟成功回到了英国并且逃避了纳税，即便英国的税务机构发现了他们的信托，却还是不能让维斯蒂兄弟纳税。因为信托不仅能够提供保密性，还能使人们交出他们的钱让信托保管——这意味着他们将不会被征税，但实际上却是钱财的控制人。维斯蒂兄弟实际上是这么做的：首先，他们将海外的大部分资产租给一家英国的冷藏联盟公司，本来冷藏联盟应该仅仅付租金给维斯蒂兄弟，但实际上他们将租金给了维斯蒂兄弟委托的两个律师和一个公司董事长。这些受托人在特定的"人"（维斯蒂兄弟）引导下进行投资。

尽管税务机构在不断地寻找层出不穷的避税策略的应对措施，定期颁布法律和规范来进行防卫，然而，那些富有的避税者们又会想出更为复杂的策略来绕开新的法律规范，结果税收系统日益复杂化。

案例二：瑞士银行的保密制度

一、瑞士银行客户名单被查获事件：保密制度和理由

1932 年 10 月 26 日 4 点 10 分，巴黎的一个警察小分队突袭了香榭丽舍大道一所优美的住宅，那里是瑞士巴塞尔商业银行驻巴黎的秘密办事处。警方很快便发现了他们正在查找的可靠证据——银行的保密信息。

告密者在该银行身居要职，他提供给警方一个 1 300 名逃税客户的名单。在接待处，警方发现了少数几名客户随身携带超过 20 万法郎的现金，法国最有钱以及最有地位的几个人也都在其中。名单上有 2 名主教、12 名将军、部队的总审计长官、3 名参议员、一些前任部长以及一些主要的实业家，包括法国标致家族等。

瑞士的银行家以"纳税最具灵活性"来做广告，以至于瑞士外交部长担心他国的报复行为而催促银行家们尽可能放低论调。欧洲各国政府不仅担心丢掉税收收入，还担心德国的资金在第一次世界大战德国失败后外逃到瑞士。

在巴黎参与调查的所有 38 名地方法官分别被指派名额起诉名单上的客户，法国财政部长承诺，"会采取政府可以采取的一切手段"打击逃税行为。瑞士方面则拒绝了法国政府要求的一切合作。瑞士的各种媒体都强调了法国警察所采取的铁腕政策，而把瑞士描绘成被外国政府恃强欺负的受害者形象。

瑞士的银行曾为德国的犹太人提供资金保密业务，使这些资金逃脱纳粹的掠夺。瑞士银行一直以来都以银行保密制度是为了保护犹太人的钱为借口拒绝与美国签署新税收协定，美国官方非常不满。

二、瑞士银行保密制度的形成原因分析

（一）瑞士银行保密制度的社会基础

瑞士可以粗略地划分为四个语言区：大多数人说德语，以苏黎世为中心，居住在瑞士的中部和东部的地区；少数人说法语，以日内瓦为中心，居住在瑞士的西部地区；相对更少的意大利语居民，以卢加诺为中心，居住在瑞士的南部地区；还有些乡下的罗曼什语居民散布，在东部的山谷。

各党派的成员必须把集体的利益置于各方利益之上，所以，政客们很少有什么不一致的意见。瑞士人在外国冲突中保持中立，并创造了一种极度分散的、错综复杂的但却直接民主的政治体系，给地方政府很大的权力。频繁的投票使得瑞士的宪法处于不断更新的状态，总能避免普遍的动荡局面。瑞士的政治自古以来就是建立在调和的基础上，这意味着，从本质上来说，是由各方之间的协商来达成共识的。

在这个极度分散化的组织结构下，政府只得到了税收总额的 1/3，剩下的税收收入被国家的 26 个州和 2 750 个自治市平分。这个结构产生新的动态的离岸组织，各个州之间互相削减税率，甚至降低税率，与瑞士的保密制度结合在一起，吸引了当今世界上最大的一些公司。

（二）瑞士银行保密制度的经济原因：在欧洲的冲突中因中立而获利

历史上，瑞士被拥有海外殖民地的大国包围着，这些国家有着丰富的原材料、制海权以及海上贸易等，但是瑞士却不能建立起那样的帝国。

所以，瑞士人一贯持中立立场，以便从敌对双方赚更多钱。你可以和所有的这些一起做生意，他们同时信任你。而且，因为交战各国会陷入经济的混乱，资本自然流向没有战事的中立地区，那里的地方货币依旧保持坚挺，甚至由于大量海外资金的流入而更加坚挺。瑞士早就从战争中尝到了甜头，并找到了赖以生存的贸易和生活法则。到 18 世纪，维也纳的君主、法国和英格兰国王、德国的小国王和法国城市联盟都欠瑞士银行家的钱。在 1870 年至 1871 年的普法战争中，瑞士的利润又一次成倍增长。瑞士以中立为盾牌，以工业和金融为武器。

历史上，欧洲各国加紧征收税款用来弥补其战争支出，如法国 1914 年引入所得税制度，到 1925 年，其所得税最高税率已经达到 90%，促使资金逃往瑞士。所谓中立，是单纯指军事上的独立，而不是经济上的中立。

（三）第二次世界大战前后的瑞士银行保密制度

1. 瑞士与德国

（1）1939 年 9 月，德国经济部以瑞士为中心建立了一个特别的外汇管制分区，用来掩护德国的海外资产。他们利用假发票、空壳公司、虚假合同的延期付款来处理交易。1944 年诺曼底登陆后，同盟国的情报员发现战争掠夺品流入瑞士的幅度大为增加。

（2）截至 1945 年 2 月，同盟国的胜利看起来已经具有不可阻挡之势，瑞士又做出了新的让步，承诺冻结德国的账户并将纳粹掠夺的资产返还给各国。同盟国的律师很快发现了一系列的对冲、逃避以及漏洞现象。

（3）1996 年 5 月，沃尔克委员会查出另外 53 886 个可能与大屠杀存在关联的账户，1998 年 8 月瑞士银行同意支付 12.5 亿瑞士法郎用来解决集体诉讼案，但英国银行业的秘密从未被揭露。

2. 瑞士银行保密资金的避税

2009 年，瑞士总共持有非居民拥有的离岸账户价值 2.1 万亿美元，在全球金融危机之前的 2007 年曾达到 3.1 万亿美元。瑞士金融分析师海尔威亚在 2009 年估计，欧洲有 80%的钱未向主管税务机关申报。对意大利人来说，这个数据高达 99%。

3. 瑞士银行保密制度的动摇及后果

2010 年，由于美国的威胁，瑞士同意与美国共享 4 000 名在瑞士银行账户开户的美国人信息。2022 年，俄乌冲突后，瑞士不再保持中立，并且瑞银和瑞信跟随美国冻结甚至没收了俄罗斯人的资金，这使得大量的资金因恐慌而离开瑞士。

第三节　国际资本流动的控制

国际资本流动是指资本在不同国家或地区之间做单向、双向或多向流动，例如援助、投资、利息收支、买方信贷、卖方信贷、外汇买卖、证券发行与流通等。国际资本通过转移与避税来获得利益最大化，这在一定程度上促进了落后地区的发展，但一定条件下，世界金融秩序、财税秩序也因此受到消极影响。

一、次贷危机影响下的国际资本流动

冰岛是资本自由流动的牺牲品。冰岛是一个发达国家，金融市场也完全自由化。由于经济泡沫化和产业空心化，美国次贷危机使冰岛一夜之间外债超过 1 383 亿美元，本国货币大幅贬值，国际收支发生危机，财政濒临破产。每名冰岛公民身负 37 万美元（约合人民币 253 万元）债务，国家没有足够的国家储备作为后盾，银行业脱离实体经济迅速扩张，投资过多地集中于高风险领域。这说明，在金融衍生品高度发达的现代经济中，传统的实体经济依然应该是国家的经济支柱。

中国到现在也没有完全放开资本项目，这使中国在亚洲金融危机与美国次贷危机中损失降到了最低。对无序资本流动的科学干预，是政府应该承担的职责。第二次世界大战后，在世界金融体系的构建设想中，凯恩斯反对资本完全自由流动。因为过于松懈的全球金融监管可能会动摇全球经济基础。现在，西方也有不少经济学家肯定中国的做法。

凯恩斯以前的主导经济理论是以马歇尔为代表的新古典学派自由放任经济学说，这种学说是建立在"自由市场、自由经营、自由竞争、自动调节、自动均衡"五大原则基础上的，其核心是"自动均衡"理论，强烈反对政府干预经济。凯恩斯把政府干预当成是暂时的解决手段，并坚信自由市场贸易才是走向繁荣的最佳途径。政府通过扩大支出，包括公共消费和公共投资，可以改善有效需求不足的状况，从而减少失业，促进经济的稳定和增长。多年来，凯恩斯主义与自由主义此消彼长，自由主义→凯恩斯主义→自由主义，不断循环。然而，美国次贷危机之后，发达国家的主权债务已经到了极限，政府难以长期运用财政手段，转而被迫长期使用货币宽松手段，但是货币宽松政策很可能会刺激投机事业，对实体经济并没有起到实质作用。

世界经济到底向何处去？这个问题难以回答。但是，国际资本的自由流动要受到限制，这个答案却是很明显的。

二、如何控制资本流动

（一）控制银行资金向股市异动

1. 股市的合法资金

经济体系是复杂的均衡系统，不同金融子系统之间互相影响。1929 年，由于政府拒绝对股灾进行干预，美国股市危机一开始导致了个别银行危机，进而通过传导机制，形成了系统性银行危机。银行危机又传染到企业，导致大量企业破产倒闭，工人失业，失业率高达40%。之后，美国采取分业经营的监管手段，从而在不同性质的资金之间设立了隔离墙。存款不能进入股市，流动资本在银行业流动，股市的钱是长期资金。很难想象如果银行的钱都进入股市，股市泡沫将有多么严重！因为消费、企业经营、中小企业等都需要大量的资金。

2. 美国次贷危机的特殊性

美国的2008年，次贷危机与1929年的模式截然不同，它是由衍生品的收益鸿沟效应触发的，这种发生机制源于期货等衍生品的零和效应。美国的次级贷也就1万多亿美元，但在此基础上进行包装改造后，形成的资金规模达到10万亿美元级别。在规模化的信用风险衍生品中，美国国际集团（AIG）、房利美、房地美承担了过多的风险，最终巨额损失击垮了这些机构，并最终击垮了主要投资银行。

这次金融危机之所以叫做次贷危机，原因在于场外的次级贷款衍生品击垮了大型金融机构，进而危机"传染"，使股市泡沫一并被击破。因为没有人知道上市公司亏空多少，所以资金避险逃离股市。股市本来就是多均衡系统，在资金逃离的背景下，股市进入了连锁下降反应模式，最终达到的均衡可能极为有害。为此，美联储采取的政策从事后来看，对股市是有利的。

资本的本质是杠杆，杠杆是把双刃剑，繁荣由此而来，灾难也由此而生。资本要用来支持新兴产业的发展，打造通向未来的产业链。如果资本只是用来形成泡沫，资本必然会被浪费，最终诱发经济危机。

3. 2015年我国股市动荡——配资惹了祸

随着社会生产力的发展，财富不断被创造出来，资金也通过信贷、债券等不断地创造出来。当金融系统创造出来的家庭或企业的消费资金、流动资金、投机基金，与商品难以匹配时，经济结构即出现了问题，这个问题长期积累，就可能爆发危机。2015我国股市动荡，配资有着重要责任。虽然官方数据有1.5万亿元，但是实际规模可能远超于此。民间大量的资金既不消费，也不进行实业投资，而是寻找投机机会。当时，实体经济出现了产能过剩的问题。产能过剩的解决不能只靠限制生产，那样会增大通货膨胀的压力，乃至演化成现实版的通货膨胀，因此必须开辟更多的实质性生产能力，以及新的财富形式以吸纳货币。

（二）管理"热钱"的跨国流动

"热钱"与生产无关，更多被用来从事投机活动，推高房价与股票价格，循环往复。这些资金破坏了消费秩序与市场秩序，往往带来灾难。

根据美国学者的研究，外来资金也推高了美国的股票价格和房地产价格。当然，最根本的原因还在于经济出了问题。在经济出现产业空洞化的背景下，外来资金容易形成资产泡沫。资产泡沫偏离均衡价格越来越多，给投机带来的潜在利润也越来越大。

泡沫经济有内在的根源，全球性的泡沫也让一个国家难以独善其身。资本控制所要做的就是减少国内和国外经济政策之间的联系，让政府有空间来实现其他目标，比如保持高就业率。凯恩斯的方案是要限制资本在全球范围的流动。

现在的世界资本不仅可以自由地跨境流动，并且还受到离岸政策的吸引，在更加积极和人为鼓励的环境下流动。这些吸引政策包括保密性、逃避谨慎的银行业法规的监督、零税率等。既得利益下的律师、会计师以及银行家组成的基本构造，加速了资本流动并加深了不正当的激励政策。国际资本的异常流动，使原本复杂的全球经济问题更加复杂化了。

复习思考题

1. 离岸中心是如何发挥避税作用的，全球有哪些避税中心？避税中心的存在，会对全球金融有哪些影响？

2. 英美的避税系统是如何运作的？有何利弊？

3. 资本流动是如何影响世界经济的？应该怎样管控资本流动？

4. 信托业是如何利用离岸系统避税的？

5. 简述瑞士银行业保密制度与信托的关系，以及其保密制度演变的历史脉络。

6. 跨国公司如何避税？

参考文献

［1］尼古拉·谢森. 有钱人这样避税［M］. 北京：中国青年出版社，2012.

［2］曹建元. 信托投资学［M］. 上海：上海财经大学出版社，2004.

［3］叶伟春. 信托与租凭［M］. 上海：上海财经大学出版社，2011.

［4］利特尔，罗兹. 解读华尔街［M］. 5版. 北京：机械工业出版社，2010.

［5］道垣内弘人. 信托法入门［M］. 北京：中国法制出版社，2014.

［6］马丽娟. 信托与租赁［M］. 大连：东北财经大学出版社，2012.

［7］姚王信，沙金，王烈胜. 信托产品投资实务［M］. 北京：经济管理出版社，2013.

［8］弗兰克J法博齐，维诺德·科塞瑞. 资产证券化导论［M］. 北京：机械工业出版社，2014.

［9］马丽娟，王汀汀. 大资管时代的中国信托理论与实践［M］. 北京：首都经济贸易大学出版社，2014.

［10］郑智，王文韬. 解码信托［M］. 北京：中信出版社，2014.

［11］王巍. 房地产投融资实务及典型案例［M］. 北京：经济管理出版社，2014.

［12］王连洲，王巍. 金融信托与资产管理［M］. 北京：经济管理出版社，2013.

［13］何宝玉. 信托法原理与判例［M］. 北京：中国法制出版社，2013.

［14］周小明. 信托制度法理与实务［M］. 北京：中国法制出版社，2012.

［15］杨林枫，罗志华，张群革. 中国信托理论研究与制度构建［M］. 成都：西南财经大学出版社，2004.

［16］袁晓东. 专利信托研究［M］. 北京：知识产权出版社，2010.

［17］CUSHING H A. Voting Trusts：A Chapter in Recent Corporate History［M］. Nabu Press，2010.

［18］SHENKMAN M M. The Complete Book Of Trusts［M］. 3rd edition. John Wiley & Sons，Inc.，2002.

[19] ROBIN ELLISON, ADAM JOLLY. The Pension Trustee's Investment Guide [M]. Thorogood Publishing Ltd, 2008.

[20] ANDREW ADAMS. The Split Capital Investment Trust Crisis [M]. John Wiley & Sons, Inc., 2004.

[21] Heydon J D, LOUGHLAN P L. Equity and Trusts Cases and Materials [M]. LexisNexis Butterworths, 2007.

[22] RICHARD IMPERIALE. Getting Started in Real Estate Investment Trusts [M]. John Wiley & Sons, Inc., 2006.

[23] SU HAN CHAN, JOHN ERICKSON, KO WANG. Real Estate Investment Trusts Structure, Performance, And Investment Opportunities [M]. Oxford University Press, 2003.

[24] BONHAM J M. Railway Secrecy And Trusts [M]. The knickerbocker press, 1902.

[25] MORTIMER F C. The Investment Of Trust Funds [M]. San Francisco Rollin C. Ayres Publisher, 1909.

[26] GEARE E A. The Investment Of Trust Funds [M]. Steven and Sons, 1886.